O Gesto Audível
Fonologia como Pragmática

Comitê Editorial de Linguagem
Anna Christina Bentes
Cláudia Lemos Vóvio
Edwiges Maria Morato
Maria Cecilia P. Souza e Silva
Sandoval Nonato Gomes-Santos
Sebastião Carlos Leite Gonçalves

Conselho Editorial de Linguagem
Adair Bonini (UFSC)
Arnaldo Cortina (UNESP — Araraquara)
Heliana Ribeiro de Mello (UFMG)
Heronides Melo Moura (UFSC)
Ingedore Grunfeld Villaça Koch (UNICAMP) (*In memoriam*)
Luiz Carlos Travaglia (UFU)
Maria da Conceição A. de Paiva (UFRJ)
Maria das Graças Soares Rodrigues (UFRN)
Maria Eduarda Giering (UNISINOS)
Maria Helena Moura Neves (UPM/UNESP)
Mariângela Rios de Oliveira (UFF)
Marli Quadros Leite (USP)
Mônica Magalhães Cavalcante (UFC)
Regina Célia Fernandes Cruz (UFPA)

Dados Internacionais de Catalogação na Publicação (CIP)
(Câmara Brasileira do Livro, SP, Brasil)

Albano, Eleonora Cavalcante
    O gesto audível : fonologia como pragmática / Eleonora Cavalcante Albano. -- São Paulo : Cortez, 2020.

    Bibliografia.
    ISBN 978-85-249-2763-8

    1. Fonologia I. Título.

20-33332   CDD-414

Índices para catálogo sistemático:
1. Fonologia : Linguística 414

Cibele Maria Dias - Bibliotecária - CRB-8/9427

Eleonora Cavalcante Albano

O Gesto Audível
Fonologia como Pragmática

São Paulo – SP

2020

O GESTO AUDÍVEL: Fonologia como Pragmática
ELEONORA CAVALCANTE ALBANO

Capa: deSign Arte Visual
Preparação de originais: Elizabeth Matar
Revisão: Agnaldo Alves
Diagramação: Linea Editora
Coordenação editorial: Danilo A. Q. Morales
Editora-assistente: Priscila F. Augusto

Nenhuma parte desta obra pode ser reproduzida ou duplicada
sem autorização expressa da autora e do editor.

© 2020 by autora

Direitos para esta edição
CORTEZ EDITORA
R. Monte Alegre, 1074 — Perdizes
05014-001 — São Paulo-SP
Tel.: +55 11 3864 0111 / 3611 9616
cortez@cortezeditora.com.br
www.cortezeditora.com.br

Impresso no Brasil — março de 2020

Ao saudoso som da irreverente dicção da Mathilde

Agradecimentos

A Arley Moreno, Didier Demolin, Ellen Osborn, Leonor Scliar, Wilmar D'Angelis, meus leitores. A Nair Corrêa Silva, por outras leituras. A Pablo Bastos (conhecido como João W. Nery), inesquecível demolidor de limites linguísticos. Aos demais personagens da história contada neste livro.

O sexto capítulo, único não lido pelo Arley, acabou por florescer da e na sua falta. Estivesse a Mathilde aqui, diria: filha, dedica este a ele. Estivesse ele aqui, diria: é tudo obra dela. E aí eu lhes diria: vocês estão juntos nisso. Que a leitura do capítulo suscite, então, um breve vislumbre das suas vidas.

O CNPq apoia a minha pesquisa há mais de 40 anos. Tecnicamente, este livro é produto do processo nº 311306/2014-4, bolsa de Produtividade em Pesquisa. A Capes e a Fapesp também merecem menção, por terem patrocinado vários momentos da formação e consolidação do meu laboratório e grupo de pesquisa. Registre-se aqui o meu protesto contra os atuais ataques a essas agências e, em especial, contra o desmonte do CNPq, cuja existência é essencial para a soberania da ciência brasileira.

Cabe, igualmente, agradecer ao Departamento de Linguística do Instituto de Estudos da Linguagem da Universidade Estadual de Campinas pela licença sabática que me permitiu escrever os cinco primeiros capítulos. Sou grata, ainda, aos colegas Lauro José Baldini e Maria Irma Coudry pela leitura cuidadosa dos meus relatórios.

Breve prólogo

Este livro se quer uma obra aberta. Assume que, se a ciência é obra aberta, coletiva, os textos científicos formativos também deveriam sê-lo. Para tanto, apoia-se no fato, patente na história da filosofia, de que pensar diante do leitor é a melhor forma de convidá-lo a pensar.

Este modo de escrever, que me encantou em grandes filósofos — e também em pioneiros nossos como Florestan Fernandes, Paulo Freire e Antonio Candido —, me tem sido bastante natural. Explorei-o com uma retórica ficcionista no meu primeiro livro, com uma retórica ensaística no segundo, e volto a explorá-lo agora com uma tentativa de síntese das duas.

A ficção — implícita — é a de que os leitores pertencem à tribo dos aficionados do pensamento autônomo. Ou a de que nela ingressarão de bom grado se a sua formação passar por um intenso contato com um membro experiente. Isso é dizer um não explícito ao estilo acadêmico convencional e, sobretudo, aos cânones do manual científico. Em hora de passar o bastão, cabe buscar um interlocutor, não um discípulo — e muito menos um aluno a ser treinado com exemplos e exercícios.

Por isso não tenho medo de errar. O livro tenta integrar influências de três revolucionários de diferentes campos: Lev Vygotsky, Raymond Stetson e Ludwig Wittgenstein. Deles, só Stetson estudou a fala propriamente dita. Como talvez eu esteja só em vislumbrar a convergência e a complementaridade entre os três, estou à disposição, no endereço eletrônico albano@unicamp.br, para conversar com quem queira debater essa ou qualquer outra ideia aqui proposta.

A Autora

Sumário

1. **Linguagem e gestualidade humana** 15
   O Jano da comunicação humana 15
   Ação e gesto 21
   Mimese e semiose 22
   Privação de linguagem 25
   Das mãos à boca 30
   O gesto ubíquo 38

2. **Gradientes e categorias fônicas** 47
   "Un système où tout se tient" 47
   Fonemas, alofones, exemplares 50
   Traços distintivos 53
   Autossegmentos 55
   Gestos articulatórios 57
   Sílabas 66
   Segmentos e outras unidades disputadas 74

3. Dinâmica fônica e sensório-motricidade 77

Uma velha dicotomia 77

A partição do movimento 80

A marcação do passo 82

Alças sensório-motoras? 91

Entraves à integração 94

Proeminência, tons e fronteiras prosódicas 97

Horizontes teóricos afins 105

4. Aportes brasileiros: questões clássicas 109

Padrões fônicos estáveis e instáveis 109

Categorias, gradientes e além 111

Gradientes sincrônicos, categorias diacrônicas 124

Semelhanças de família na variação e mudança fônica 137

5. Aportes brasileiros: questões de fronteira 153

Fronteiras disciplinares e fronteiras do conhecimento 153

Sincronização de múltiplos cérebros 155

Acomodação fônica na infância 160

A apropriação da sonoridade de uma língua 162

A captura social na diferença 171

A integração de planos fônicos alternados ou simultâneos 179

6. Dilemas, desafios, horizontes 187

O lado invisível da pragmática 187

Politomia sem associacionismo 192

Qualidades de voz 199

Unidades agregadoras 204

Tocar de ouvido 209

Nexos sonoros 212

O sujeito nas brechas do estilo 214

O poético no quotidiano da língua 216

Índice Remissivo 221

Referências 227

1
Linguagem e gestualidade humana

O Jano da comunicação humana

Todos sabemos que a vida humana está repleta de significados — uns mais compartilhados, outros menos. Entretanto, poucos se dão conta de que isso se deve a uma herança biológica e cultural milenar cujas raízes remontam a milhões de anos. Desde a pré-história, a humanidade vem construindo formas de produzir e compartilhar significações. Dentre elas, a mais potente e universal é a linguagem natural, representada pelas línguas faladas das comunidades ouvintes e pelas línguas de sinais[1] das comunidades surdas. Com essas línguas, não só nos comunicamos, mas também pensamos, planejamos, nos organizamos e até sonhamos.

Neste livro vamos defender a tese de que as línguas orais e de sinais têm uma base comum, a saber: a gestualidade desenvolvida pelos humanos na sua faina adaptativa desde os primórdios do gênero Homo. Somos os animais mais capazes de viver sob condições adversas porque as nossas heranças, tanto

---

1. Leonor Scliar (comunicação pessoal) aponta a infelicidade da terminologia vigente em português, que utiliza 'sinal' — em vez de 'signo' — para designar essas línguas.

genética como cultural, nos emprestam imensa amplitude e flexibilidade de ação. As nossas ações estão aptas a se flexibilizar para resolver problemas novos porque, no passado remoto, se flexibilizaram para *significar*.

Suponhamos que as nossas bocas só servissem para comer e emitir sons grosseiros, e as nossas mãos só servissem para fazer gestos toscos e trabalhos brutos. Certamente não seríamos o que somos. Nossa humanidade passa por emitir sons articulados e realizar gestos também articulados, i.e., compostos de partes finamente organizadas. Nas comunidades ouvintes, certos gestos braquiomanuais compõem as ações finas do dia a dia, tais como plantar, colher, cozinhar, desenhar. Nas comunidades surdas, outros gestos braquiomanuais combinam-se a gestos faciais para compor uma linguagem visual articulada capaz de desempenhar todas as funções da linguagem falada e, ao mesmo tempo, se coordenar a outras atividades.

Este livro aborda esse fascinante campo de estudos tomando como objeto a linguagem falada, i.e., a capacidade de articulação oral que nos outorga a todos, seus usuários — ouvintes ou não[2] —, recursos sonoros públicos, robustos, estruturados e recombináveis para compartilhar o que sentimos, pensamos, desejamos ou imaginamos.

No século XXI, estudar a articulação oral à luz da tradição que a equipara à escrita (SAUSSURE, 1969 [1916]; TRUBETZKOY, 1957 [1939]) — tratando os sons vocais como estáticos e sequenciais — está se tornando uma simples etapa da iniciação à linguística, pois os seus limites estão cada vez mais conhecidos. Ao mesmo tempo, estudar a articulação oral à luz de uma visão revolucionária que a equipara ao resto da nossa destreza (STETSON[3], 1928, KELSO; MUNHALL, 1988) — tratando os sons vocais como dinâmicos e imbricados — está se tornando uma aposta transdisciplinar[4] bastante difundida, pois os seus limites, ainda desconhecidos, vêm sendo explorados com resultados promissores.

---

2. Surdos que tenham uma língua de sinais como primeira língua têm facilidade em aprender depois a língua oral ambiente. As razões para tanto ficarão mais claras adiante.

3. Esse pioneiro solitário do século XX, cujas ideias só agora estão sendo exploradas, será devidamente apresentado no capítulo 2.

4. O termo 'transdisciplinar' é preferível a 'interdisciplinar' sempre que há colaboração entre as ciências exatas e naturais e as ciências humanas e sociais.

Vista como ação vocal, a fala é uma espécie de balé bucofacial sonorizado (GOLDSTEIN; RUBIN, 2007), de cuja visibilidade nem sequer nos damos conta, tamanha é a imersão das comunidades ouvintes na escuta. Cabe lembrar, a propósito, o desconforto causado pelas dublagens malfeitas: a sua falha é, em geral, não saber desviar a nossa atenção da discrepância entre a voz e os movimentos da face.

A esta altura, o leitor atento poderá perguntar: qual é a vantagem de equipararmos à dança algo que emite som e, portanto, se parece mais com a música? Trata-se de uma vantagem conceitual, filosófica. Não há som — e, portanto, não há música — sem movimento audível criado pela natureza ou por nós mesmos.

Criamos uma fonte sonora fazendo vibrar uma parte do corpo ou com ela movendo um objeto vibrátil. O importante é que a vibração produzida esteja dentro da nossa faixa de audição e se irradie num meio que a conduza aos nossos ouvidos. Ora, os movimentos humanos sempre ocorrem no bojo de uma ação; portanto, jamais são isolados, gratuitos, destituídos de sentido. Mesmo que inconscientes, possuem sempre algum propósito, dentro de uma tradição cultural.

Nem sempre é fácil perceber que a ação convencional, compartilhada, é o que permite a significação. Estamos tão imersos na ideia de que a significação é um fenômeno mental que ignoramos a possibilidade de que seja construída de fora para dentro, como veremos em maior detalhe ao final do capítulo. Procedamos, agora, por exemplificação.

A maioria de nós admite que uma saudação como "olá" ganha sentido através das nossas práticas de socialização. Mas talvez não seja tão fácil perceber que as ações que dão sentido, interligando e interpretando objetos e situações, são sempre evocadas ou exercidas a partir de ações que produzem objetos interpretáveis, sejam eles auditivos, como na fala, ou visuais e/ ou táteis, como nas *línguas alternativas*[5] usadas pelas pessoas privadas de acesso a um ou mais modos sensoriais[6].

---

5. A natureza dessas línguas se esclarecerá adiante. Basta comentar aqui que se trata de línguas naturais ou naturalizadas e não de sistemas de representação do alfabeto tais como o Braille.

6. 'Modo sensorial' substitui com vantagem o termo 'sentido'. Hoje se sabe que os modos sensoriais humanos são mais que cinco e se integram para formar as chamadas sensações.

Por exemplo, para remeter às significações da palavra "olá", é preciso saber pronunciá-la. Isso envolve ações vocais produtoras de som. Se o som remete à coisa, à situação, à imagem, ao pensamento, esses, por sua vez, remetem às práticas sociais que permitem interpretá-los. A linguagem natural é uma ampla trama de ações na qual aquelas que *portam a significação* são sempre muito distintas daquelas que *produzem a significação* propriamente dita. É como se às *ações que portam os sentidos* coubesse apenas *indicá-los, apontá-los, remeter a eles*, e às *ações que atribuem os sentidos* coubesse apenas *apreendê-los, relacioná-los, interpretá-los*. Porém, na verdade, as ações de ambos os tipos se entrelaçam a ponto de se influenciar mutuamente nas práticas de negociação da significação.

Ferdinand de Saussure, o pai da Linguística contemporânea, foi o primeiro a discernir a importância comunicativa desse objeto bifacetado, que denominou *signo linguístico,* e dar nome às suas faces, a saber: significante e significado (SAUSSURE, 1969 [1916]). Por exemplo, no caso da palavra falada, propôs que o significante reside na imagem acústica, e o significado, na intenção ou aquilo que se quer dizer. No começo do século XX, esses conceitos causaram uma verdadeira revolução na linguística e demais ciências humanas e sociais. Hoje, porém, são suficientemente conhecidos para dispensar uma longa apresentação.

Por ora, cabe apenas observar que a literatura sobre o signo não costuma tratá-lo como ação, pois a maior parte dela data de um momento bem anterior aos desenvolvimentos da filosofia e da linguística que permitiram que hoje se fale de ações e práticas comunicativas como raízes da significação.

Este livro vê nisso uma lacuna e tenta preenchê-la fazendo uma releitura pragmática — i.e., voltada para uma teoria da ação — das *duas* faces do signo linguístico. Como veremos adiante, a abordagem pragmática é compartilhada por muitos linguistas e filósofos contemporâneos dedicados ao estudo do significado. Já não se pode dizer o mesmo da abordagem congênere aqui advogada para o estudo do significante.

São relativamente poucos os autores que reconhecem a importância da gestualidade nas línguas orais. Ainda menos numerosos são os que se preocupam em dar uma base conceitual unificada às noções de significante e significado. E, dentre esses, estou entre os pouquíssimos que enxergam no movimento inerente ao significante fônico algo da ordem ação — i.e., da ordem dos atos humanos inseridos em situações interpretáveis do ponto de vista de uma dada sociedade. Os únicos trabalhos do meu conhecimento que propõem ideias afins são os de Moreno (no prelo) e Cummins (2018).

O livro argumenta que:

1. conceber o significante como composto de ações é tão natural quanto conceber o significado como embutido, incrustado em ações;

2. derivar as duas faces do signo linguístico de uma mesma noção simplifica o entendimento filosófico e científico das capacidades linguísticas e cognitivas humanas;

3. esse parentesco entre os elementos constitutivos do significante e os elementos constitutivos do significado faz dos primeiros uma parte da pragmática, i. e., dos aspectos do contexto acional e situacional que contribuem para a atribuição de sentido;

4. para entender essa ideia, é preciso abrir mão da concepção estática do significante e admitir que as unidades fonológicas são apenas relativamente estáveis, e que a sua flutuação dá lugar a inúmeras variantes com potencial produtor de sentido;

5. essa variabilidade enseja uma interdependência entre a negociação do significante e a negociação do significado — como se verá paulatinamente ao longo da exposição e, em maior detalhe, no último capítulo.

Esta tentativa de pensar o significante como parte da pragmática não visa apenas à elegância teórica. Visa sobretudo a entender melhor um importante aspecto da nossa vida mental. Em geral, os estudiosos da matéria fônica abstraem-na do seu substrato corpóreo, desconsiderando a sua variação no tempo e no espaço. Aqui, tentarei coadunar esse esforço de abstração, necessário à compreensão dos aspectos mais estáveis do significante fônico, a um reconhecimento da sua corporeidade, necessário à compreensão da sua variabilidade espaço-temporal. Daí decorrerá necessariamente um reconhecimento do caráter público e compartilhado dos seus aspectos motores e perceptuais — o que simplificará o entendimento dos seus múltiplos níveis de abstração.

Ao dar-nos conta da onipresença do significante fônico no cotidiano dos ouvintes, vislumbramos o quanto os significantes em geral, fônicos ou não, afetam a nossa vida mental — da cognição à sociabilidade, à afetividade e à subjetividade. A extensão e a diversidade desses impactos instigam-nos a refletir sobre a resistência humana à exclusão[7] e ao isolamento causados pela privação de uma língua natural — condição que acomete muitas pessoas, por doença, acidente ou abuso.

Para desenvolver esse argumento, teremos que remontar aos primórdios da humanidade, quando a gestualidade comunicativa começou a florescer no gênero *Homo*. Teremos também que fazer algumas incursões sobre a vocalização dos bebês e as capacidades linguísticas dos primatas superiores. Teremos, ainda, que comparar a gestualidade linguística oral à não oral, com base em estudos de condições atípicas como a surdez e a surdocegueira.

Isso nos ajudará a compreender por que a evolução da linguagem mobilizou todos os nossos modos sensoriais e tornou os gestos linguísticos essencialmente multimodais ou amodais, i.e., manifestáveis em quaisquer desses modos. A multimodalidade é o que torna a gestualidade linguística ao mesmo tempo tão corpórea e tão permeável a abstrações e idealizações. Experiências que não dependem de um único modo sensorial exigem integração cerebral e isso as torna naturalmente flexíveis — e, muito importante, abstraíveis.

O argumento se estenderá pelos próximos capítulos e fará uso explícito de um quadro de referência teórico transdisciplinar, a teoria dos sistemas dinâmicos. Essa perspectiva permite superar algumas das dicotomias que têm desafiado o estudo do significante fônico desde Saussure, especialmente no que diz respeito à relação entre qualidades e quantidades.

Depois de passar em revista a influência dessa teoria nos dias de hoje, será mais fácil discutir exemplos que evidenciem as vantagens da abordagem dinâmica do estudo da fala — ou, nos termos do título deste livro, as vantagens do estudo da fala como *movimento audível* (STETSON, 1928).

---

7. Veremos adiante que a exclusão não tem causas naturais, sendo sempre determinada por injunções sociais.

O GESTO AUDÍVEL

A mais óbvia e importante delas é poder entender os seus aspectos abstratos sem destituí-la da sua materialidade e humanidade.

Ação e gesto

Agir é tão central à vida humana que raramente paramos para pensar em como e por que agimos. No entanto, essa centralidade levou a filosofia, a sociologia e a psicologia a elaborarem diferentes teorias da ação. Obviamente, não caberia resenhá-las aqui. Por ora, cabe mencionar as mais relevantes, provenientes da filosofia, pois serão discutidas oportunamente. O mais útil no momento será fazer um exercício especulativo sobre as diferenças entre a ação em geral e o gesto em particular.

Admitamos primeiro, a bem do argumento, que uma ação difere de um acontecimento — i.e., de algo que simplesmente ocorre — justamente por envolver fins, metas, intenções. Assim, adoecer e levar um tombo são acontecimentos, enquanto pegar um objeto é uma ação. Admitamos também que uma ação descritível como gesto tem uma intenção comunicativa discernível. Assim, pegar um objeto e entregá-lo a alguém que prontamente estende a mão é um gesto de dar, seja ele uma doação ou uma simples passagem do objeto a outras mãos.

É claro que há todo um terreno nebuloso entre esses dois casos. Nem sempre temos consciência das nossas intenções. Tampouco as ações delas decorrentes são plenamente transparentes para os outros. Por isso, as controvérsias sobre o conceito de intenção na filosofia e disciplinas afins são intermináveis. Mas o importante aqui é reconhecer que gestos são ações mais ou menos convencionais que fazem parte da nossa sociabilidade. Tanto quanto o grau de intenção, o grau de convenção de um gesto é sempre relativo, embora geralmente esteja claro nos casos canônicos. Se faço um aceno, um meneio ou uma ginga, isso será sempre interpretado dentro de uma trama de relações sociais própria da minha cultura.

Tudo isso parece tão natural que não nos damos conta do tempo, do esforço coletivo e da evolução genética e cultural que nos permitiram chegar a esse ponto. Um mínimo de ação cooperativa já é plausível no *Homo habilis*, visto que usava ferramentas para retalhar e esfolar animais. Uma capacidade de cooperação ainda maior pode ser atribuída ao *Homo erectus*, que já usava o fogo para cozinhar. Ora, toda cooperação envolve ações compartilhadas que podem se tornar convencionais ou mesmo rituais. À medida que evoluíam natural e culturalmente, os nossos antepassados passaram a ter oportunidades cada vez mais frequentes de fixar e compartilhar gestos cotidianos e mimetizá-los para criar gestos comunicativos.

Mimese e semiose

Foi um raciocínio semelhante que levou alguns iluministas franceses a procurar na pantomima a origem natural da linguagem. O mais conhecido deles, Étienne de Condillac, adotou essa visão na sua gramática (1775), depois de haver refletido sobre o paradoxo contido na teoria mais aceite na época, a da origem convencional da linguagem. De fato, para convencionar algo, é preciso estar de posse de uma linguagem, ainda que mínima. Portanto, como concluiu Condillac, a origem convencional da linguagem só faria sentido se ela fosse um dom divino e não um fruto da evolução natural e cultural da humanidade.

A facilitação da semiose (i.e., da produção de significações) pela mimese (i.e., a imitação de ações ou objetos) tem hoje dois potentes argumentos científicos em seu favor. O primeiro é a descoberta de uma subárea dedicada à imitação no córtex pré-motor, dentro da região do hemisfério esquerdo responsável pela produção da linguagem — a área de Broca, chamada assim em honra do seu descobridor. O segundo é a documentação obtida pelo estudo científico de línguas de sinais em formação, que mostra como um signo mimético evolui rapidamente para a arbitrariedade pela simplificação dos movimentos através do uso repetitivo.

No córtex pré-motor, os neurônios envolvidos, denominados neurônios-espelho, foram inicialmente descobertos em áreas homólogas de macacos, mas logo se observaram também em humanos, graças aos avanços da neuroimagem. A sua especificidade é se ativar não só durante a realização de uma ação, mas também durante a observação da sua realização por outros indivíduos (RIZZOLATTI; ARBIB, 1998). Ou seja, a simples visão da ação ou mesmo a audição de um som por ela produzido bastam para excitá-los.

Outro achado relevante é o de que palavras como 'lamber', 'pegar' ou 'chutar' recrutam áreas do córtex motor idênticas ou adjacentes às ativadas pelas ações correspondentes (HAUK *et al.*, 2004). Assim, o correlato neural do aspecto literal do significado de um verbo de ação — o chamado significado referencial — remete aos mecanismos de realização da própria ação.

É preciso esclarecer que o significado não é redutível aos seus correlatos neurais. Trata-se de um fenômeno de ordem cognitiva e social e não de um comando neural ou de um conjunto de reações da bioquímica cerebral. De fato, esses fenômenos fisiológicos viabilizam as ações explícitas ou implícitas através das quais produzimos significações. Porém, essas têm aspectos que só podem ser descritos com o vocabulário da filosofia e das ciências humanas e sociais, já que envolvem sempre uma negociação em tempo real[8].

Por exemplo, quando alguém pergunta "O que é isto?", talvez a resposta satisfatória não seja simplesmente nomear algo. É possível que a intenção do interlocutor não seja saber o nome de um objeto, mas, sim, expressar a sua surpresa ou espanto ante uma situação. Neste caso, ele estaria usando a expressão num sentido idiomático bem conhecido dos brasileiros, mas não tão óbvio para outros povos — mesmo de língua portuguesa. Em contextos análogos, os portugueses provavelmente diriam "O que se passa?", assim como os ingleses ou americanos diriam *"What is going on?"*. Ou seja, nessas culturas, "O que é isto?" não costuma ser uma pergunta sobre a situação corrente e sim sobre um objeto nela presente.

Tanto o significado dito literal, i.e., atrelado a objetos e ações concretas, como os usos idiomáticos de uma expressão são convencionais. Num caso, a significação é razoavelmente transparente depois de convencionada; no outro, ela exige um conhecimento maior das práticas comunicativas da

---

8. Mesmo na linguagem escrita há um leitor imaginário que atua na construção da significação.

comunidade. Entre esses dois extremos, há muitas significações que se negociam em tempo real. Isso ocorre tipicamente quando se fala do tempo e do espaço presentes.

Por exemplo, um gesto de apontar pode gerar um mal-entendido, que logo se corrige na sequência. Assim, suponhamos que, ao ouvir o interlocutor dizer: "Ali?", o locutor acrescente: "Sim, mas um pouco mais acima, quer dizer, no alto". As significações dêiticas — *deixis* é o nome genérico dos atos de indicação — não possuem um significado literal fixável, p. ex. num dicionário; são sempre negociadas aqui e agora, em relação a um 'eu', um 'tu' ou um 'ele/a'.

Negociar significações é fácil quando se está de posse de uma língua. Basta recorrer aos inúmeros recursos que as línguas põem à nossa disposição para dizermos a mesma coisa de outro modo. Agora, imaginemos o que é não ter uma língua e estar tentando criá-la junto com outras pessoas submetidas ao mesmo tipo de privação. Essa experiência, por mais bizarra que possa parecer, é reiteradamente vivida por surdos profundos que cresceram entre ouvintes até encontrarem outros surdos em situação semelhante. Uma vez organizadas em grupos, essas vítimas de privação da linguagem natural passam a experimentar uma explosão comunicativa que conduz à criação de uma nova língua de sinais.

Um exemplo são as crianças que participaram da primeira iniciativa de educação de surdos na Nicarágua entre as décadas de 1970 e 1980. Inicialmente, a escola a que foram conduzidas tentou ensinar-lhes a falar através da leitura labial do espanhol. Elas, porém, rejeitaram essa forma de comunicação imposta — que viveram como opaca e custosa — para se dedicarem, com afinco e entusiasmo, à criação da sua própria língua de sinais.

A língua de sinais nicaraguense está entre as poucas cujo nascimento e evolução histórica puderam ser acompanhados por linguistas. De início, a exemplo de outras línguas de sinais de nascimento recente e história documentada (p. ex., a língua de sinais dos beduínos Al-Sayyd, de Israel; ver SANDLER *et al.*, 2005), os sinais criados pelas crianças tinham muitas características de pantomima e, por isso, eram pouco consistentes e eficientes. Com o seu compartilhamento crescente, devido à chegada de novas coortes etárias à escola, pouco a pouco se tornaram mais rápidos e convencionais.

Além disso, adquiriram as chamadas modulações espaciais, que são formas de vincular um sinal aos demais componentes do evento descrito. Por exemplo, o sinal para 'ver' é um discreto toque do indicador abaixo do olho direito. Se a visão do objeto é um evento isolado, ele é realizado com a cabeça em posição neutra. Porém, se outros verbos compartilham o objeto de 'ver', todos se realizam com a cabeça voltada para o lado em que esse objeto se encontra. Ora, neste caso, a função da direção da cabeça não é apenas dêitica, indéxica; é também discursiva e semântico-pragmática, a saber: indicar relações entre as ações e os componentes espaciais do evento reportado (SENGHAS, 2010).

Privação de linguagem

Um dos achados mais instigantes do mencionado estudo de Senghas é que o uso de modulações espaciais consistentes aumentou nas coortes de crianças que foram chegando depois à escola. Nesses novos usuários da língua de sinais em elaboração, a autora observou também uma diminuição da amplitude do movimento e uma crescente precisão da sua localização espacial. É a nova língua se distanciando cada vez mais das suas bases dêiticas e miméticas.

A dêixis e a mimese são muito eficientes para a negociação inicial do significado, mas, por si só, são ineficientes para a construção de enunciados complexos. Entretanto, têm a mesma facilidade dos mecanismos de produção de signos convencionais para adquirir usos estendidos e generalizados através da reorganização do significante ou do significado.

Por exemplo, todos sabemos que se pode usar o verbo 'correr' para falar do tempo, da água, de eventos — enfim, de muitas coisas abstratas que não têm pernas. Também sabemos que é possível usar expressões como 'o Brasil' para fazer referência ao seu povo e 'a cozinha' para fazer referência à sua equipe.

Pois bem, as duas figuras de estilo aí envolvidas — a metáfora e a metonímia — são mais que recursos literários: são parte da nossa vida mental

(LAKOFF; JOHNSON, 2003). Ambas estendem o sentido a novos objetos: a primeira por semelhança, a segunda por contiguidade. Além disso, ambas podem se combinar a outros mecanismos para criar signos novos. Por exemplo, o substantivo 'corredeira' deriva-se da acepção referente à água do verbo correr, com a adição do sufixo '-eira', também usado metaforicamente, no sentido de 'o que produz'.

Nas línguas de sinais, é igualmente possível realocar um sinal para criar significações novas ou criar sinais novos com as partes componentes de sinais existentes. O exemplo da posição de cabeça na língua de sinais nicaraguense está no primeiro caso. Já a semelhança entre os verbos 'dar' e 'receber' em muitas línguas de sinais, inclusive Libras, está no segundo. Os gestos componentes são os mesmos; o que varia é a sua posição relativa ao corpo e a direção do movimento: para fora ou para dentro.

Assim, as bases dêiticas e miméticas de uma língua de sinais logo perdem a sua transparência, graças à reorganização de componentes, aliada à metáfora e à metonímia. Por exemplo, em Libras o sinal de 'olhar' pode ter o sentido metafórico de 'cuidar', assim como em português, embora as duas línguas não sejam relacionadas.

De posse dessas informações, voltemos à diferença entre as crianças criadoras da língua de sinais nicaraguense e suas colegas mais novas. Por que as pioneiras se mantinham mais próximas das raízes dêiticas e miméticas da língua e pouco atentavam para as inovações gramaticais trazidas pelas colegas mais jovens?

Uma resposta comum entre os linguistas reside na noção de período crítico. Trata-se de uma hipótese proposta pelos neurofisiologistas Penfield e Roberts (1959), que foi adotada com entusiasmo pelo biólogo Eric Lenneberg (1967) e pelo linguista Noam Chomsky (1966). Ela afirma que a prontidão cerebral para a aquisição da primeira língua se reduz radicalmente depois da puberdade. Baseia-se, em geral, em evidência indireta, tal como outros períodos críticos observados em humanos e animais (p. ex., na visão); ou dados anedóticos sobre as chamadas crianças-lobo; ou, ainda, dados naturalistas sobre a aquisição de línguas estrangeiras.

A hipótese ganhou impulso a partir de um caso de isolamento extremo, com privação não só de linguagem, mas também de experiência em geral, descoberto na Califórnia em 1970. Uma menina de 13 anos, que os pesquisadores apelidaram Genie, foi encontrada na residência de uma família acometida de severos distúrbios mentais. Ela vivia num quarto fechado, amarrada a um berço ou cadeira, vestindo apenas os arreios que a atrelavam a esses móveis. Não andava, mal ficava de pé, aparentava a metade da sua idade e tinha dificuldade de deglutir, pois só ingeria alimentos pastosos. O pai a punia por qualquer ruído emitido e a declarou "retardada" aos 20 meses, depois de ser diagnosticada com um deslocamento do quadril que a impedira de adquirir a marcha na idade típica (FROMKIN *et al.*, 1974). É evidente que uma criança submetida a tamanho abuso não poderia falar.

Genie foi internada no Children's Hospital of Los Angeles após a polícia local ter descoberto o seu cativeiro e assumido a sua custódia. Embora tendo sido tratada com muito zelo, carinho e respeito pelos profissionais que se dedicaram à sua reabilitação, jamais conseguiu dominar de fato o inglês, embora tenha feito grandes progressos sociais, cognitivos e até linguísticos. Aos 18 anos, foi vítima de outra tragédia: a mãe entrou na justiça pela sua guarda, arrancando-a subitamente do convívio da equipe acompanhante, com a qual já formara laços afetivos. Após a contestação judicial da competência materna para a sua tutela, foi levada para um abrigo de adultos, onde passou a viver, retraída e silenciosa. Infelizmente, os conflitos que a atingiram também tinham sido fatais para o financiamento do projeto de pesquisa interdisciplinar que acompanhava a sua recuperação.

O inatismo que subjaz à hipótese do período crítico faz parte do espírito da academia norte-americana na década de 1970. Nem mesmo a constatação de graves traumas levou a equipe a pôr em questão a conclusão de que as limitações de Genie falavam em favor do período crítico (CURTISS *et al.*, 1974). Por outro lado, o estudo linguístico das línguas de sinais mal havia decolado, visto que começara na década anterior (STOKOE, 1960). Portanto, pouco se conhecia sobre os casos de privação de linguagem em surdos profundos imersos em ambiente ouvinte, os quais têm em comum com Genie o isolamento, embora em grau muito menor.

De qualquer maneira, os primeiros trabalhos sobre o acesso tardio a uma língua de sinais também chegaram a conclusões favoráveis ao período crítico (p. ex., MAYBERRY, 1993). Neste caso, como costuma acontecer em estudos com um forte componente naturalista, os dados eram igualmente esparsos e confusos quanto ao efeito de variáveis relacionadas ao ambiente social e afetivo.

É pena que a equipe científica que acompanhou as crianças criadoras da língua de sinais nicaraguense não incluísse cientistas sociais. Achados atuais da psicologia social sugerem que, para interpretar o desinteresse dessa coorte pioneira pelas convenções gramaticais introduzidas por seus novos pares, seria preciso dispor de mais dados sobre o seu ambiente social e sobre o seu histórico anterior de exclusão.

Hoje se sabe que a exclusão, ainda que introduzida experimentalmente por meios meramente verbais (p. ex., dizer aos participantes que vão acabar sós no mundo), rebaixa o desempenho em tarefas cognitivas complexas. Baumeister *et al.* (2002)[9] aplicaram testes de conteúdo escolar e inteligência a dois grupos de estudantes equiparados quanto a outras variáveis. Ambos foram alvo de mensagens negativas, mas apenas um recebia as de exclusão social. Ao outro grupo foi dito que tenderiam a sofrer acidentes e outros infortúnios. O desempenho do grupo "excluído" foi significativamente inferior ao do grupo "importunado".

É difícil aquilatar a extensão da exclusão social do surdo imerso em meio ouvinte, pois ela depende da atitude do meio para com a deficiência auditiva. O que é certo é que a imersão em uma língua natural é necessária à formação de conceitos abstratos — necessários, por sua vez, à aquisição do conhecimento em várias áreas. A esse respeito, há relatos de educadores de surdos, tais como o abade Sicard (1792), que descrevem veementemente o salto qualitativo que ocorre no pensamento quando o aprendiz se apropria da primeira palavra abstrata. O eloquente livro de Sacks (1998 [1989]) sobre a surdez compila e comenta vários clássicos estudos de caso a esse respeito.

Outro fato relevante é que as exceções ao período crítico reportadas na literatura estão em geral associadas a histórias de sucesso. Muitos consideram que o período crítico também ocorre na aquisição de uma segunda língua

---

9. Este experimento reflete a metodologia da psicologia cognitiva americana de então. Na década de 2000, os comitês de ética ainda não eram tão atuantes. Hoje, provavelmente, mensagens indesejadas anônimas não seriam permitidas.

(p. ex., SCOVEL, 1969). Entretanto, há vários casos de pessoas que travaram contato com a nova língua depois dos 15 anos e adquiriram um domínio da gramática e até da pronúncia muito próximo ou idêntico ao do nativo.

Um caso notável é o do escritor Joseph Conrad, polonês que aprendeu inglês aos 21 anos, tendo se tornado um dos maiores escritores da língua inglesa. Há quem argumente que ao menos a sua pronúncia teria sido afetada, pois relatos históricos mencionam o seu forte sotaque. Entretanto, há casos documentados de aprendizes tardios em que isso não ocorre. Sintomaticamente, eles foram observados em países em que o aprendizado de uma segunda língua é altamente valorizado, tais como a Holanda (BONGAERTS *et al.*, 1995) e Israel (ABU-RABIA; KEHAT, 2004).

A hipótese do período crítico data de uma década em que a concepção do cérebro era bem mais estática do que hoje. O dinamismo contínuo desse órgão, com a formação de novos neurônios, sinapses e conexões a partir da experiência e da aprendizagem, tornou-se bem conhecido nos últimos anos. Para tentar reconciliar a atual concepção da neuroplasticidade cerebral às observações sobre limites etários na aquisição de certas habilidades, tem-se proposto substituir o termo período crítico por "período sensível", conceito que incluiria janelas mais variáveis de tempo, sujeitas a múltiplas condições de ativação e inibição (KNUDSEN, 2004). Muitos neurocientistas têm-se debruçado sobre as condições favorecedoras da manutenção da neuro-plasticidade durante toda a vida (ZHANG; WANG, 2007; WHITE *et al.*, 2013). Outros dedicam-se a desvendar a extensão dos prejuízos do estresse precoce e a avaliar os efeitos reversivos de certas intervenções terapêuticas (DAVIDSON; MC EWEN, 2012).

À luz dessas considerações, a indiferença das crianças criadoras da língua de sinais nicaraguense às invenções gramaticais dos seus pares não pode ser tomada como um efeito necessário da idade. A inexistência de coortes mais velhas que pudessem lhes servir de modelo em papéis sociais desejados pode simplesmente indicar que elas esperavam ser seguidas pelos outros em vez de segui-los. Pode ser também que tenham preferido aprofundar os laços sociais construídos ao fim do isolamento, compartilhando mais experiências e explorando novos aspectos da nomeação, da narrativa e da argumentação com o seu grupo original de pares. Embora não se tenha como medir os efeitos do isolamento e da privação de linguagem sobre os seus cérebros, a explosão criativa ocorrida ao se conhecerem indica que dispunham de uma reserva de neuroplasticidade que souberam usar com admirável propriedade.

Das mãos à boca

O feito das crianças nicaraguenses tem respaldo em milhões de anos de evolução genética e cultural e num esforço de democratização da educação de um país que acabara de derrubar uma ditadura. Na pré-história da humanidade, os passos que hoje se observam nas línguas de sinais nascentes certamente levaram muito tempo para emergir e se consolidar. É provável que os primeiros deles tenham surgido em outras espécies do gênero *Homo*, disseminando-se entre elas e se aprimorando com a evolução natural e cultural. Todas essas espécies tinham cérebros e habilidades manuais suficientes para tanto.

Uma gestualidade elaborada é comum a toda a ordem primata. Desempenha papéis importantes nas sociedades encontradas na natureza, principalmente entre os grandes símios. Desde meados do século XX, primatólogos e psicólogos animais têm interrogado esse fato para tentar entender por que os demais *Homininae*[10] não falam, apesar da sua estreita relação genética com os humanos. O recente sequenciamento do DNA, que os aproximou 99% de nós, tornou essa questão ainda mais instigante.

Os primeiros esclarecimentos começaram a surgir quando os pesquisadores decidiram tentar ensinar línguas de sinais e outros sistemas de signos visuais a bonobos, chimpanzés, gorilas e orangotangos. A excelente resposta de todas as espécies atuais de hominídeos a esses experimentos logo gerou uma vasta literatura (p. ex., GARDNER; GARDNER, 1969; PREMACK, PREMACK, 1972; RUMBAUGH, 1995). Animais criados em cativeiro

---

10. Os *Hominidae* incluem os *Pongidae* (orangotangos) e os *Homininae* (o *Homo sapiens* e seus antepassados extintos, a lado dos chimpanzés, bonobos e gorilas).

conseguem adquirir um vocabulário de mais de 400 palavras, através das quais se comunicam com os seus treinadores sobre si, os outros ou o ambiente. Também conseguem discernir as relações entre um agente, um verbo e seus objetos, mantendo diálogos sobre ações realizadas ou planejadas. Contudo, essa atividade comunicativa parece restrita à situação de domesticação. Nenhum animal até hoje tentou estendê-la aos seus coespecíficos fora do ambiente de laboratório.

É possível até treinar um bonobo para ter um entendimento básico da fala humana. Na década de 1980, Kanzi, um bonobo criado num laboratório de orientação naturalista, alcançou notoriedade pela capacidade de manter conversas simples ouvindo enunciados em inglês e respondendo por meio de ações ou de um teclado de símbolos visuais denominados lexigramas (SAVAGE-RUMBAUGH *et al.*, 1993).

Os lexigramas constituem uma linguagem artificial criada especialmente para ser ensinada a chimpanzés no Yerkes National Primate Research Center de Atlanta, Geórgia (RUMBAUGH, 1977), um dos grandes centros mundiais de pesquisa no campo. Representa pessoas, objetos e ideias por meio de figuras abstratas classificadas por cor (p. ex., cores distintas para objetos, ações e qualidades). No projeto original, um computador criava e reforçava associações apresentando ao animal o referente de um lexigrama sempre que ele tocava o símbolo correspondente no teclado.

Aos 2 anos, Kanzi comparecia às sessões de treinamento apenas para acompanhar a mãe. Começou, então, a aprender espontaneamente algumas dessas associações e transferi-las às respectivas palavras do inglês, não raro pronunciadas conjuntamente pelos treinadores. A partir desse momento, os pesquisadores decidiram treiná-lo em separado e por imersão no inglês, à semelhança das crianças pequenas. Decidiram também atrelar o seu teclado a um sintetizador de fala, de modo que, ao se expressar, ele pudesse "se ouvir".

Aos 8 anos, Kanzi passou a integrar um projeto comparativo junto com uma criança humana, uma menina de 2 anos chamada Alia. Alia era filha de um membro da equipe de pesquisa, tendo sido exposta ao inglês desde o nascimento e aos lexigramas a partir dos 3 meses. Era diariamente levada ao laboratório para participar de atividades conjuntas com Kanzi. Quando completou 1 ano, os pesquisadores começaram a testar as habilidades verbais e cognitivas de ambos em sessões separadas. Os testes incluíam tentativas cegas, em que os examinadores não sabiam o que o examinando estava ouvindo. A avaliação era razoavelmente fidedigna, pois só se contavam os escores em que três codificadores independentes estavam de acordo. As principais comparações foram feitas quando Alia tinha 2 anos e Kanzi, 8.

A conclusão foi a de que os desempenhos de Kanzi e Alia eram comparáveis naquele momento. As defasagens só começaram a surgir seis meses depois, quando Alia começou a produzir frases cada vez mais complexas. Em ambos os casos, a compreensão auditiva era superior à produção visual com os lexigramas. Evidentemente, Alia deslanchou assim que seu vocabulário falado cresceu.

Kanzi, por outro lado, jamais poderia aprender a falar, porque a sua espécie não tem o equipamento neural necessário ao controle fino dos órgãos vocais. Hoje se sabe que os tratos vocais dos bonobos e dos chimpanzés até são capazes de produzir algumas vogais e consoantes simples. Entretanto, elas só poderiam constituir uma fala rudimentar se esses *Homininae* tivessem uma prontidão neural para a articulação (LIEBERMAN *et al.*, 1969). Aparentemente, tal capacidade não existia no ancestral anterior à ramificação que originou o gênero *Homo* há seis milhões de anos.

A data da emergência das condições de produção de vocalizações semelhantes à fala ainda é muito controversa na literatura evolutiva. Uma parte afirma que surgiram apenas com o *Homo sapiens*. A outra afirma que surgiram com o *Homo heidelbergensis*, cerca de meio milhão de anos atrás.

Na verdade, a controvérsia envolve bem mais que a produção da fala: trata-se de duas posições antagônicas quanto à evolução da linguagem. A primeira afirma que a capacidade de linguagem é fruto de uma única mutação que teria desencadeado um salto qualitativo gigantesco na evolução, separando a linguagem humana dos demais sistemas de comunicação primata, vigentes ou extintos (HAUSER *et al.*, 2014). A segunda afirma que essa capacidade é fruto de uma série de mutações que afetaram cumulativamente as habilidades cognitivas e comunicativas do gênero *Homo*, convergindo para a emergência das línguas naturais atuais (DEDIU; LEVINSON, 2013). Podemos chamar a primeira posição de saltacionista e a segunda de gradualista.

O foco do debate é o *Homo neanderthalensis*, como nós, um dos descendentes do *heidelbergensis*. Os saltacionistas usam evidências genéticas e arqueológicas para argumentar que o neandertal não tinha uma articulação adequada à expansão vocabular nem um cérebro que respaldasse a flexibilidade cognitiva necessária à formação de frases complexas — o que explicaria a sua inferioridade cultural aos seus coetâneos *sapiens*. Já os gradualistas usam evidências do mesmo tipo para argumentar que o neandertal tinha uma bagagem genética, um aparato vocal, um canal auditivo e um controle respiratório adequados à fala, e que a sua tecnologia de construção de ferramentas implicava razoável flexibilidade cognitiva. Acrescentam também que a morfologia do parto, próxima à do *sapiens*, implicava uma infância longa e as complexidades sociais concomitantes.

Retomemos agora a tese de Condillac e suas descendentes contemporâneas (HEWES *et al.*, 1973; CORBALLIS, 2002; ARBIB, 2005). À luz do cenário gradualista, que defende ter havido uma evolução para a fala durante meio milhão de anos, só é razoável situar a era de ouro da comunicação gestual antes desse marco — e não depois, como fazem Corballis (2002) e Arbib (2005). Se, conforme sugerem Martinez *et al.* (2008), o *Homo heidelbergensis* já possuía algumas das adaptações propícias à fala e sua percepção, a grande explosão semiótica mediada pela gestualidade dêitica e mimética deve remontar ao seu ancestral, o *Homo ergaster*, ou mesmo ao *Homo habilis*. Sob essa hipótese, a especulação mais produtiva é a de que a vocalização teria sempre suplementado as protolínguas de sinais, tendo evoluído para se agilizar, se articular e, por fim, se apropriar da sua semiose, com as vantagens do menor consumo de energia e da liberação das mãos.

A ordem primata privilegia a comunicação vocal para atividades relacionadas à sobrevivência, e a comunicação gestual para atividades relacionadas à socialização (CALL; TOMASELLO, 2007). Contudo, a sincronização entre os canais visual e auditivo não lhe é estranha na luta pela sobrevivência. Por exemplo, Lameira *et al.* (2007) estudaram como os orangotangos modificam os seus gritos de alarme formando uma concha junto aos lábios com o auxílio de folhas e/ou das mãos. Concluíram que se trata de um gesto comunicativo sincronizado que tem a função de levar o predador a superestimar o tamanho do animal. É perfeitamente possível que a maquinaria neural subjacente a essa sincronização tenha, primeiro, evoluído para coordenar a vocalização ao gesto nas protolínguas gestuais e, depois, para subordinar o gesto à vocalização nas línguas orais.

Para tanto, é preciso que os nossos ancestrais tenham aprendido a produzir sons com movimentos balísticos de obstrução do trato vocal, que geram transições acústicas abruptas semelhantes àquelas já implicadas na percepção do ambiente. Conforme sugere Macneilage (2008), o precursor desses gestos obstrutivos rápidos pode ter sido o estalo de lábio, usado como gesto de afiliação em algumas sociedades primatas. Ghazanfar e Takahashi (2014) estudaram o ritmo e as bases neurais desse estalo em várias espécies do gênero *Macaca* e encontraram algumas homologias com o ritmo da fala humana.

Lembremos, porém, que esses primatas têm maior mobilidade dos lábios que da língua. Portanto, as demais vocalizações associadas às primeiras protolínguas gestuais devem ter sido sobretudo expressivas, como os guinchos emocionais e os gritos de alerta comuns aos primatas selvagens atuais. É também plausível que a habilidade de complementar e desambiguar sinais através de signos convencionais tenha emergido primeiro na modalidade manual (ARBIB, 2005), como consequência da perda de transparência do repertório dêitico e mimético primordial.

Entretanto, uma vez expandida a mobilidade da língua, a sonorização deve ter assumido papéis cada vez mais importantes no léxico e na gramática das protolínguas. Por exemplo, consoantes e vogais ainda inarticuladas podem ter se prestado a diferenciar e classificar usos metafóricos e metonímicos dos mesmos gestos através da onomatopeia e do simbolismo fonético. A dêixis e a mimese, embora mais limitadas na audição que na visão, podem também ter contribuído para a migração de uma sonorização simplesmente expressiva para uma sonorização referencial.

Alguns tipos de consoantes — as fricativas, as africadas, as líquidas e os cliques — são especialmente aptas a mediar essa migração por serem auditivamente mais conspícuas que as vogais. Essas, por sua vez, tornam-se mais salientes se portadoras de tons. Obviamente, o cenário em que essa migração pode ter acontecido é apenas imaginável. É improvável obtermos evidência sobre ele, por mais indireta que possa ser.

Como exercício, imaginemos um sinal manual de 'correr', mimético ou não, acompanhado de estalidos de língua para falar de um animal a galope, ou de rápidos movimentos de língua com escape de ar lateral para falar de um curso d'água. Imaginemos também o uso da vogal 'i' com um tom ascendente para classificar o animal galopante ou o curso d'água como pequenos, e o uso da vogal 'u' com um tom descendente para classificar os mesmos como grandes. Ambas as combinações constituem enunciados visoauditivos plausíveis em algum estágio remoto da evolução das protolínguas humanas.

Obviamente, um cérebro afeito a vocalizações complementares como essas deve estar apto a estabelecer relações entre as ações vocais significantes e as ações significadas, concretas ou abstratas. Em outras palavras, precisaria ter evoluído não apenas para produzir sons vocais suficientemente nítidos, mas também para interpretá-los pelos mesmos meios usados para interpretar os significantes visuais.

Uma protolíngua híbrida em que vogais e consoantes exercessem funções distintivas e classificatórias poderia se beneficiar muito de qualquer mutação que facilitasse a agilização da articulação. A partir do momento em que é possível coordenar consoantes e vogais numa sílaba, está aberto o caminho à formação de enunciados relativamente longos. *Esse pequeno passo na produção do significante traz ganhos cognitivos que podem ter enormes consequências evolutivas.*

A automatização da produção de sílabas estimula o desenvolvimento de uma combinatória que incentiva a expansão vocabular e reduz a transparência da relação significante-significado, estimulando o crescimento da memória. Vocalizações mais longas, fluentes e arbitrárias poderiam constituir o primeiro passo rumo à supremacia da oralidade. Note-se que uma janela de tempo de meio milhão de anos, tal como sugerida pelos gradualistas, é compatível com esse cenário, pois é suficientemente longa para acomodar o percurso entre a linguagem híbrida e a linguagem falada.

Um dos argumentos de Dediu e Levinson (2013) a favor dessa janela é o de que ela resolveria o mistério atual da alta diversidade das línguas humanas. Segundo eles, sob a hipótese saltacionista, as ondas de migração do *sapiens* para fora da África implicariam um estoque relativamente limitado de línguas-mães, que tenderiam a gerar descendentes mais semelhantes entre si que as atuais famílias linguísticas. Já sob a hipótese gradualista, que atribui capacidade linguística aos neandertais e denisovanos (a saber: descendentes extintos do *heidelbergensis* aparentados aos neandertais), a miscigenação genética e cultural interespécies pode ter tido consequências linguísticas duradouras, com empréstimos lexicais ou até estruturais. Os autores baseiam essa conjetura em diferenças profundas entre línguas de populações aborígines geograficamente próximas, mas geneticamente distantes, como as da Austrália e da Papua-Nova Guiné.

Sem prejuízo da pertinência e elegância do argumento de Dediu e Levinson, a maior fraqueza do saltacionismo parece residir em tornar misteriosa a semiose da língua original, tal como nas teorias do século XVIII. Recapitulemos o paradoxo de Condillac: a negociação de convenções implica a existência prévia de linguagem. Já um gradualismo que atribua à ancestralidade do *heidelbergensis* uma protolíngua gestual com complementos vocais confere às línguas orais uma herança comunicativa sólida de mais de cinco milhões de anos. Além disso, confere a todo o gênero *Homo* um longo tempo de convívio com signos gestuais tornados arbitrários pelo uso repetitivo. Nesse cenário, uma fala plenamente articulada poderia superar rapidamente as raízes dêiticas e miméticas da sua predecessora mais tosca (como no exemplo do galope e do curso d'água) porque os seus significados seriam prontamente negociáveis com um sistema bem conhecido de signos gestuais arbitrários.

Voltando ao exemplo do gesto de correr, imaginemos que a sílaba 'clique + i' viesse a expressar algo como 'saltitar'; e a sílaba 'clique + u', 'galopar' propriamente. Da mesma forma, a sílaba 'lateral + i' poderia expressar 'córrego'; e a sílaba 'lateral + u', 'caudal'. Com a diversificação dos falantes no tempo e no espaço, as distinções entre as vogais poderiam se obliterar por redução, mantendo-se apenas a diferença de tom — o que tornaria a relação entre as palavras e as coisas cada vez mais arbitrária. Novas mudanças poderiam, por fim, transformar o clique numa oclusiva simples e o 'l' numa semivogal, apagando o simbolismo fonético inicial do repertório da protolíngua híbrida.

É importante salientar que os componentes da sílaba só se conectam automaticamente pela prática. Na ontogênese, os bebês humanos passam pela fase do balbucio, na qual praticam a sílaba espontânea e incessantemente (OLLER *et al.*, 1976; OLLER *et al.*, 1999). Na filogênese, formar sílabas e combiná-las para formar palavras pode ter sido um dos passos importantes para o florescimento das operações combinatórias complexas implicadas nas línguas naturais.

Curiosamente, os saltacionistas invertem esse raciocínio e atribuem a emergência da capacidade combinatória à mutação de longo alcance que teria habilitado o *Homo sapiens* para a linguagem. O pressuposto é que todas as operações utilizadas pelas línguas naturais, das fônicas às sintáticas e às discursivas, são simbólicas e computacionais, i.e., estabelecem relações lógicas entre signos tão abstratos e arbitrários como as letras e os números, tal como nos cálculos matemáticos e lógicos.

Essa concepção de linguagem é diametralmente oposta à adotada neste livro. Os saltacionistas veem o cérebro como uma máquina de computação simbólica. Aparentemente, não se intimidam ante o fato de a neurociência atual vê-lo antes como uma máquina de computação neural, i.e., um sistema interconectado que não computa símbolos e, sim, valores de ativação de conexões entre os neurônios da rede. De fato, não há contradição necessária entre as duas visões, já que uma rede neural é capaz de simular operações simbólicas modulando a ativação das suas conexões.

Entretanto, como veremos abaixo, o estado da arte na neurociência é muito mais coerente com a concepção vygotskiana do desenvolvimento, que vê na lógica da ação e da interação social a origem das operações simbólicas em geral (VYGOTSKY, 1978). Tendo atuado nas décadas de 1920 e 1930, Vygotsky foi contemporâneo de todas as discussões filosóficas que levaram, mais tarde, à proposição daquilo que Albano (2009) chamou de "a virada pragmática dos estudos da linguagem e da mente" (mais detalhes no quinto capítulo).

Foi também contemporâneo de Piaget, que havia sustentado que as operações subjacentes às habilidades lógicas e matemáticas se originam em experiências concretas de manipulação de objetos (1936). Partindo de uma crítica construtiva a esse autor, Vygotsky sugeriu, através de experimentos pedagógicos[11], que não só as operações lógicas, mas também qualquer objeto mental, concreto ou abstrato, se internaliza por inserção em ações significativas.

---

11. Apesar do nome infeliz, o Instituto de Defectologia de Moscou, inspirado nas ideias de Vygotsky, teve grande sucesso na reabilitação de crianças com graves déficits cognitivos e sensório-motores.

Sublinhou, porém, que essas ações só se tornam significativas se socialmente compartilhadas. Ou seja, a mente se forma de fora para dentro, dependendo crucialmente da participação do outro como agente transmissor de práticas e saberes culturais.

Assim, embora não verse sobre a linguagem, e sim sobre a ação e a comunicação em geral, a perspectiva vygotskiana permite supor que a gestualidade linguística está entre os objetos internalizados. Hoje se sabe que, apesar da importante bagagem genética do bebê, a ação significante só emerge por imersão num ambiente de cooperação e compartilhamento. Testemunham-no as dificuldades cognitivas das pessoas privadas de linguagem por isolamento ou déficit sensorial.

Em suma, a longa trajetória evolutiva das mãos à boca modificou o nosso cérebro, tornando-o exímio em usar a gramática para formar palavras e frases complexas por meios simples. Essas mudanças se refletem também nas línguas de sinais atuais — cujos recursos gramaticais são tão sofisticados quanto os das línguas orais, dando-lhes, portanto, uma complexidade muito maior que a de qualquer protolíngua, gestual ou híbrida. Como herança dessa trajetória, os cérebros contemporâneos dispõem de robustas ligações entre as mãos e a boca, aptas a respaldar a aquisição da linguagem até em condições de grave privação sensorial, como na surdocegueira, à qual passamos a seguir.

O gesto ubíquo

Um dos indícios mais fortes de que evoluímos ao mesmo tempo para a fala e para a linguagem é que os gestos articulatórios, além de terem efeitos auditivos conspícuos, estão, na verdade, representados em todas as modalidades sensoriais. Entendemos a fala também com os olhos, através da leitura facial, com os órgãos vocais, através da ativação dos seus correlatos neurais, e, se necessário, com as mãos, através do tato.

A alta conectividade da fala indica a sua importância para a nossa sobrevivência. É como se a seleção natural a tivesse tornado um dos pilares da nossa humanidade. Mesmo quando um déficit grave ou uma situação de exclusão social extrema dificultam o seu acesso, outros canais viabilizam a sua aquisição através de educação especial.

Isso só é possível porque as línguas de sinais e mesmo algumas das línguas artificiais criadas nos canais visual e tátil para fins pedagógicos compartilham com as línguas orais o fato de serem duplamente articuladas.

O termo dupla articulação foi introduzido na linguística por André Martinet (1961) e se consagrou desde então. Nas línguas orais, a primeira articulação compõe-se de unidades significativas, que o autor denomina monemas[12]. Analogamente, a segunda articulação compõe-se de unidades sem significado, dentre as quais a mais conhecida é o fonema[13].

Da mesma forma, as línguas de sinais possuem unidades sem significado, denominadas, por analogia, fonemas; e unidades significativas, com denominações também análogas às das línguas orais. Assim, segundo os estudiosos da área, as primeiras constituem o nível da fonologia, e as segundas, os níveis da morfologia, léxico etc. Compreende-se que a literatura sobre as línguas de sinais tenha decidido ignorar a diferença física entre os canais visual e auditivo, pois isso põe em relevo a sua semelhança estrutural.

Assim, em qualquer canal, a conjunção dos dois níveis gera uma poderosa combinatória. Os fonemas se combinam para formar morfemas, que se combinam para formar palavras, que, por sua vez, se combinam para formar um conjunto aberto de enunciados — em princípio ilimitado.

À luz dessas observações, compreende-se por que a ausência de ambos os canais torna a educação do surdocego uma tarefa tão delicada. É que a aquisição da linguagem só se viabiliza pela construção de um sistema de comunicação duplamente articulado no canal tátil — onde ele não costuma surgir naturalmente, dada a dispersão da população surdocega. Para tanto, foram propostas até o momento três possibilidades.

A mais antiga são os alfabetos manuais desenvolvidos para os surdos e adaptados para uso tátil, cujas primeiras notícias datam do século XVII. Foram usados com muito sucesso na escola para surdocegos fundada por um grupo de discípulos de Vygotsky em Zagorsky, na antiga União Soviética,

---

12. Um monema pode ser uma palavra simples ou um morfema, p. ex., uma raiz, um prefixo, um sufixo.

13. Isso não prejudica o fato de haver morfemas e/ou palavras compostos de um só fonema.

na década de 1960. Um dos fatos mais impressionantes nas gravações de vídeo dos alunos dessa escola é a naturalização desse meio de comunicação artificial. Desconhecendo fonemas e letras, essas crianças se comportavam como se estivessem usando uma língua de sinais tátil, com uma fluência e naturalidade análoga às das línguas orais e visuais.

A segunda possibilidade é o Tadoma, método desenvolvido pela escola Perkins para cegos na década de 1920 para instruir dois surdocegos chamados Tad e Oma. Trata-se de um aperfeiçoamento das estratégias usadas por Ann Sullivan para ensinar Helen Keller a falar. Consiste em posicionar os dedos de forma a captar as vibrações da laringe, o ar das narinas e os movimentos da face, dos lábios e da mandíbula.

Por fim, há adaptações recentes de algumas línguas de sinais, dentre as quais Libras, para uso com surdocegos. Consistem em transpor parâmetros do canal visual para o canal tátil sem alterar as suas relações de posição e movimento. Uma inegável vantagem dessa opção é que alguns usuários podem se valer de instrução visual para acelerar a aprendizagem, já que o comprometimento do canal visual é muito variável na surdocegueira.

É impressionante que haja surdocegos fluentes na língua oral circundante, mesmo tendo obtido instrução apenas pela longa e penosa via do Tadoma. Para tanto, o caminho mais comum é o utilizado por Ann Sullivan com Helen Keller: introduzir primeiro o alfabeto manual e o Braille. Contudo, muitas escolas têm optado ultimamente pelas línguas de sinais adaptadas, por entender que são mais naturais para deficientes audiovisuais.

De fato, onde houver uma comunidade surdocega, as línguas de sinais transpostas para o tato se desenvolverão do mesmo modo que as línguas visuais, i.e., tornando-se cada vez mais ágeis e fluentes através da simplificação do movimento. O mesmo ocorre, como já foi, aliás, mencionado, com a adaptação tátil do alfabeto visual (para uma resenha, ver JERDE *et al.*, 2003). Por ora, no entanto, faltam estudos comparativos controlados que permitam avaliar a eficácia relativa dessas alternativas, em parte devido à extrema heterogeneidade dos déficits na população surdocega[14] (DAMMEYER; LARSEN, 2016).

---

14. Os graus de perda auditiva e visual podem variar muito conforme a etiologia e a qualidade do sistema educacional de apoio.

Deve-se ressaltar que a dupla articulação é inerente a qualquer sistema de representação da fala. Está presente na escrita, mesmo nos sistemas que representam a palavra e não o fonema, na medida em que a leitura leva à ativação dos correlatos neurais da fala. Também se evidencia no Tadoma e nos alfabetos visuais, calcados, respectivamente, na fala e na escrita. Mantém-se igualmente intacta nas adaptações táteis das línguas de sinais, cuja estrutura a transposição para o tato não altera.

Vejamos como a dupla articulação funciona no meio visual. Alguns parâmetros gestuais não significativos, tais como o local de realização do sinal, os dedos envolvidos, a configuração de mão e o movimento, operam distinções mínimas entre sinais significativos, análogas àquelas operadas pelos fonemas iniciais entre pares de palavras tais como 'pão' e 'mão' em português. O termo técnico da linguística para esse tipo de distinção é par mínimo.

Um exemplo de par mínimo em Libras é a diferença entre os sinais de 'levar' e 'salvar'. Ambos são realizados apoiando a mão esquerda fechada sobre a direita aberta; porém, no primeiro, há um movimento de dentro para fora, e, no segundo, de baixo para cima. Da mesma forma que nas línguas orais, as unidades da segunda articulação das línguas visuais permitem a formação de milhares de sinais que funcionam ora como morfemas, ora como palavras.

Tudo isso sugere que os centros cerebrais da visão, da audição e do tato são intimamente conectados. De fato, essa conexão é corroborada por estudos da percepção de fala de indivíduos ouvintes. Por outro lado, ainda se sabe pouco sobre o processamento da multimodalidade em geral e menos ainda sobre como ela atua na aquisição da linguagem por surdos e surdocegos. Há apenas uns poucos estudos de caso, como o de Obretenova *et al.* (2010), que sugerem que a neuroplasticidade cria vias compensatórias, promovendo reorganização cerebral nos surdocegos bem-sucedidos na aquisição da linguagem.

Voltando agora à população considerada típica, i.e., sem déficits sensoriais, um estudo pioneiro mostrou que a informação visual auxilia a compreensão auditiva em ambientes ruidosos (SUMBY; POPPLACK, 1954). Mais tarde, uma descoberta casual, devida a um erro de edição de fitas, acrescentou a esse achado uma informação inesperada (MCGURK;

MACDONALD, 1976). Os autores descobriram que a apresentação simultânea de estímulos auditivos e visuais contraditórios leva à percepção de algo distinto, uma espécie de percepto intermediário. Por exemplo, um 'ba' auditivo concomitante a um 'ga' visual leva à percepção de 'da'. Esse efeito, que ficou conhecido como McGurk, foi replicado várias vezes na literatura subsequente (GREEN; NORRIX, 1997; BRANCAZIO *et al.*, 2003).

Hoje se sabe que ele ocorre porque monitoramos inconscientemente a fala vista ou ouvida através da ativação dos circuitos neurais envolvidos na sua produção (MEISTER *et al.*, 2007; MÖTTÖNEN *et al.*, 2014). Essa ativação subjaz à escuta e à leitura (BUCHWEITZ *et al.*, 2009), sendo mais consciente na última, durante a qual tendemos a ouvir uma "fala interna". No efeito McGurk, a ativação dos correlatos neurais de 'da' ocorre porque essa sílaba tem em comum com 'ba' o fato de se produzir na parte frontal da boca, e com 'ga', o fato de a língua ser o articulador principal (SKIPPER *et al.*, 2007). Assim, 'dá' torna-se a melhor aposta do nosso cérebro para resolver a contradição.

Existem, ainda, versões hápticas, i.e., táteis, do mesmo efeito. Um exemplo é a de Fowler e Dekle (1991). Os autores obtiveram efeitos semelhantes aos visoauditivos sincronizando sílabas de um contínuo sintético entre 'ba' e 'ga' à pronúncia muda de um 'ba' ou de um 'ga' por uma face encoberta, onde a mão do participante era posicionada de forma a acessar os movimentos faciais. O número de identificações afetadas pelos estímulos hápticos contraditórios foi significativo.

Gick e Derrick (2009) produziram outra versão do mesmo fenômeno de maneira ainda mais surpreendente. Valendo-se da diferença entre oclusivas aspiradas e não aspiradas em inglês, eles aplicaram pequenos jatos de ar — semelhantes aos emitidos pelos lábios na pronúncia das aspiradas — ao pescoço ou à mão direita de participantes, que ouviam, ao mesmo tempo, sílabas iniciadas por consoantes aspiradas ou não aspiradas. Essa manipulação enviesou significativamente as respostas em favor da aspiração.

Mesmo diante desse quadro ainda fragmentário, pode-se afirmar que a ubiquidade do gesto articulatório nas línguas humanas e a sua relativa acessibilidade em caso de déficit sensorial exigem uma revisão radical da sua concepção tradicional. Não se trata de uma mera realização física de unidades simbólicas. Trata-se, antes, da unidade simbólica por excelência da segunda articulação das línguas orais.

Assim como o movimento tem valor distintivo nos significantes das línguas de sinais, as ações sonorizadas dos articuladores no trato vocal têm valor distintivo nos significantes das línguas orais. Por mais abstrato que seja, esse valor não é alheio à física do movimento. Como nos demais gestos humanos, faz parte de uma rede simbólica historicamente construída pela integração da ação significante à ação significada. São os aspectos físicos das unidades conectadas por essa rede que estabelecem as condições e os limites para o funcionamento dos seus aspectos abstratos, simbólicos.

A tradição do campo recorreu com sucesso ao alfabeto como forma de representar essas unidades. Contudo, não se pode esquecer que as letras usadas nas transcrições fonéticas e fonêmicas são apenas representações alfabéticas convenientes dos sons de fala e dos respectivos gestos articulatórios constitutivos. Elas captam com sucesso o caráter discreto desses gestos, i.e., a sua propriedade de se manterem distintos apesar da sua inevitável coarticulação — i.e., o fato de se imbricarem parcial ou até totalmente. Por outro lado, a representação sequencial distorce um aspecto essencial da natureza dos gestos articulatórios, que é *se sobreporem eficientemente sem se confundirem*.

Este livro defende a visão de que a fonologia não é apenas a lógica da combinação simultânea ou sequencial dos gestos articulatórios e da sua sensibilidade ao contexto linguístico. É também a lógica da sua produção conjunta e da sua realização através de movimentos coordenados. É, ainda, a lógica da sua variabilidade conforme o contexto situacional, que é sensível a variáveis sociais e estilísticas dos mais diversos tipos. Assim, a sua agenda científica não pode incluir apenas descrições qualitativas. Deve incluir também a tentativa de interligar a gramática e a pragmática fônicas à descrição quantitativa da física e da fisiologia da fala.

Em outras palavras, o que a tradição separa em duas disciplinas — a fonética e a fonologia — a perspectiva aqui adotada unifica num campo de estudos transdisciplinar que interroga continuamente a fronteira entre as ciências naturais e humanas. Indagações semelhantes levam também à necessidade de unificar a fonologia e a fonoestilística. Assim, os termos fonético e fonológico são aqui usados para designar facetas de um mesmo objeto e não objetos distintos. O mesmo se pode dizer dos termos fonológico e fonoestilístico.

Fonologia é a denominação mais adequada para o campo como um todo porque:

(1) substitui a ideia de que há uma mecânica fônica universal independente de língua por outra, mais coerente com a transdisciplinaridade, a de que a fonética é parte do sistema linguístico de uma língua (LADEFOGED, 1971);

(2) substitui a ideia de que o estilo é restrito ou idiossincrático por outra, mais coerente com a interdisciplinaridade, a de que é socialmente regulado e informa o contexto, assim como é informado por ele.

Todo o argumento se baseia na tese, defendida acima, de que há uma estreita relação entre os gestos fônicos das línguas orais — salientemente audíveis — e os gestos braquiomanuais das línguas de sinais — salientemente visíveis.

O próximo capítulo, intitulado "Gradientes e categorias fônicas", explica por que a metodologia de laboratório acabou se tornando inescapável na fonologia. Faz isso à luz da história do campo e não à sua revelia. Primeiro, mostra que a maioria das questões clássicas não mais comporta respostas do tipo "sim ou não", em virtude da quantidade e da variedade dos processos gradientes encontráveis nas fonologias do mundo. Em seguida, a fim de viabilizar o tratamento unificado dos gradientes e das categorias fônicas, faz uma introdução conceitual aos modelos dinâmicos genéricos das ciências exatas e naturais. Esses modelos são capazes de instrumentalizar a desejada unificação porque eliminam explicitamente a cisão entre qualidade e quantidade.

O terceiro capítulo, intitulado "Dinâmica fônica e sensório-motricidade", retoma a *fonologia articulatória ou gestual*, modelo fônico dinâmico adotado criticamente em Albano (2001), e discute alguns problemas que têm exigido a sua reformulação. Apresenta, em seguida, a sua versão corrente (GOLDSTEIN *et al.*, 2007; SALTZMAN *et al.*, 2008), advertindo que novas revisões ainda estão em curso (p. ex., TILSEN, 2016). Na oportunidade, retoma também a reflexão proposta em 2001 sobre o nó górdio da empreita teórica em questão, a saber: a falta de integração entre o motor e o sensório.

O quarto capítulo, intitulado "Aportes brasileiros: questões clássicas", explora as implicações do modelo revisto para o tratamento de problemas fonológicos tradicionais. São revisitados processos que a fonologia categórica clássica trata como alterações, inserções e apagamentos de segmentos. Isso se faz à luz de estudos laboratoriais recentes, com destaque para os conduzidos pelo meu grupo de pesquisa, o Dinâmica Fônica (doravante, DINAFON).

O quinto capítulo, intitulado "Aportes brasileiros: questões de fronteira", explora as implicações do modelo para o tratamento de problemas que cruzam fronteiras disciplinares. No campo da aquisição da linguagem, aquilo que a fonologia tradicional tacha de erro, a perspectiva dinâmica vê como dificuldade de coordenar gestos fônicos devido à imaturidade. Isso permite encarar o desenvolvimento atípico não como patológico e, sim, como persistência dessa imaturidade após a idade esperada. O capítulo aborda também estudos sobre a aquisição de competências vocais especiais por locutores e cantores profissionais, prática que envolve a coordenação de tarefas articulatórias paralelas e, às vezes, até conflitantes. Esses fatos ensejam reflexões sobre a continuidade do processo de aquisição da linguagem pela vida afora.

Finalmente, o sexto e último capítulo, intitulado "Dilemas, desafios, horizontes", apoia-se nos demais para aprofundar a tese central do livro, a saber: a de que a fonologia — entendida como indissociável da fonética e da fonoestilística — é parte integrante da pragmática, na medida em que som e sentido são sempre negociados conjuntamente. Ou, dito de outra forma, qualquer variação fônica, segmental ou prosódica, é potencialmente produtora de sentido, podendo, portanto, integrar o contexto da interpretação. Daí decorre que, por ignorarem o modo como se fala, muitas das atuais análises da língua falada tendem a tocar apenas a ponta do iceberg constituído pela questão da significação.

O livro termina apontando para um futuro em que a inclusão de parâmetros fônicos na análise do contexto da interpretação promete mudar os rumos das disciplinas que se ocupam do som assim como das disciplinas que se ocupam do sentido.

O público visado são os pesquisadores de qualquer área do estudo da linguagem que queiram se familiarizar com a vertente dinâmica da fonologia de laboratório. A exposição visa estimular as novas gerações à colaboração transdisciplinar. Para tanto, procura discutir as questões epistemológicas do campo com uma linguagem acessível a quem possua apenas informações gerais ou alguma formação numa das áreas envolvidas.

Duas frentes retóricas respaldam esse esforço. De um lado, tenta-se convencer o leitor egresso das ciências humanas da necessidade da metodologia das ciências exatas e naturais para superar as dicotomias do campo. De outro, tenta-se convencer o leitor egresso das ciências exatas e naturais da necessidade de uma base sólida em ciências humanas e sociais para aplicar com propriedade os princípios e métodos da sua área à análise científica da linguagem.

Ao final, o público leitor terá tido contato bastante com os efeitos dessa retórica para julgar a sua eficácia.

2

Gradientes e categorias fônicas

"Un système où tout se tient"

Uma das frases mais famosas da história da linguística é a definição de língua como "un système où tout se tient": um sistema no qual todas as partes se interligam e sustentam umas às outras. Ela é geralmente atribuída a Saussure, mas não consta do *Curso de Linguística Geral* (op. cit.). Segundo Koerner (1996/1997), o primeiro discípulo de Saussure a divulgá-la foi Antoine Meillet (1903). Também Charles Bailly, o editor do *Curso*, e Nicolai Trubetzkoy, o pai da fonologia, incumbiram-se de disseminá-la em aulas e conferências.

A noção saussuriana de sistema é um bom exemplo de *insight* estruturalista passível de releitura contemporânea.

Os sistemas fonológicos foram os primeiros a ser tratados pelos estruturalistas como intimamente interligados e mutuamente sustentados. Em geral, as ligações apontadas eram classificatórias. Assim, as consoantes /p, b, f, v/ se unem na classe das labiais em português. Além disso, /p, b/ se unem a /t, d, k, g/ por serem oclusivas, enquanto /f, v/ se unem a /s, z, ʃ, ʒ/ por serem fricativas. Analogamente, /t, d, s, z/ se unem na classe das dentais — ou alveolares, a depender da variedade ou dialeto. Já /k, g/ e /ʃ, ʒ/, embora unidas na classe das obstruintes — que reúne oclusivas, fricativas e africadas —, contrastam quanto ao ponto de articulação, i.e., são velares e pós-alveolares, respectivamente. A ausência de oclusivas pós-alveolares, embaraçosa para o estruturalismo por quebrar a simetria de sistemas consonantais como o nosso, pode hoje ser iluminada pelo conhecimento científico acumulado sobre a fala no último século.

A assimetria das fricativas pós-alveolares é universal porque a configuração anatômica do seu ponto de articulação não permite a formação de outras obstruintes com a língua voltada para a frente. Em contrapartida, ao voltar-se para trás, a língua toca necessariamente a parte posterior dos alvéolos, criando as consoantes denominadas retroflexas, que abrangem toda a gama dos modos de articulação e têm características auditivas conspícuas. Esse fato físico, refletido na posição isolada das fricativas pós-alveolares na tabela da Associação Fonética Internacional, não deixa, contudo, de ter consequências para fenômenos inequivocamente fonológicos, tais como as distinções entre os fonemas e o seu rol de variantes ou alofones.

Por exemplo, no português, tanto europeu como brasileiro, a distinção entre /s, z, ʃ, ʒ/ se neutraliza — i.e., se anula — em posição de coda silábica, seja em favor de [s, z], seja em favor de [ʃ, ʒ]. Vejam-se palavras como 'pasta' e 'asno', nas quais o grafema 's' se pronuncia, respectivamente, como [s, z] ou como [ʃ, ʒ]. A pronúncia pós-alveolar, predominante em Portugal, é no Brasil uma marca regional. Já no inglês e no francês, que não possuem esse tipo de neutralização, /s, z/ se assimilam a /ʃ, ʒ/ em fronteira de palavra, i.e., um /s/ final que se encontra com /ʃ, ʒ/ torna-se total ou parcialmente idêntico a eles. Em inglês, o sentido dessa assimilação é sempre regressivo, i.e., para trás. Porém, em francês, ela ocorre também em sentido progressivo, i.e., para a frente: há casos em que o /s/ final afeta total ou parcialmente a pronúncia de /ʃ, ʒ/ iniciais (NIEBUHR *et al.*, 2011).

Tanto na neutralização como na assimilação, o conceito de sistema como conjunto de elementos em equilíbrio estático fracassa por abstrair o fato de que a combinatória de fonemas jamais é livre e unívoca. Algumas combinações são evitadas, outras, preferidas; e todas são sensíveis a uma hierarquia de unidades agregadoras, tais como a sílaba, a palavra fonológica e outras, superiores (ver p. 64), sendo favorecidas ou desfavorecidas em determinadas posições. Por exemplo, entre as sibilantes do português, /s/ é a absoluta favorita em início de palavra. Fatos como esse indicam que os fonemas e outras unidades fônicas têm entre si relações de frequência de coocorrência cuja expressão mais simples é a probabilidade.

Assim, além de relações taxonômicas estáticas, tais como o ponto e o modo de articulação, um sistema fônico apresenta também relações dinâmicas porque quantitativas e instáveis, dentre as quais se incluem as probabilísticas. No caso de /s, z, ʃ, ʒ/, a tendência dos dois últimos a se assimilarem ou se alternarem com os dois primeiros explica-se não só pela presença comum na classe das sibilantes, mas também pelos limites de mobilidade na região pós-alveolar, compatível com o afrouxamento da precisão articulatória em fronteiras afeitas ao relaxamento, tais como os finais de sílabas e palavras. Além disso, /ʃ, ʒ/ tendem a ser bem menos frequentes que /s/ e podem, portanto, substituí-lo onde não há prejuízo à inteligibilidade — como é o caso dos ambientes de neutralização, caracterizados pela redução dos contrastes.

O sistema estreitamente interligado dos estruturalistas pode ser visto hoje como uma idealização do modo como as unidades fônicas se conectam na nossa mente. Algumas conexões são mais estáveis porque a sua probabilidade é próxima de 1. Outras são mais lábeis porque mais raras. Outras, ainda, têm probabilidades variáveis, de acordo com a afiliação social, regional ou, ainda, aspectos outros da formação do falante (p. ex., profissão). De fato, as probabilidades fônicas e, em particular, as de coocorrência, denominadas fonotáticas (de fonotaxe, sintaxe dos sons), subjazem a muitos aspectos do nosso convívio com as palavras. Por exemplo, neologismos cunhados à guisa de gíria ou apelido tais como "Pina" são geralmente formados com sequências de alta probabilidade fonotática. Já os criados para causar efeitos de surpresa ou humor tais como "muvuca" são geralmente formados com sequências de baixa probabilidade fonotática.

Examinemos a seguir outras assimetrias e instabilidades que conduzem à visão de que os gestos articulatórios são as unidades elementares de um sistema fônico dinâmico.

Fonemas, alofones, exemplares

O fonema foi a tentativa estruturalista de resolver a questão filosófica mais espinhosa acerca dos sons de fala, a saber: como se representam?

Não cabe aqui resenhar as múltiplas controvérsias que já varreram o campo sobre o caráter mental ou não dessa representação. Partamos do pressuposto de que o cérebro sustenta uma atividade mental que não é idêntica à dos seus correlatos neurais. Essa atividade se manifesta nas nossas ações e interações e pode ser observada indiretamente através de tarefas estruturadas em que os participantes usam o seu conhecimento linguístico. Dados comportamentais desse tipo têm ultimamente ajudado a esclarecer o estatuto mental — nesse sentido mais lato — de unidades de análise fonológica como o fonema.

Não resta dúvida de que segmentos fônicos da ordem do fonema fazem parte da nossa vida mental. Haja vista a revolucionária invenção do alfabeto, através da qual a humanidade tomou consciência deles. Isso não quer dizer, entretanto, que o fonema seja a unidade de representação fonológica por excelência. Lembremos que ele é definido como um conjunto de oposições entre propriedades fônicas classificatórias (TRUBETZKOY, 1957 [1939]). Entretanto, como indicam os casos de neutralização, a classificação em questão nem sempre vale para todas as ocorrências do mesmo segmento. Foi justamente para dar conta desses casos que Trubetzkoy (ibidem) propôs o conceito de neutralização.

Voltemos agora à neutralização das sibilantes em coda no português. Notemos que, assim como no caso do inglês e do francês, ela é sensível às fronteiras de palavras. Por exemplo, o /s/ final de 'casas' soa como [z] se a palavra seguinte se inicia por vogal: 'casas azuis'. O alofone é a unidade de análise criada para dar conta dessa variabilidade. Assim, a representação fonêmica de 'casas' seria /ˈkazas/, independentemente da palavra seguinte. Nessa posição, considera-se que [z] é um alofone de /s/, e pertence a um nível de representação mais concreto — chamado fonético —, grafado entre colchetes, como em [ˌkazɐzˈazujs].

Já vimos acima que há casos em que os processos que hipoteticamente convertem fonemas em alofones se aplicam apenas parcialmente. Niebuhr *et al.* (op. cit.) encontraram várias ocorrências de /ʃ, ʒ/ parcialmente assimilados a um /s/ precedente em fronteira de palavra em francês. Assim, o encontro [sʃ] ou [sʒ] se preserva, mas os tempos relativos das partes variam. Ora, isso significa que *a representação dos alofones resultantes deve incluir o tempo* — um fator eminentemente quantitativo.

Esse fato, que se soma a tantos outros afins documentados na literatura (p. ex., a perda progressiva de voz em vogais átonas finais seguidas de pausa ou consoante surda, descrita por Meneses e Albano, 2015), confronta-nos com a questão da comensurabilidade dos níveis de análise em fonologia. Como converter a representação discreta do fonema na representação contínua do alofone?

Ocorre que estamos diante de uma questão insolúvel. Em princípio, uma taxonomia é intraduzível em termos quantitativos, pois os objetos envolvidos são formalmente distintos: num caso, opera-se com valores de verdade[1], e no outro, com números reais. Portanto, qualquer mapeamento entre uma categoria e um gradiente é inteiramente arbitrário.

Reflitamos agora sobre as demandas que o processo fônico observado no francês faz à memória dos falantes. É necessário que eles saibam que podem "atropelar" um /ʃ, ʒ/ inicial com um /s/ final. Em outras palavras, precisam reconhecer essa alofonia como característica do sistema fonológico do francês. Portanto, devem guardá-la em algum lugar da memória. Mas como armazená-la, se a alteração é parcial em alguns casos e total em outros?

Sempre que um alofone tem variantes contínuas, a questão de como representá-lo ameaça qualquer representação discreta — não só a do alofone propriamente dito, mas também a do fonema. Vejamos por quê.

Existem duas maneiras de representar parâmetros fonéticos contínuos. Uma é simplesmente armazená-los na memória, i.e., ter acesso direto a imagens auditivas detalhadas de ocorrências reais. A outra é gerá-los através de objetos físicos quantificáveis cujas janelas de ativação, ainda que discretas,

---

1. Isto é, o predicado de pertencer à classe pode ser falso ou verdadeiro.

controlem parâmetros fonéticos contínuos com os quais guardem uma relação transparente. Na primeira hipótese, não haveria mais distinção entre fonemas e alofones. Um "fonema" seria, na verdade, o conjunto dos últimos exemplares armazenados na memória de segmentos semelhantes ocorrentes em contextos semelhantes. Na segunda hipótese, a representação discreta aparentada ao fonema seria o conjunto de ativações padrão daquilo que controla os parâmetros fonéticos que produzem os vários alofones. Desvios desses padrões se explicariam pela subordinação dos objetos envolvidos a outros objetos quantificáveis que controlariam as suas janelas de ativação.

Tudo isso ficará mais claro se voltarmos ao exemplo da assimilação progressiva em francês. Em ambos os casos, é necessário supor que o falante tenha sido exposto recentemente a várias ocorrências do encontro [sʃ] ou [sʒ] com durações relativas diferentes entre as partes. Na primeira hipótese, ele resgataria da memória os últimos exemplares ouvidos e tentaria inconscientemente produzir algo próximo deles. Na segunda hipótese, suponhamos, em prol do argumento, que os processos de produção de [s] e [ʃ]/[ʒ] sejam controlados pela ênfase relativa das palavras, que é quantificável. Assim, quanto mais enfática for a primeira palavra, mais tenderá a atropelar a segunda, incitando o [s] ao estiramento e o [ʃ] ou [ʒ] ao encolhimento. Como de costume nas tarefas motoras, ao resgatar da memória o comando "produza algo como um [s]", o falante anteciparia também o resgate do próximo comando, "produza algo como um [ʃ] — ou um [ʒ]", conforme o caso. Os tempos de ativação do primeiro e do segundo comandos seriam diretamente proporcionais à ênfase das respectivas palavras. Dessa forma, um aumento da duração de [s] compensaria uma diminuição de duração de [ʃ] ou [ʒ].

As duas propostas que acabamos de discutir como soluções para o problema das alofonias contínuas são de fato assumidas por duas teorias fonológicas contemporâneas. Em linhas gerais, a primeira corresponde à teoria dos exemplares (PIERREHUMBERT, 2002; JOHNSON, 2006). Da mesma forma, a segunda corresponde à fonologia articulatória ou gestual (BROWMAN; GOLDSTEIN, 1989, 1992; ALBANO, 2001). O restante deste capítulo dedica-se a justificar por que, apesar dos méritos da primeira teoria, este livro se alinha com a segunda — a qual doravante chamaremos simplesmente de fonologia gestual.

O GESTO AUDÍVEL

As razões para isso são de duas ordens. Primeiro, a relação da fonologia gestual com a fonologia clássica é bem mais explícita, o que permite que *insights* pioneiros importantes sejam preservados com apenas alguns ajustes. Segundo, os *insights* novos da teoria dos exemplares podem ser incorporados à fonologia gestual sem muito esforço, como veremos, do ponto de vista técnico, no próximo capítulo e, do ponto de vista filosófico, no capítulo final.

Nessa perspectiva, o primeiro ponto a considerar é a vantagem de admitir unidades classificatórias mínimas, como fizeram os pais da fonologia.

Traços distintivos

A subseção do *Curso* de Saussure que trata da definição de língua contém outra frase famosa: "a língua é um todo em si e um princípio de classificação". Essa afirmação destina-se a opor a língua como sistema à linguagem como a totalidade "multiforme" e "heteróclita" da comunicação verbal humana (op. cit., p. 17).

De fato, as unidades da primeira articulação de um sistema linguístico classificam aquilo que significam. Por exemplo, ao nomear objetos, qualidades, ações etc., as palavras promovem distinções entre aspectos concretos (p. ex., a forma física) ou abstratos (p. ex., a finalidade) dessas entidades. Analogamente, os morfemas promovem distinções entre classes de palavras, dividindo-as em subclasses: vejam-se, por exemplo, o gênero e o número dos substantivos e adjetivos e os tempos e modos dos verbos.

Também as unidades da segunda articulação exercem uma função classificatória — essa, porém, interna ao sistema fonológico. Voltemos às já conhecidas fricativas do português. Conforme o ponto ou o modo de articulação, elas formam classes que, além de distinguir pares mínimos (p. ex., 'seca', 'Zeca', 'checa', 'jeca'), participam de processos alofônicos. Note-se, a propósito, que a neutralização em coda tem justamente o efeito de reclassificar essas fricativas, fazendo emergir a classe das sibilantes da união do modo fricativo com os pontos de articulação alveolar e pós-alveolar.

O conceito de traço distintivo foi criado para dar conta da existência de classes fônicas. Trata-se de uma unidade abaixo do fonema destinada a expressar todas as propriedades que distinguem as palavras e morfemas de qualquer língua oral. Alguns modelos fonológicos a consideram até hoje a unidade de análise mínima da segunda articulação dessas línguas.

Não caberia aqui expor os vários sistemas de traços propostos na literatura como constitutivos dos fonemas e dos suprassegmentos[2]. Basta mostrar a importância desse passo para a teoria fonológica.

O criador do conceito, o célebre linguista e teórico da literatura Roman Jakobson, definiu inicialmente o fonema como um feixe de traços distintivos (1949). Mais tarde, com a colaboração do seu discípulo Morris Halle e do foneticista Gunnar Fant, tentou propor um conjunto mínimo de traços universais com definições acústicas e articulatórias (JAKOBSON; FANT; HALLE, 1952). Esse sistema inspirou Chomsky e Halle a propor outro, mais amplo e de base exclusivamente articulatória, no seu famoso livro sobre a fonologia do inglês (CHOMSKY; HALLE, 1968). Nele os segmentos fônicos — fonêmicos ou alofônicos — são definidos como matrizes de traços distintivos.

As propostas de reformulação do elenco, das definições e da arquitetura dos dois sistemas pioneiros de traços alimentaram a literatura subsequente com discussões que estão fora do escopo deste livro (p. ex., KENTOWICZ; KISSEBERTH, 1977; CLEMENTS, 1985). Aqui o que importa é que todas buscavam interrogar e explicitar o funcionamento do "princípio de classificação" — para usar os termos saussurianos — intuitivamente evidente nas unidades fônicas.

Esta seção não pretende mais que apontar o silêncio da teoria dos exemplares sobre essa importante contribuição das teorias estruturalistas e gerativistas. Assim, o seu maior ponto fraco é a falta de um dispositivo para classificar as semelhanças e diferenças entre os segmentos fônicos. Agrupar palavras nas chamadas nuvens de exemplares não garante que a sua estrutura interna seja analisável. É evidente que se pode argumentar que o mesmo princípio de semelhança que agrupa palavras e morfemas

---

2. Ou seja, das distinções que afetam mais de um segmento, como, por exemplo, o acento.

O GESTO AUDÍVEL

pode agrupar os seus componentes, sejam eles da ordem do segmento ou do traço distintivo. Isso, porém, não preenche o vácuo teórico deixado pela falta de descrição explícita do elo entre os elementos de uma classe, fônica ou morfológica.

Refinando e expandindo os argumentos de Albano (2001), vamos reiterar aqui que os gestos articulatórios podem exercer com vantagem a função classificatória dos traços distintivos. Antes, porém, é necessário creditar ao quadro de referência clássico um novo *insight* importante: a noção de autossegmento (GOLDSMITH, 1976).

Autossegmentos

A noção de autossegmento é diretamente tributária da noção de traço, pois é um expediente para dar conta do fato de que os traços nem sempre se alinham com os supostos limites dos segmentos. A representação autossegmental postula diferentes camadas autônomas de traços cuja segmentação não precisa ser idêntica. O segmento emerge da interligação entre essas camadas, chamadas autossegmentais.

Os primeiros fenômenos que levaram a esse tipo de proposição foram os contornos tonais. Leben (1973) demonstrou que algumas línguas africanas têm mais de um tom numa única sílaba, formando uma melodia em que cada elemento é distintivo (p. ex., alto/baixo vs. baixo/alto). Também demonstrou que a repetição de um tom numa sequência de sílabas pode ser tão regular quanto a repetição de traços segmentais adjacentes, caracterizando uma assimilação. Ambos os casos são problemáticos para a concepção gerativa da representação fonológica como matriz de traços distintivos. No primeiro, dois traços tonais opostos pertencem a um único segmento. No segundo, a cópia do traço tonal repetido passa por cima de um ou mais segmentos não portadores de tom — em geral as já mencionadas consoantes chamadas obstruintes, que constringem o trato vocal a ponto de impedir ou dificultar a produção de voz.

Goldsmith (op. cit.) propõe unificar o tratamento do tom, reconhecido pela literatura como um traço especial porque suprassegmental, ao de outros fenômenos nos quais duas ou mais distinções segmentais também ocorrem lado a lado em um único segmento. Trata-se dos chamados segmentos de contorno. Por exemplo, em algumas línguas há dois valores do traço nasal nas posições de ataque e coda, resultando em contornos nasal-oral ou oral-nasal tais como [mb] ou [bm]. Esses segmentos se comportam como simples porque contrastam com outros ataques ou codas simples e não com grupos consonantais. A representação autossegmental também engloba os segmentos ditos complexos, nos quais duas constrições orais simultâneas se liberam no tempo de um segmento simples. O iorubá, por exemplo, tem segmentos como [k͡p], com oclusões simultâneas que se soltam com defasagens muito pequenas. Os segmentos complexos também não devem ser confundidos com encontros consonantais, já que o iorubá só admite sílabas abertas.

A fonologia autossegmental resolve esses desalinhamentos de traços criando uma estrutura multicamadas hierarquizada na qual as casas que marcam o tempo se ligam a outras, independentes, que marcam o conteúdo segmental e os seus vários níveis internos, representados sob forma de árvore. Assim, um segmento simples como [p] tem a sua casa de tempo estritamente alinhada à chamada raiz da sua estrutura segmental. Já um segmento de contorno tem duas ou mais raízes segmentais ligadas a uma só casa de tempo. A ligação ocorre no alto da árvore porque o traço nasal pertence a esse nível, residindo acima da ramificação interna dos traços de ponto de articulação[3]. Também os segmentos complexos se caracterizam por uma bifurcação, porém mais baixa na hierarquia: duas ramificações de ponto de articulação ligam-se a uma só raiz e, portanto, a uma única casa de tempo.

Manipulações formais como essas têm o mérito de descrever os desalinhamentos entre traços distintivos, intratáveis pelas matrizes estanques da fonologia gerativa clássica, e o demérito de fazer estipulações *ad hoc*,

---

3. Essa hierarquia é latamente baseada numa leitura inversa da configuração anatômica do trato vocal: nela, as constrições dos níveis inferiores dominam as dos níveis superiores.

i.e., arbitrárias. Essa falha sobressai em línguas como o ruandês, que têm segmentos complexos múltiplos. Demolin (2012) demonstrou que segmentos tais como [ŋ̥hŋw] combinam mais de um estado nasal e laríngeo com mais de um ponto de articulação. Ora, isso é problemático para a teoria porque, enquanto os traços nasal e laríngeo estão nos níveis mais altos da hierarquia, os traços de ponto de articulação estão nos níveis mais baixos. Veremos a seguir que os mesmos fatos se explicam muito mais simples e naturalmente pela coordenação de gestos articulatórios. Basta assumir que uma realização muito rápida de constrições orais e laríngeas, com defasagens maiores ou menores, confere várias qualidades auditivas a um ataque simples.

Gestos articulatórios

Reflitamos primeiro sobre a solução autossegmental para o segmento [ŋ̥hŋw] do ruandês. Cabe, a propósito, esclarecer que o sobrescrito [h] indica um pequeno clique entre as duas fases nasais. À primeira vista, parece possível tratar essa consoante como um contorno constituído de várias raízes ligadas a uma só casa temporal. Porém, isso seria *ad hoc*, na medida em que os segmentos de contorno se caracterizam por concordar com o ambiente adjacente quanto à nasalidade. Assim, por exemplo, na língua indígena brasileira caingangue, as oclusivas [bm] e [mb] ocorrem, respectivamente, antes e depois de vogal nasal (D'ANGELIS, 1998). O problema é que o ruandês não opõe vogais orais a nasais, conforme evidenciam palavras tais como [iŋ̥hŋwaro], 'arma', onde a nasalização das vogais adjacentes é mínima. Não faz sentido, portanto, falar de contorno e, sim, de segmento complexo.

Demolin e Delvaux (2001) respaldam essa classificação demonstrando instrumentalmente que a consoante em questão pertence à classe das oclusivas pré-nasalizadas e labiovelarizadas do ruandês, considerada rara nas línguas do mundo. Assim, para representá-la como complexa, a análise autossegmental precisaria bifurcar os traços nasal e laríngeo, a fim de gerar, ao lado das fases nasais e desvozeadas, as fases orais [h, w] e vozeadas

[w], o que implica especificações contraditórias de ambos os traços, a saber: nasal/oral, desvozeado/vozeado. A fonologia autossegmental não tem mecanismos para implementar e restringir a dupla especificação de traços como esses.

O leitor atento terá notado que o clique [h] ocorre entre as fases nasais, que são desvozeadas. Ele poderia, portanto, se originar numa assimilação da abertura glotal característica do desvozeamento. Entretanto, o trabalho experimental de Demolin e colaboradores mostra que essa interpretação, baseada em transcrições fonéticas de campo, é apenas uma primeira aproximação. Na verdade, raramente os segmentos em questão são de fato desvozeados. Tanto as fases nasais como o clique exibem um tipo de voz chamada murmurada, produzida com uma adução mais frouxa das pregas vocais, que deixa a glote ligeiramente aberta, provocando um leve ruído de fricção.

Corrigir a transcrição para [n̥ɦ̃ŋw] não ajuda a encontrar uma representação autossegmental adequada para o segmento, pois as bifurcações necessárias permanecem contraditórias (a saber, nasal/oral, murmurado/não murmurado). Além disso, outra complicação exigiria a especificação de traços adicionais. Ela reside no fato de que a soltura ordinária do [n̥] seria quase inaudível, pois o volume de ar retido atrás da oclusão se reduziria devido ao escape nasal. Com base em medidas aerodinâmicas, Demolin e Delvaux (op. cit.) argumentam que a formação de um estouro como um clique se deve à imbricação dos dois pontos de articulação, aliada à combinação de alto fluxo de ar nasal, baixo fluxo de ar oral e aumento de pressão faríngea. A soltura de [n̥] soa como clique porque a oclusão no véu palatino já está ativa, propiciando a sucção do ar pelo trato oral.

Imaginemos agora que a representação fonológica seja, aproximadamente, uma série de comandos simultâneos ou sucessivos aos órgãos vocais para que realizem certos gestos articulatórios. A fim de formar uma ideia aproximada da produção de [n̥ɦ̃ŋw], registremos numa tabela o maior ou menor alinhamento temporal dos gestos envolvidos. Para tanto, anotemos os gestos sucessivos nas linhas e os gestos simultâneos nas colunas. Assim, os rótulos das colunas indicam as fases do segmento complexo. Já os rótulos das linhas indicam os órgãos vocais envolvidos em cada fase. Tem-se, assim, uma orquestração gestual como a da Tabela 2.1.

O GESTO AUDÍVEL

Tabela 2.1. Tabulação aproximada dos gestos articulatórios envolvidos na produção do segmento complexo [ⁿɦ̃ŋw], do ruandês, baseada na análise de Demolin e Delvaux (op. cit.).

Fases	Nasal murmurada [n̥]	Clique [ɦ]	Nasal murmurada [ŋ̥]	Labiovelar [w]
Lábios			Protruir e aproximar	
Ponta da língua	Ocluir trato oral nos alvéolos	Desfazer a oclusão		
Dorso da língua	Ocluir trato oral no véu palatino			Relaxar a oclusão
Véu palatino	Abaixar vigorosamente			Elevar
Glote	Aduzir frouxamente as pregas vocais			

A tabela lê-se da esquerda para a direita, assumindo-se que os gestos em cada coluna são aproximadamente simultâneos ou apenas um pouco defasados. Na primeira fase, duas oclusões, uma alveolar e outra velar, são acompanhadas de um vigoroso abaixamento do véu palatino, que gera um alto grau de nasalidade, e de uma adução frouxa das pregas vocais, que gera a voz murmurada. Na segunda fase, apenas a oclusão alveolar se solta, o que soa como um [n̥] seguido de clique, devido à permanência da oclusão velar. Na terceira fase, o véu palatino se mantém ocluído enquanto os lábios se protruem e aproximam. Finalmente, na quarta fase, a oclusão velar se relaxa, formando uma constrição mais frouxa, que soa como uma aproximante labiovelar. Concomitantemente, o aumento do fluxo de ar oral após a soltura induz a adução total das pregas vocais. Tudo isso se passa no tempo aproximado de uma consoante simples longa, o que torna todas as fases extremamente breves.

A Tabela 2.1 é apenas uma aproximação grosseira do que ocorre quando um falante do ruandês produz [ⁿɦ̃ŋw]. Uma tabela está sempre aquém de refletir de fato o alinhamento temporal dos gestos articulatórios porque, na verdade, eles estão imbricados, em vários graus, i.e., não são totalmente simultâneos dentro das colunas ou sucessivos entre elas. Trata-se apenas de uma maneira de explicitar a complexidade do segmento tendo em conta a sua transcrição, irremediavelmente estanque porque alfabética. A maior vantagem dessa representação é chamar a atenção para o fato de que alguns gestos responsáveis pela qualidade sonora das fases se iniciam bem antes da sua soltura.

Detenhamo-nos, agora, nas mais importantes dentre essas imbricações. As oclusões alveolar e velar não precisam ser inteiramente simultâneas, mas a segunda tem de estar ativa quando a primeira se solta para que o clique possa se formar. Também as constrições labiais não precisam começar muito cedo durante a oclusão velar, mas têm de estar ativas quando ela se solta para que o conjunto soe labiovelar.

Retomemos agora a analogia entre a fala e a dança adotada no primeiro capítulo (GOLDSTEIN; RUBIN, 2007). Ela tem o mérito de afirmar que mexer os órgãos vocais é essencial para falar, assim como mexer o corpo é essencial para dançar. Ressalta também o caráter coordenado da ação envolvida: os movimentos se imbricam, ora se sincronizando, ora se defasando.

O aspecto da fala que essa analogia não contempla é que os movimentos vocais produzem som. Já os movimentos da dança estão fora da faixa de frequência e amplitude captada pela audição. Outra analogia possível seria equiparar os órgãos vocais aos músicos de um conjunto musical ou de uma orquestra, que também se comportam de maneira finamente coordenada. Porém, ao falar, produzimos som com "instrumentos" internos ao nosso corpo, ao passo que os instrumentos utilizados pelos músicos são externos aos seus corpos, exceto no caso dos cantores, que produzem o canto e o vocalise com os mesmos órgãos com que produzem a fala.

A esta altura, convém refletir um pouco sobre a propriedade mais singular da gestualidade fônica: fazer-se audível por amplificação de sons produzidos com um esforço bem menor que o despendido para estalar os dedos ou bater palmas. O autor dessa ideia, o psicólogo e foneticista Raymond Stetson (1928), tem uma frase memorável a esse respeito: "Speech is rather a set of movements made audible than a set of sounds produced by movements". Em português: "a fala é antes um conjunto de movimentos tornados audíveis que um conjunto de sons produzidos por movimentos".

O movimento audível só é possível porque o nosso trato vocal evoluiu para funcionar, *grosso modo*, como um instrumento de sopro acoplado a duas caixas de ressonância, uma fixa, o trato nasal, e outra altamente maleável, o trato oral[4].

O instrumento de sopro é a laringe, que emite pulsos de ar periódicos via alternância mecânica entre breves momentos de fechamento e abertura da glote. O som musical resultante é a voz. O trato nasal acopla-se ao trato oral e à laringe pelo abaixamento do véu palatino, que pode ocorrer em vários graus, selando ou não a cavidade bucal, a depender da altura do dorso da língua. O trato oral, acoplado ou não ao trato nasal, se acopla naturalmente à laringe, que pode estar aberta, para produzir sons desvozeados, ou intermitentemente fechada, para produzir sons vozeados. O fechamento momentâneo da glote pela adução das pregas vocais desencadeia um efeito aerodinâmico que sustenta a voz sem esforço.

A maleabilidade do trato oral é dada pelos lábios e a língua, que o constringem de maneiras várias, e pela própria laringe, que pode estirá-lo ou encolhê-lo ao se abaixar e levantar. Os mesmos órgãos podem ainda criar efeitos percussivos por oclusão ou atrito com o ar. A caixa oral multiforme, acoplada ou não à caixa nasal, é o ressoador principal da voz e dos ruídos, contínuos ou transientes, que percutem o ar. O papel do acoplamento nasal é adicionar novas ressonâncias que deslocam, amortecem ou anulam as ressonâncias orais. O som soa amortecido na saída das narinas por causa da alta taxa de absorção dos tecidos nasais. Tudo isso confere uma vasta gama de timbres às fontes sonoras da fala, sejam elas musicais ou ruidosas.

Assim, na soltura da fase [n̠] do segmento complexo do ruandês, a voz murmurada ressoa no trato nasal, fracamente acoplado à cavidade à frente da oclusão devido ao forte abaixamento do véu palatino. A soltura do ar com o véu palatino ocluído reduz a pressão de ar na boca, provocando uma sucção que faz o murmúrio [ɦ] soar como um clique. Em seguida, a soltura labializada da nasal velar se prepara enquanto os dois tratos permanecem fracamente acoplados. Finalmente, ela ocorre, produzindo uma forte ressonância nasal.

---

4. No último capítulo trataremos de casos em que o trato oral se desdobra numa terceira caixa capaz de produzir ressonâncias próprias: o acoplamento da laringe com a faringe.

Porém, a rápida elevação do véu palatino logo torna audível outra ressonância, puramente oral e totalmente vozeada, que soa como [w]. O timbre grave, próximo ao da vogal [u], é característico da constrição labiovelar, que abaixa as frequências das primeiras ressonâncias orais.

A capacidade de produzir voz é muito antiga na evolução das espécies e, por isso, é comum a muitos animais. Por outro lado, a capacidade de modificar rapidamente a forma do trato oral para combinar vários timbres simultânea ou sucessivamente é especificamente humana. Também o é a capacidade de acoplá-lo e desacoplá-lo ao trato nasal rapidamente e em maior ou menor grau.

Mais extraordinário ainda é o dom — que todos nós desenvolvemos se imersos desde cedo numa língua como o ruandês — de produzir uma orquestração tão complexa como [n̩ɦŋw] num intervalo de tempo que Demolin e Delvaux (op. cit.) estimam em cerca de 160 ms. Esse intervalo é 60% maior que o geralmente ocupado pelas consoantes longas de línguas como o italiano, as chamadas geminadas. Segundo os autores, isso se deve à necessidade de um importante aumento do fluxo de ar nasal para sustentar a articulação complexa. De qualquer forma, as geminadas ou mesmo as consoantes simples também envolvem movimentos coordenados complexos.

Outra singularidade dos gestos articulatórios — nem sempre reconhecida pela literatura — é que os seus mecanismos de coordenação são capazes de controlar efeitos acústicos muito específicos. Esses efeitos, ao mesmo tempo em que operam distinções entre palavras ou morfemas, funcionam como assinaturas sonoras de uma comunidade linguística, seja ela nacional, regional ou social. Por exemplo, o ponto de articulação múltiplo e a voz murmurada são distintivos em ruandês, onde há várias séries de oclusivas pré-nasalizadas distintas quanto ao tipo de voz, ao ponto de articulação ou à ordem de soltura. Por outro lado, a soltura seguida de clique não é distintiva, mas é comum na produção das pré-nasalizadas labiovelares murmuradas. Provavelmente, serve para identificar falantes não só como ruandeses, mas também como pertencentes a determinadas comunidades locais.

Não obstante as funções distintas, tanto a oclusão múltipla como a produção do clique exigem gestos articulatórios monitorados em função do efeito acústico pretendido. Produzir uma nasal longa multiarticulada e murmurada exige um abaixamento radical do véu palatino, que praticamente sela a cavidade oral, a fim de criar e sustentar um forte fluxo de ar nasal. Da mesma forma, produzir um clique exige que a soltura alveolar se faça durante a oclusão velar, a fim de criar a corrente de ar — dita ingressiva — que promove a sucção e não a ejeção do ar liberado. Obviamente, os falantes de uma língua não monitoram esses efeitos conscientemente. Simplesmente desenvolvem essa habilidade durante a aquisição da linguagem, com o simples fim de soar inteligíveis e se identificar como membros das várias comunidades de fala a que pertencem.

Reflitamos agora sobre a adequação do gesto articulatório como unidade de representação fonológica. A sua propriedade sobre a qual mais convém insistir é a de ser ao mesmo tempo discreto e contínuo. Discreta é a unidade distintiva que serve ao mesmo tempo à ação e à percepção. Contínuas são as faixas de variação da sua implementação no tempo e da sua coordenação com outras unidades perceptomotoras.

Uma unidade assim pode se comportar ao mesmo tempo como simbólica e física. Os movimentos articulatórios desempenham um papel simbólico porque exercem o "princípio de classificação" saussuriano em diferentes línguas de modo muito semelhante: uma oclusão labial difere de uma oclusão alveolar, a qual, por sua vez, difere de uma oclusão velar, e assim por diante. Esses mesmos movimentos desempenham também o papel físico de responder a forças e condições várias: em ocasiões diferentes, ocorrências do mesmo movimento, ainda que produzidas pela mesma pessoa, variam quanto à duração, à trajetória, à intensidade e às formas de coordenação com outros movimentos.

Ser discreto enquanto unidade de ação e contínuo enquanto efeito de forças físicas dá ao gesto articulatório vantagens que certamente o fizeram sobressair na evolução humana. Uma das mais importantes é ser capaz de "fazer coisas" das mais diversas numa comunidade linguística. A expressão é tomada de empréstimo ao filósofo John Austin (1975[1968]), criador da pragmática — teoria que incorporou a noção de ação à concepção de significado linguístico. Austin mostrou que usamos certas unidades da primeira articulação das línguas, isto é, certas palavras ou morfemas, para fazer coisas que não poderíamos fazer de outra forma, p. ex., declarar, prometer, batizar etc.

O objetivo deste livro é mostrar que os gestos articulatórios — aqui considerados unidades mínimas da segunda articulação — nos permitem fazer muitas coisas além de remeter a significações fixas, formar palavras ou marcar divisões entre enunciados ou suas partes. "Fazer coisas fonológicas" é criar sonoridades que seguem regras mutáveis, públicas e compartilhadas, pertencendo, portanto, à lógica e não à física da fala. Tais regras produzem efeitos sobre todos os aspectos das interações humanas, abrangendo muito mais que a gramática e o léxico convencionais.

Coordenações precisas e variações sutis de gestos articulatórios prestam-se a implementar todas as facetas do ato de falar, das mais previsíveis e convencionais às "multiformes e heteróclitas", no dizer de Saussure. Se, de um lado, podemos selecionar gestos de alta probabilidade fonotática para cunhar palavras novas que soem naturais na língua, de outro podemos marcar uma identidade nacional ou regional através de um sotaque, expressar uma atitude através de uma entoação, enfatizar um ponto através de uma duração e assim por diante.

Assim, o primeiro nível daquilo a que chamaremos pragmática do significante fônico é bem convencional e corresponde à função classificatória dos gestos articulatórios. Trata-se simplesmente de fazer distinções entre morfemas ou palavras. Além disso, enquanto unidades mínimas da segunda articulação, os gestos articulatórios servem também para formar unidades de nível superior que compõem uma hierarquia de unidades agregadoras. Como veremos a seguir, é conveniente agrupá-las acima ou abaixo da sílaba, que é a principal dentre essas unidades. Nessa perspectiva, ataques, núcleos e codas estão abaixo da sílaba; e palavras, sintagmas, frases e enunciados fonológicos estão acima dela.

Cabe ressaltar que esses últimos têm fronteiras que nem sempre coincidem com as das suas contrapartes gramaticais. Isso ocorre porque as unidades fonológicas de todos os níveis são segmentadas e marcadas por variações de gestos articulatórios a serviço das práticas produtoras de sentido das suas comunidades usuárias — e não apenas a serviço das convenções do sistema linguístico. Assim, para fins de desambiguação, uma fronteira gramatical pode ser fonologicamente marcada como, p. ex., na leitura da expressão $(2 \times (7 + 3))$. Porém, para outros fins, ela pode ser desprovida de marca fonológica.

Assim, a pragmática do significante fônico tem também aspectos bem menos convencionais que a hierarquia das unidades fonológicas. Os gestos articulatórios e suas variações expressam também afiliações regionais, étnicas, de gênero ou outras — e até identidades individuais. Assim, há modos de falar mais e menos típicos de um sotaque, de um gênero, de uma etnia, de uma classe social, de um grupo profissional ou de um indivíduo. Nesse último caso, as características identificadoras individuais combinam efeitos acústicos das especificidades morfológicas do trato vocal com outros efeitos, mais ou menos convencionais, que vão dos sociofonéticos aos subjetivos.

Introduzir o termo sociofonético (FOULKES *et al.*, 2010) é oportuno neste momento porque ajuda a mostrar a vantagem de se poder "fazer coisas" fonéticas e fonológicas com uma mesma unidade, dotada de aspectos a um tempo abstratos e concretos. A sociofonética é o estudo da variação fônica característica de comunidades de fala de vários tipos e tamanhos, em geral surgidas espontaneamente: gangues, migrantes, grupos LGBT, moradores de bairro, praticantes de rituais etc. A grande maioria dessas variações envolve detalhes de pronúncia que só podem ser descritos adequadamente em termos quantitativos.

Ora, a sociolinguística vem mostrando há décadas que muitas alofonias surgidas em pequenas comunidades de fala, apesar de serem inicialmente estigmatizadas, acabam se incorporando à pronúncia padrão (LABOV, 1966; LABOV *et al.*, 1972). Além disso, como já vimos, certas alofonias do padrão fônico mais comum ou até prestigioso também podem se realizar ora como categóricas, ora como gradientes. Haja vista a assimilação das sibilantes de fronteira de palavra em francês.

Se as alofonias gradientes estão em toda parte, emergindo e se disseminando em comunidades de fala de qualquer tamanho, não faz sentido tratá-las como fonéticas e reservar o termo fonológicas para as suas contrapartes categóricas. Por outro lado, se tratamos todas como fonológicas, torna-se imperioso encontrarmos construtos capazes de unificar a concepção teórica das categorias e dos gradientes. Já introduzimos dois deles: o gesto articulatório e a sílaba. Tendo discutido o primeiro suficientemente, passemos agora à segunda.

Sílabas

Pode parecer contraditório que tenhamos admitido que a sílaba tem constituintes e, ao mesmo tempo, afirmado que ela é a unidade agregadora mais importante da fonologia. É que os seus constituintes e os segmentos que os definem se subordinam inteiramente a ela para fins de planejamento motor (FUJIMURA, 2000). Isso não é negar a existência do segmento: é apenas entendê-lo como uma agregação de gestos articulatórios cuja coesão interna depende do lugar ocupado numa unidade maior, a sílaba.

A questão é complexa porque a definição de sílaba não é consensual nem totalmente objetiva, como veremos abaixo. Seguindo a tradição, admitamos que o ataque e a coda formam as margens de um pico silábico, marcado pela saliência acústico-auditiva. A observação de muitas línguas mostra que as margens direita e esquerda são assimétricas quanto ao modo de agregar gestos articulatórios para formar segmentos.

Vejamos um exemplo simples: nas neutralizações de coda, a perda de distinções próprias do ataque é sempre acompanhada de diferenças de sincronização gestual, como ocorre nas sibilantes do português brasileiro (doravante, PB). Sejam elas alveolares ou pós-alveolares, a sua trajetória é geralmente mais lenta na coda, podendo resultar num efeito de ditongação, claramente audível nos finais de palavras tais como 'nós', 'faz', 'traz' etc.

O papel privilegiado da sílaba no planejamento motor ainda está longe de ser bem compreendido. Há três tentativas na literatura de explicá-lo através de um correlato físico ligado à noção de movimento. Todas são, no mínimo, controversas.

A primeira já foi refutada, embora tenha alto valor histórico devido ao seu pioneirismo. Stetson (op. cit.) procurou construir uma noção de sílaba compatível com a sua visão da fala como movimento audível. Mostrou experimentalmente que, na pronúncia repetida e acelerada de palavras iniciadas por vogal e terminadas por consoante, a coda final subitamente muda de posição e passa a ocupar o ataque inicial. Assim, em português, 'ás, ás, ás, ás' transforma-se em 'Sá, Sá, Sá, Sá' — ou 'chá, chá, chá, chá', para os usuários da coda pós-alveolar (mais informações sobre esse experimento na seção final).

O GESTO AUDÍVEL

Stetson viu nesse fato um forte indício de que a sílaba é a principal unidade agregadora da fonologia e passou a buscar um movimento que a caracterizasse. Tentou encontrá-lo nos ritmos da respiração e propôs a noção de pulso peitoral, definido como a atividade muscular que subjaz às variações de pressão de ar durante a emissão de uma sequência de sílabas. Apesar do fracasso das tentativas de detectar tais pulsos com medidas fisiológicas (DRAPER *et al.*, 1959), a concepção da sílaba como pulsação ressurgiu nos últimos anos numa versão mais abstrata, depois de um longo período de ostracismo.

MacNeilage e Davis (2001) atribuíram a pulsação silábica ao movimento de elevação e abaixamento da mandíbula que normalmente acompanha a fala. Para tanto, basearam-se em dados de bebês em muitos ambientes linguísticos que sugerem que o balbucio tem preferência por três tipos de combinações de consoantes e vogais (DAVIS; MACNEILAGE, 1995). Daí inferiram (DAVIS; MACNEILAGE, 2002) que essa preferência indica a existência de um "arcabouço silábico" — uma espécie de plataforma articulatória para a construção ontogenética da sílaba.

Esse arcabouço consiste em produzir automaticamente sílabas distintas pela simples oscilação da mandíbula aliada a variações aleatórias da posição da língua. Assim, um abaixamento da língua produz um som semelhante a uma consoante labial seguida de vogal central; uma elevação da frente da língua produz um som semelhante a uma consoante alveolar seguida de vogal anterior; uma elevação do dorso da língua produziria um som semelhante a uma consoante velar seguida de vogal posterior. Os autores afirmam, ainda, que esses três vieses se manifestam estatisticamente nos léxicos das línguas do mundo, apesar de desaparecerem da fala da criança ao longo do desenvolvimento.

Peelle e Davis (2012) relacionaram essa hipotética oscilação mandibular a ciclos recorrentes de 4 a 8 Hz extraídos da curva de amplitude do sinal acústico de fala. Com base no fato de essa frequência ser idêntica à frequência média da sílaba reportada na literatura, supuseram haver entre as duas uma relação mediada por uma oscilação de mesma frequência, denominada teta, que subjaz a vários fenômenos cerebrais. A mediação é hipoteticamente viabilizada por um fenômeno físico denominado carreamento (inglês *entrainment*), por meio do qual oscilações distintas entram em sintonia de período e fase.

Os autores propõem que a audição do sinal acústico carreia disparos teta no cérebro e que esses carreiam a mandíbula, explicando a frequente sintonia rítmica entre falantes e ouvintes durante a conversação. Cummins (2012) adverte que essa hipótese tem pelo menos dois pontos fracos. O primeiro é que o foco numa única taxa de carreamento ignora a complexidade do ritmo da fala. O segundo é que nenhuma tentativa de mapear a oscilação da mandíbula no sinal acústico de fala teve sucesso até hoje.

Nam *et al.* (2013) usaram simulação computacional para confrontar as propostas de MacNeilage e Davis sobre o balbucio com as de Giulivi *et al.* (2011), baseadas na fonologia gestual. Modelaram as previsões das duas teorias por meio de sintetizadores articulatórios disponíveis no Laboratório Haskins — um centro interdisciplinar de pesquisa associado às Universidades de Yale e Connecticut. A produção dos sintetizadores foi classificada em combinações de consoante e vogal através de critérios acústicos, articulatórios e perceptivos.

As classificações acústica e articulatória basearam-se em medidas realizadas em espaços definidos por parâmetros fonético-acústicos e fonético-articulatórios. A classificação perceptiva baseou-se no julgamento de três foneticistas experientes. As três metodologias convergiram na maioria dos casos. Os resultados desfavoreceram a teoria do arcabouço silábico, na medida em que o sintetizador configurado para simulá-la apresentou preferências que extrapolaram os três vieses por ela previstos.

Goldstein *et al.* (op. cit.) discordam da existência de um ciclo autônomo da mandíbula que independa da participação desta nos gestos articulatórios que compõem a sílaba. Assim, preferem atribuir a ciclicidade do movimento silábico à vogal-núcleo ou qualquer segmento que ocupe esse lugar. Para tanto, apoiam-se naquilo que a teoria dos sistemas dinâmicos chama de regime dinâmico, a saber: modos recorrentes de sincronização de osciladores no mundo físico.

Os regimes dinâmicos podem ser mais ou menos estáveis e tender mais ou menos à universalidade. Assim, os autores propõem que, no ataque, os

O GESTO AUDÍVEL

gestos articulatórios seguem o regime dinâmico mais comum e estável da natureza, a saber: se alinham com a vogal em torno de zero grau — ou seja, iniciam-se praticamente junto com ela. Esse modo, denominado 'em fase', explica a preferência das línguas do mundo pela sílaba consoante-vogal (doravante, CV). Já na coda os gestos articulatórios seguem um regime dinâmico um pouco menos comum e bem menos estável, a saber: se alinham com a vogal em torno dos 180 graus. Esse modo, denominado 'antifase', é coerente com o fato de a sincronização dos gestos de coda variar muito na mesma língua e de língua para língua.

Tilsen (2013) modifica a base física desse modelo dinâmico para incluir um componente fisiológico. Assim, a sua própria versão do modelo incorpora duas noções já estabelecidas na teoria do controle motor, a saber: a seleção e a competição. Isso conduz a um questionamento da antifase como regime dinâmico da coda. Para dar conta das várias assimetrias entre ataques e codas documentadas na literatura, o novo modelo prevê que os gestos de ataque sejam selecionados conjuntamente, competindo por tempo relativo e exigindo coordenação precisa, e que os gestos de coda sejam selecionados separadamente. A seleção independente dos gestos de coda exime-os de competir durante o sequenciamento, afrouxando a sua coordenação. Segundo o autor, isso explica as assimetrias entre o ataque e a coda, assim como a sua maior variabilidade e instabilidade nas línguas do mundo.

De qualquer maneira, a proposta de Goldstein e colegas tem o mérito de oferecer uma explicação elegante para a atração súbita dos gestos de coda pelo ataque descoberta por Stetson. Trata-se do fenômeno, largamente observado no mundo físico, da mudança de regime dinâmico a partir de um nível crítico de instabilidade. Assim, a aceleração crescente da taxa de elocução leva os gestos de coda a uma instabilidade motora crítica, causando a sua atração automática para o regime dinâmico mais estável e levando-os a entrar em fase com a vogal seguinte.

Por outro lado, essa proposta tem o demérito de recorrer a uma explicação física muito genérica, que leva a pressupostos rígidos sobre universais fonológicos. Tais pressupostos não se abalam ante a existência de tipos silábicos diferentes de CV, pois o regime dinâmico invocado não é obrigatório, mas preferencial. Entretanto, são postos em questão pela alta incidência de sílabas iniciadas por vogal numa língua do norte da Austrália denominada aranda. O desafio de explicar por que a silaba CV não é majoritária nessa língua envolve uma controvérsia sobre outro universal, relativo às condições de atração do acento lexical.

Com base no fato de que, no aranda, muitas vogais são seguidas de duas consoantes, Breen e Pensalfini (1999) propuseram a silabificação obrigatória de todas as suas consoantes como codas, inclusive os encontros consonantais. Os autores reivindicam que isso dá conta do papel desses encontros na determinação do acento. A análise proposta baseia-se na noção de peso silábico, que reza que a presença de vogal longa ou consoante de coda numa sílaba torna-a pesada e atrai o acento. Por exemplo, no latim, o acento cai sempre na penúltima, a menos que ela termine numa vogal breve, o que a torna leve. Nesse e apenas nesse caso, cai na antepenúltima.

Entretanto, o aranda possui algumas consoantes em início de palavra, ao lado de muitos encontros consonantais mediais cuja silabificação é ambígua. Isso complica essa análise, obrigando-a a postular vogais iniciais abstratas que são apagadas. Com base nesses fatos, Topintzi e Nevins (2017) propuseram uma análise alternativa que resgata a sílaba CV modificando a noção clássica de peso silábico. Essa solução supõe que, no aranda, assim como em outras línguas excepcionais, é a complexidade do ataque e não a presença de coda que atrai o acento.

O quadro de referência da análise de Topintzi e Nevins é a teoria da otimidade (PRINCE; SMOLENSKY, 1993), uma versão formalista da velha ideia de que toda regra tem exceções. Ressalve-se que essa teoria trabalha com restrições e não com regras. Assim como a fonologia gerativa clássica usa regras de manipulação de traços ou segmentos, a teoria da otimidade usa restrições de boa formação fonológica de palavras, morfemas etc.

Para tanto, pressupõe um conjunto de restrições fonológicas universais conflitantes, mas violáveis em prol da solução fonológica mais consistente com as hierarquias de restrições em vigor em cada língua. O formalismo consiste num algoritmo para otimizar a violação das restrições a fim de explicar o máximo possível de fatos, permitindo formas existentes e proibindo formas inexistentes. Topintzi e Nevins reivindicam que a sua análise é superior à de

Breen e Pensalfini por otimizar a descrição de um conjunto maior de fatos do aranda e línguas afins.

Não cabe aqui discutir o mérito dessa controvérsia. Ela veio à baila porque versa sobre um problema desafiador para a fonologia gestual, ao mesmo tempo em que permite chamar atenção para a utilidade potencial da noção de otimidade.

É importante lembrar que essa noção surgiu inicialmente na ciência da computação, tendo sido aplicada depois a muitos outros domínios do conhecimento. Originalmente, diz respeito à aptidão de um algoritmo para solucionar um problema de maneira tão boa ou melhor que outros. Atualmente, porém, aplica-se também a toda ferramenta que permita avaliar os custos e benefícios de um conjunto de condições que afetam o funcionamento de um sistema físico, biológico, social ou outro. Como era de esperar, a noção de otimidade já influenciou a teoria geral do controle motor humano (MEYER *et al.*, 1988), embora ainda não tenha tido suficiente eco na análise do controle articulatório.

A proposta citada de Tilsen (2013) é uma tentativa de aperfeiçoar o modelo dinâmico para dar conta das assimetrias motoras entre o ataque e a coda. Entretanto, não se encaixa no quadro da otimidade, porque não propõe um algoritmo para avaliar os custos e benefícios das soluções alternativas. Por ora, somente a teoria geral do controle motor tem recorrido à modelagem da otimização. A esclarecedora resenha de Todorov (2004) reporta que a discussão atual da otimização das trajetórias dos efetores tem considerado não só as metas e restrições motoras, mas também o *feedback* e o controle sensório-motor. Por outro lado, os estudos do controle articulatório ainda são muito incipientes para incluir um tratamento dessas questões. Diferentemente de Tilsen, a maioria dos autores nem sequer tem incorporado noções já estabelecidas na teoria geral do controle motor.

Casos como o das oclusivas pré-nasalizadas do ruandês sugerem que uma teoria do controle articulatório deveria incluir alças de *feedback* e controle sensório-motor. Isso poderia resolver ao menos o problema da atualização temporal do cálculo das trajetórias articulatórias que exigem alta precisão. Faltaria, ainda, encontrar um tratamento adequado para muitos outros fatores que governam a pragmática do significante fônico — em especial os de cunho estilístico. Uma língua não se desvia de tendências físicas universais por acaso. Há razões sociais e históricas que levam um povo a cultivar formas de coordenação de gestos articulatórios que parecem difíceis ou excepcionais aos olhos e ouvidos de outros.

O mesmo raciocínio se aplica a uma conhecida tentativa de explicar a pulsação silábica por critérios acústico-auditivos, a saber: a escala de sonoridade. Trata-se da tendência do núcleo da sílaba a ser mais sonoro que as suas margens (JESPERSEN, 1904, p. 195). A dificuldade causada por esse putativo universal não é a falta de correlato físico. Na grande maioria das línguas, a curva de amplitude do sinal acústico reflete a ascensão e a queda de sonoridade da sílaba. Há, porém, línguas cujas sílabas violam essa generalização de várias maneiras.

Passemos em revista primeiro a concepção tradicional da escala de sonoridade. Costuma-se representá-la por uma lista ordenada de classes fônicas, que vai da mais à menos sonora: vogais abertas > vogais médias > vogais fechadas > aproximantes > líquidas > nasais > fricativas sonoras > fricativas surdas > oclusivas sonoras > oclusivas surdas. Quanto mais sonora é a classe, maior a sua probabilidade de ocupar o núcleo da sílaba. As exceções incluem violações da hierarquia tanto nas margens como no núcleo. O georgiano é um exemplo do primeiro caso (CHITORAN, 1999). O berbere tashlhiyt é um exemplo do segundo (RIDOUANE, 2008).

O georgiano tem encontros consonantais de ataque em que uma soante precede uma obstruinte, violando o crescendo previsto pela escala de sonoridade, p. ex.: mkh, rb, lb, lz. Tem também muitos platôs constituídos por sequências de duas ou mais consoantes de mesma sonoridade, p. ex., thtshkh. Com base num estudo fonético-acústico, Chitoran reivindica que essas violações corroboram a hipótese de que a fonotaxe do georgiano segue o princípio de manter os membros de encontros consonantais discrimináveis entre si com economia de esforço articulatório. Apesar de plausível, essa sugestão é prejudicada pela falta de dados comportamentais que a corroborem.

O berbere tashlhiyt tem sílabas sem vogais com núcleos ocupados por consoantes, inclusive obstruintes, p. ex., tṣ, kḍ, kwṭ (NB: atente-se para marca de silabicidade sob os núcleos). Já se aventou a possibilidade de haver uma breve vogal neutra entre as consoantes em questão (COLEMAN, 1996). Entretanto, a estatística de ocorrência e os dados fonético-acústicos apresentados por Ridouane (op. cit.) não corroboram essa hipótese. Por outro lado, pesquisas recentes sobre a aquisição da língua indicam que crianças de 7 a 12 meses preferem sílabas abertas com núcleo vocálico (LAROUCHI; KERN, 2018), o que sugere que os núcleos consonantais são de fato complexos e exigem dos aprendizes mais prática e tempo de imersão na língua.

Vale a pena salientar que, em nenhum desses casos, a inversão de sonoridade é radical. Não se trata de sílabas com margens ocupadas por vogais e núcleos ocupados por consoantes. Em ambos os casos, é possível que as sequências atípicas de consoantes tenham emergido historicamente pela fusão de sílabas cujas vogais tenham se reduzido e apagado.

Butskhrikidze (2002) sustenta essa hipótese a respeito do georgiano. Sobre o berbere tashlhiyt, não foi encontrada uma referência histórica até o momento. O máximo que se pode dizer é que há vogais epentéticas em algumas dessas sílabas em outros dialetos do berbere (DELL; ELMEDLAOUI, 2002; FOUGERON; RIDOUANE, 2008). De qualquer maneira, é possível que o enfraquecimento e a eventual fusão de sílabas estejam sujeitos a restrições auditivas e articulatórias que respaldem novas formas de otimização do controle articulatório na língua em questão.

O que há em comum entre esses dois casos e o do ruandês é que os nativos de línguas com fonologias excepcionais desenvolvem estratégias para superar as dificuldades articulatórias e/ou perceptivas porventura causadas por unidades e/ou combinações aparentemente atípicas. Nenhuma língua muda por causa de um inventário segmental ou de uma fonotaxe que deem a impressão de trava-línguas aos falantes de outras línguas. Pelo contrário, em línguas de sociedades tradicionais e/ou de populações isoladas, fenômenos atípicos aos ouvidos alheios são frequentes e valorizados como marcas de identidade.

Em suma, a pragmática do significante fônico sempre inclui ações simples, exequíveis por uma criança pequena, ao lado de outras, bastante complexas — e, não obstante, exequíveis para os membros de uma comunidade de fala que tenha algum senso de identidade. Mesmo que fosse possível levar em conta toda a polissemia do léxico e da sintaxe de uma língua natural humana, o sentido possível de uma mensagem linguística jamais se esgotaria na simples combinatória das unidades linguísticas que a compõem. A interpretação leva em conta também a maneira como a mensagem foi entregue. Sem excluir a expressão facial e corporal, as línguas orais põem o peso da interpretação na pronúncia e em alguns dos seus detalhes — nem sempre transparentes para todos. A afiliação a qualquer comunidade de fala envolve requisitos tais como a proficiência na percepção e produção de sotaques e o manejo de estratégias fônicas de negociação do sentido em tempo real.

Este livro defende a tese de que todas as maneiras de pronunciar uma língua reconhecidas por uma comunidade de fala fazem parte da sua fonologia e incluem detalhes na implementação e sincronização de gestos articulatórios perfeitamente audíveis para todos os seus membros, sejam elas tradicionalmente consideradas fonológicas ou fonoestilísticas. Saber fazer certas coisas com determinados gestos articulatórios é, como sempre foi e será, ao mesmo tempo um divisor e um agregador de tribos humanas.

Segmentos e outras unidades disputadas

Foi necessário nos determos bastante na sílaba porque ela é a maior unidade fonológica cuja investigação física tem rendido resultados instigantes e produtivos, apesar de controversos. As unidades de nível mais alto são mais elusivas, pelo simples fato de tenderem a se confundir com as suas contrapartes da primeira articulação (p. ex., sintagma entoacional vs. sintagma gramatical). Entretanto, não resta dúvida de que atuam no planejamento fônico, pois há na literatura bastante evidência sobre isso, como veremos adiante.

A dificuldade de investigação objetiva de unidades sujeitas à influência de múltiplas variáveis é inerente à linguística e às ciências da linguagem em geral. Nem o mais bem controlado dos experimentos seria capaz de neutralizar o imponderável representado pelo fato de a significação ser um

O GESTO AUDÍVEL

aspecto inalienável da atividade humana, inclusive a internalizada e mesmo subjetiva. Assim, pela necessidade de se apoiar em estudos comportamentais, a fonologia obriga a lidar com o fato de que a subjetividade dos participantes intervém proporcionalmente ao grau de exigência e complexidade das tarefas experimentais.

Nas línguas polissilábicas, nem mesmo a relação não biunívoca da sílaba com as unidades da primeira articulação afasta esse tipo de variável interveniente[5]. Na versão do experimento stetsoniano discutida acima, frequentemente se observa uma flutuação entre 'Sá, Sá, Sá, Sá' e a alternativa 'zá, zá, zá, zá'. Isso se deve à mencionada alofonia do /s/ de fronteira de palavra, que o faz soar como [z] diante de palavra iniciada por vogal. Essa flutuação é ainda mais abrangente nos usuários da variante pós-alveolar [ʃ]. Ao lado de 'chá, chá, chá, chá' e 'já, já, já, já, eles também apresentam 'zá, zá, zá, zá'. Usar uma pseudopalavra, tal como 'is, is, is, is', não elimina esse efeito.

Por causa dessas dificuldades, o segmento — unidade intermediária entre a sílaba e o gesto articulatório — dominou os estudos fônicos durante quase um século. Apesar do esforço despendido em defini-lo, os resultados permanecem inconclusivos. Como veremos abaixo, há quem o trate como axiomático, mas há também quem o trate como um epifenômeno. Isso o torna especialmente adequado para ilustrar os desafios que se impõem à posição defendida neste livro.

Embora não inviabilizem a fonologia gestual, tais desafios exigem que seja exercida com um cuidado que vai além do respaldo experimental. Exigem também — e sobretudo — uma reflexão crítica sobre os impasses que assolam o campo no tocante à relação entre o físico e o simbólico. Veremos que muitos deles são apenas preconceitos ou mal-entendidos difundidos por facções científicas opostas.

As principais dentre essas facções podem ser reunidas sob as égides do idealismo e do fisicalismo. Trata-se de posições epistemológico-metafísicas

---

5. Variável que afeta o resultado de um experimento sem haver sido prevista entre as variáveis independentes.

tradicionais que disputam o direito de definir os primitivos fonológicos, transformando-os em cabos de guerra ideológicos.

O idealismo é o conjunto das doutrinas filosóficas e científicas que sustentam que o mundo cognoscível é uma construção mental, acessível apenas por meio de ideias, pensamentos etc. O fisicalismo é uma doutrina filosófica antiga, revivida e refinada pelo positivismo lógico (CARNAP, 1959), que sustenta que o mundo, inclusive os fatos humanos e sociais, só se torna cognoscível se traduzido nos termos das leis físicas.

Um exemplo de primitivo fônico idealista são as casas de tempo totalmente abstratas postuladas por Goldsmith (op. cit.) para resolver os desalinhamentos dos traços distintivos. Um exemplo de primitivo fônico fisicalista é a definição de segmento como uma alternância finamente coordenada de transições e estados estacionários definidos por parâmetros articulatórios e/ ou acústico-auditivos (OHALA, 1992). É sintomático que a complexidade dessa coordenação, cuja descrição é ainda incipiente, incomode fisicalistas ainda mais radicais que Ohala. Por exemplo, Port (2007) simplesmente rejeita a realidade do segmento em favor de uma memória rica em exemplares, supostamente mais fácil de traduzir em termos físicos.

O segmento é apenas a face mais visível da disputa entre idealistas e fisicalistas pela hegemonia epistemológica do campo. Todos os níveis da hierarquia de unidades fônicas são permeados pela rivalidade entre propostas de segmentação e validação ora excessivamente abstratas, ora excessivamente concretas. No próximo capítulo, alguns efeitos dessa disputa se farão visíveis nos esforços da fonologia gestual para contornar as armadilhas interpostas no seu caminho por ambas as facções. Ainda que o seu sucesso seja relativo, tais esforços descortinam um amplo horizonte — por ora ainda vago —, que talvez permita evitar não só alguns dilemas históricos do campo, mas também a ingenuidade das atuais defesas da sua unidade científica.

3

Dinâmica fônica e sensório-motricidade

Uma velha dicotomia

Tudo que vimos no capítulo precedente indica que a fonologia atual ainda está às voltas com dificuldades inerentes a duas questões básicas da análise linguística de qualquer nível, a saber: a da sucessão e a da comutação das unidades. Estamos muito à frente do tempo em que tais questões eram abordadas pelo viés da escrita, sob o pressuposto de que ambas as operações se exercem sobre unidades fônicas tão discretas quanto as letras e, portanto, simbólicas por definição. Nessa perspectiva, o fonema e o traço distintivo encarnaram por muito tempo uma famosa dicotomia saussuriana: o sintagma e o paradigma.

Embora os exemplos do *Curso* digam respeito à morfologia e à sintaxe (SAUSSURE, op. cit., p. 142-147), esses conceitos e as suas operações de base foram largamente usados pelos fonólogos estruturalistas e, também, de forma menos explícita, pelos fonólogos gerativistas. À fonologia gestual cabe, agora, indagar como lidar com um sintagma fônico que não é simplesmente um eixo da sucessão e com um paradigma fônico que não é simplesmente um eixo da substituição. Na verdade, é isso que ela vem fazendo ao longo dos últimos trinta anos.

Não obstante, a tarefa vem desafiando o modelo até hoje, dada a fragilidade da sua base humanística. É que ele é fruto da colaboração transdisciplinar entre três instituições tradicionalmente distintas quanto à metodologia de estudo das questões de produção e percepção da fala: o Laboratório Haskins e as universidades de Yale e Connecticut. Por mais que elas interagissem, os métodos experimentais e computacionais de Haskins e Connecticut acabaram prevalecendo sobre os métodos linguísticos de Yale.

Assim, a parte minoritária da tríade, ou seja, a linguística, tentou criar uma notação capaz de captar o caráter ao mesmo tempo contínuo e discreto do gesto articulatório, com respaldo em modelos matemáticos das suas propriedades físicas e modelos computacionais do seu processamento. Embora tenha o inegável mérito de escapar à tradição idealista da linguística, esse respaldo não logrou assegurar à fonologia gestual uma base epistemológica distinta do cientificismo reinante nos centros de pesquisa em ciências naturais dos Estados Unidos.

Por isso, a primeira versão da fonologia gestual, adotada em *O gesto e suas bordas* (ALBANO, 2001), faz menos do que promete. Nela a relação entre a notação linguística e o modelo físico é em grande parte arbitrária. O peso da cientificidade pretendida recai, na verdade, sobre uma simples metáfora do mundo físico. Essa metáfora está embutida no construto denominado pauta gestual — termo mais adequado que 'partitura' para traduzir o inglês *'gestural score'*, por não implicar necessariamente uma analogia com a música.

Uma pauta gestual representa o chamado tempo intrínseco de cada gesto — i.e., a janela temporal abstrata da sua realização — por meio de uma caixa retangular que pode se empilhar a outras caixas a fim de representar a simultaneidade. A lógica é a mesma da dicotomia saussuriana, como na tabela apresentada no último capítulo: eventos simultâneos no eixo vertical, eventos sucessivos no eixo horizontal. A vantagem é que as defasagens também podem ser representadas, ou seja, as caixas podem se empilhar de forma desalinhada.

Browman e Goldstein (1992) lançaram mão de um sistema massa-mola com oscilações altamente amortecidas a fim de modelar o movimento representado por cada caixa. Esse tipo de mecânica básica tem muitas aplicações na ciência, onde a simplificação máxima possível é recomendada pelo princípio da parcimônia.

O problema é que o alinhamento das caixas é imprevisível — seja por princípios mecânicos ou quaisquer outros. Então, ao justapô-las na sucessão,

O GESTO AUDÍVEL

estamos representando um contraste sintagmático da língua, exatamente como fizeram os estruturalistas — o que é natural no caso de uma sequência de fato. No entanto, ao defasá-las e sobrepô-las, estamos propondo um novo tipo de alinhamento que ainda clama por explicação, seja ela linguística, mecânica, fisiológica, comportamental ou outra.

Por tudo isso, a notação da primeira versão da fonologia gestual, por mais inspiradora que fosse, apenas acenava com a promessa de dar conta das defasagens entre as propriedades fônicas paradigmáticas. Ainda assim, tinha dois grandes méritos: defender que essas defasagens são fonológicas, por participarem da variação alofônica e da complexidade segmental; e fomentar o estudo da representação temporal do segmento para além dos casos tratados pela fonologia autossegmental.

Nesse contexto, *O gesto e suas bordas* foi um primeiro esforço de apresentar evidências da atuação de gradientes fônicos na fonologia e na morfofonologia no PB. Foi também um apelo para que as relações acústico- -articulatórias, que têm repercussões em todos os modos sensoriais, fossem de alguma forma incorporadas ao modelo.

Este capítulo baseia-se na evolução da minha própria posição no campo a fim de apresentar o desenvolvimento da fonologia gestual nos últimos vinte anos sob duas perspectivas críticas. A primeira, de cunho empírico, busca respaldo em fatos que vimos vendo desde o primeiro capítulo para apontar a insuficiência da especificação motora do gesto articulatório e argumentar que o sensório deve ser parte integrante dela. A segunda, de cunho teórico, é um aprofundamento da crítica que vimos desenvolvendo à orientação fisicalista de toda a empreita.

Abandonando a letra saussuriana e perseguindo a sua inspiração, os dois problemas que ainda devem ocupar a fonologia gestual por muito tempo são as questões da marcação do passo temporal e da organização interna dos passos de cada nível. O que há de novo é que o sintagma e o paradigma de hoje envolvem sobreposições e desalinhamentos — como numa peça de entalhe com uma ensambladura cheia de desníveis e assimetrias.

A empresa é gigantesca, pois os gestos articulatórios "paradigmáti- cos" atualmente observáveis são apenas do tamanho do segmento. Como já vimos, até agora não há indícios de um gesto autônomo característico da sílaba. Quanto às unidades de nível mais alto, a existência de um único gesto definidor é, além de inobservável, fisicamente improvável. Como veremos no próximo capítulo, é mais viável definir posturas articulatórias que gestos de longa duração. De qualquer forma, o conhecimento sobre esse tipo de objeto é ainda incipiente.

Faz sentido imaginar que os comandos subjacentes à realização das unidades superiores não controlem atos de mover, mas atos de agregar movimentos. Se assim for, faz-se necessário discernir a natureza de tais comandos e descrever os seus correlatos cognitivos, comportamentais e físicos.

Ocorre que esse conhecimento também é incipiente, porque a interlocução da fonologia gestual com a teoria geral do controle motor ainda está engatinhando, como já vimos e prosseguiremos vendo a seguir. Basta lembrar que o *feedback*, componente essencial do controle motor, está completamente ausente da versão do modelo usada pelos pesquisadores de Haskins, apesar de já ter sido convincentemente advogado por Tilsen, como vimos no capítulo anterior.

A partição do movimento

Mesmo onde a unidade discreta se define como um movimento unitário, não está claro como fazer uso simbólico das suas fases. Um símbolo é por definição discreto. Portanto, representações matemáticas do movimento, tais como os ângulos de fase, devem poder ser mapeadas não arbitrariamente numa representação mais abstrata. Senão, teremos aderido a um hibridismo teórico espúrio fadado a confundir qualquer reflexão sobre como derivar saltos discretos da trajetória de parâmetros contínuos.

Os limites temporais do movimento, i.e., os seus inícios e fins — as suas bordas —, são candidatos naturais a desempenhar esse papel. O que não estava claro vinte anos atrás, quando da redação de *O gesto e suas bordas*, é que um movimento voluntário realizado por um órgão do corpo humano não tem a mesma simetria que uma oscilação da matéria inerte. Tudo que se disse da sílaba no capítulo precedente indica que a borda esquerda dos gestos articulatórios é mais importante que a borda direita para o seu alinhamento.

O GESTO AUDÍVEL

Da mesma forma, não basta dizer que uma borda de um gesto se alinha com o intervalo de outro para caracterizar uma sobreposição parcial. Alguns processos fônicos têm um comportamento gradiente que exige maior precisão na especificação da defasagem. Um exemplo do PB é a pronúncia de /t/ diante de [i]. Alguns dialetos apresentam palatalização, de leve a acentuada; outros apresentam africação, de suave a forte. Dizer simplesmente que a consoante e a vogal estão sobrepostas não basta para exprimir essa gradação.

De fato, as caixas usadas para compor as pautas gestuais só representam o tempo como o intervalo abstrato do movimento, dificultando a expressão de gradientes como o acima mencionado. Por isso, pouco antes de aderir à teoria dos sistemas dinâmicos, a fonologia gestual procurou discernir eventos no interior dos gestos articulatórios que pudessem servir de marcos ao seu alinhamento com outros gestos.

Uma conhecida tentativa nesse sentido é a de Gafos (2002), que propõe uma gramática da coordenação dos gestos articulatórios assentada em possíveis marcos da sua dinâmica. Os marcos em questão são cinco: o início, a chegada ao alvo, o centro, a soltura e o relaxamento.

O autor ilustra a proposta com a diferença entre duas pronúncias das consoantes geminadas em árabe coloquial marroquino. Na primeira, as duas consoantes idênticas se sucedem sem qualquer som intrusivo, p. ex., [tt]. Na segunda, uma breve vogal neutra, o schwa, transcrita abaixo com um símbolo fonético sobrescrito, ocorre no meio da geminada, p. ex., [tᵊt]. Gafos propõe que a primeira pronúncia resulta do alinhamento da soltura do primeiro [t] com a chegada ao alvo do segundo, enquanto a segunda resulta do alinhamento do relaxamento do primeiro [t] com o início do segundo. O schwa intrusivo não é de fato uma vogal, mas um efeito acústico da maior abertura do trato vocal no breve lapso entre as duas consoantes.

A postulação de marcos gestuais estáticos tem o mesmo problema que a concepção estática dos constituintes da sílaba: não há ainda como prever as lacunas combinatórias e as assimetrias fonéticas observadas, possivelmente decorrentes de restrições motoras ou perceptuais a investigar. A fonologia gestual pouco a pouco se deu conta de que os descritores contínuos da pronúncia não se discretizam obviamente e buscou racionalizar o pressuposto da sua comensurabilidade com marcos e/ou categorias discretas.

Uma pergunta tornou-se incontornável: há parâmetros contínuos cuja trajetória exiba saltos consistentes com a categorização fonológica? A busca de uma resposta mobilizou métodos transdisciplinares que tendem a intimidar os fonólogos. O resto deste capítulo será dedicado a inquirir, aclarar e desmistificar as bases conceituais dessas inovações, de modo a encorajar linguistas e outros cientistas humanos a usá-las *não ingenuamente* — i.e., munidos das ferramentas críticas das ciências humanas.

A marcação do passo

A questão de como coordenar movimentos no tempo é comum a todo o campo do controle motor animal e humano. Ultimamente, vem recebendo também contribuições da robótica, que, no afã de construir produtos tecnológicos realísticos, introduz inovações na modelagem computacional do movimento. A resenha da literatura de Beek *et al.* (1995) já apontava que só uma abordagem transdisciplinar poderia auxiliar a ciência tradicional do movimento a expandir as suas fronteiras originais, localizadas entre a mecânica, a psicologia e a neurofisiologia. O desafio é ainda maior para a ciência da fala, pois os movimentos envolvidos são inerentemente culturais. Ora, a sua consequente participação na produção de sentido exige um diálogo sem precedentes entre as ciências humanas e naturais.

Felizmente para a fonologia gestual, o estudo do movimento coordenado dos membros animais e humanos fez avanços recentes que puderam ser aproveitados na análise dos gestos articulatórios (HOYT; TAYLOR, 1981). Na verdade, a explicação da atração da coda para o ataque nos experimentos stetsonianos, apresentada no capítulo anterior, foi inspirada numa análise de Haken *et al.* (1985) das transições de fase de movimentos coordenados das mãos humanas. Para explicar como gestos manuais repetitivos fora de fase entram em fase a partir de uma determinada aceleração, os autores propuseram um modelo de osciladores acoplados que reproduz essas transições com uma mudança não linear (ou seja, um salto) do parâmetro que controla a velocidade. Como já vimos, a vantagem dessa explicação é ser puramente física, i.e., não exigir a intervenção dos correlatos fisiológicos do fenômeno, ainda muito pouco conhecidos.

Com base nessas ideias, Goldstein *et al.* (2009) introduzem na fonologia gestual um sistema de osciladores de planejamento, que chamaram de relógios. Na ausência de base fisiológica, deram a esse construto um estatuto mental, atribuindo-lhe a função de marcar o passo para a produção dos segmentos e sílabas. Assim, cada gesto articulatório é um relógio — i.e., tem uma frequência natural de oscilação. Regimes dinâmicos estáveis atrelam entre si pares de relógios que fazem parte de um segmento ou sílaba, encadeando-os ou subordinando-os uns aos outros de forma não linear (ou seja, não proporcional), conforme a força e a direção do acoplamento. Certos gestos dão o passo segmental, atraindo outros, que competem pelo mesmo lugar, a se organizarem em múltiplos níveis com maiores ou menores defasagens. Alguns deles, em especial os vocálicos, têm o efeito de atrair também os gestos adjacentes, dando o passo silábico.

Os relógios obedecem aos dois regimes dinâmicos discutidos no último capítulo. Não há um oscilador silábico per se, nem de ordem motora, conforme proposto por Davis e MacNeilage (2002), nem de ordem cognitiva, conforme proposto por Fujimura (2000). O passo silábico é dado pela entrada em fase das consoantes de ataque com a vogal ou qualquer outro segmento que assuma o seu papel.

Na presença de mais de uma consoante de ataque, todas entram em fase com o núcleo, competindo pela sincronia máxima possível com ele. A questão do encadeamento se resolve, simbolicamente, pela estipulação da ordem, como em qualquer modelo fonológico, e fisicamente, pela postulação de uma relação de antifase entre todos os pares de gestos da sequência estipulada. Isso implica que, na competição pela sincronia com o núcleo, cada consoante em antifase com a precedente se inicie por volta do meio dessa. Essa defasagem no ataque é chamada de *C-center effect* — doravante, efeito Centro-C (BROWMAN; GOLDSTEIN, 1988, 2000).

Examinemos agora como o novo modelo traduz a informação representada na notação do anterior. Numa palavra como o inglês 'spade', pá, a pauta gestual é como na Figura 3.1 a seguir. Lembremos que, nessa língua, a abertura larga da glote é obrigatória apenas nas oclusivas aspiradas e nas fricativas surdas. As oclusivas precedidas de /s/ se produzem sem aspiração, durante o relaxamento da abertura glotal do /s/[1]. Assim, o gesto glotal sincroniza-se apenas ao gesto alveolar inicial. Outro ponto digno de nota é que a defasagem entre o /s/ e o /p/ é estipulada, pois a primeira versão do modelo não contemplava a noção de regime dinâmico. O mesmo se pode dizer da defasagem entre o /e/ e o /d/.

Figura 3.1. Pauta gestual da palavra 'spade', adaptada de Goldstein *et al.* (2009).

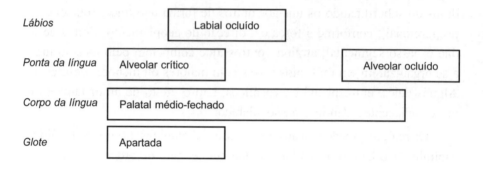

A nova notação evita a proliferação de estipulações minimizando a representação do tempo, relativo ou intrínseco. O tempo intrínseco de um gesto é dado pela sua frequência natural, não requerendo, portanto, estipulação. O tempo relativo entre os gestos é dado por um diagrama em rede que registra os regimes dinâmicos dos pares interagentes. Nesse diagrama, somente a ordem dos gestos depende das relações sintagmáticas da língua, uma vez que as suas defasagens decorrem diretamente dos seus regimes dinâmicos. A estipulação só se faz necessária quando esses não são previsíveis por princípios universais. A nova notação, denominada gráfico de acoplamento, interliga os gestos em fase por linhas em azul, e os gestos em antifase por setas em vermelho.

Assim, na Figura 3.2 a seguir, tanto o /s/, designado como constrição alveolar crítica, como o /p/, designado como oclusão labial, estão em fase com o /e/, designado como V palatal médio-fechada. Note-se que as duas consoantes de ataque estão em antifase entre si. Também o /d/ de coda,

---

1. Apesar de ser semelhante à de uma oclusiva inicial durante o /s/, essa abertura diminui durante o /p/.

designado como oclusão alveolar, está em antifase com a vogal. Cinco relógios formam a rede que responde pela relativa constância do alinhamento dos gestos envolvidos nas múltiplas realizações possíveis da palavra 'spade'.

Figura 3.2. Gráfico de acoplamento para 'spade', adaptado de Goldstein *et al.* (2009).

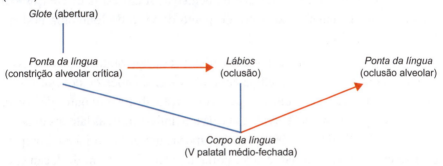

Notemos que esse gráfico poderia se aplicar, em princípio, a qualquer encontro consonantal de qualquer língua. Contudo, uma representação tão genérica não contempla a preocupação da fonologia gestual com o papel do detalhe fonético nos padrões e processos fonológicos. O problema é que nem todas as diferenças temporais associadas ao efeito Centro-C se refletem automaticamente num gráfico de acoplamento. A literatura reporta diferenças entre ataques simples e complexos, entre tipos distintos de encontros na mesma língua, e entre tipos semelhantes de encontros em diferentes línguas. Cabe, portanto, indagar se tais diferenças se devem a combinações distintas de regimes dinâmicos e/ou a princípios físicos, fisiológicos, comportamentais ou outros.

Medidas articulatórias realizadas pelos autores mostraram que os ataques complexos diferem dos simples porque os seus componentes se antecipam ou se retardam ao se coordenar com a vogal. Assim, em inglês, enquanto o /s/ e o /p/ iniciais são de fato quase síncronos com a vogal, o encontro /sp/ apresenta dois deslocamentos relativos ao início dessa: o /s/ se desloca para a esquerda e o /p/, para a direita. Ambos os deslocamentos são manifestações do efeito Centro-C e, juntos, sinalizam tratar-se de um ataque complexo e não simples.

Tais deslocamentos poderiam ser atribuídos à competição entre gestos de mesmo regime dinâmico se fossem constantes entre encontros consonantais de diferentes tipos. Entretanto, diferentes ataques complexos apresentam diferentes deslocamentos. Por exemplo, em inglês, /pl, tl, kl/ não têm o mesmo padrão temporal de /sp, st, sk/. Assim, a oclusiva inicial dos primeiros desloca-se mais à esquerda que o /s/ inicial dos segundos. Da mesma forma, o /l/ final dos primeiros desloca-se menos à direita que a oclusiva final dos segundos. É como se a sincronização exigida pelo efeito Centro-C tivesse que ser mais precisa na lateral que na oclusiva. Todas essas diferenças são estáveis entre falantes e, portanto, do ponto de vista da fonologia gestual, fazem parte da fonologia do inglês.

Os autores propõem captar essas diferenças priorizando a sincronização da vogal com a lateral, na medida em que essa se compõe de dois gestos de língua: um de ponta, responsável pela constrição alveolar, e outro de dorso, responsável pela constrição uvular, que dá um timbre grave às laterais inglesas (SPROAT; FUJIMURA, 1993). No /p/, apenas um gesto, o labial, compete pela sincronia com a vogal, sendo, portanto, candidato a um deslocamento maior, em geral à esquerda. O gráfico de acoplamento da Figura 3 ilustra essa competição tripla em /pl/.

Figura 3.3. Gráfico de acoplamento de /pl/ no inglês, adaptado de Goldstein *et al.* (2009).

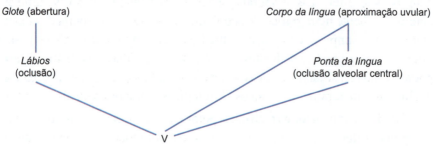

Até agora, todas as figuras reproduzem o original o mais fielmente possível. Entretanto, o original correspondente à Figura 3 registra apenas a dupla composição do /l/, a fim de explicar a sua precedência sobre o /p/ na sincronia com a vogal. Aqui registrou-se também o caráter central da oclusão alveolar. Essa adição visa lembrar que é a centralidade da oclusão

O GESTO AUDÍVEL

que permite o menor contato palatino e o escape de ar pelos lados, característicos da lateral.

As diferenças entre as Figuras 3.2 e 3.3 implicam que os encontros de obstruintes tenham sempre um padrão de deslocamento distribuído entre a direita e a esquerda e que os encontros de obstruintes com soantes tenham sempre um padrão de deslocamento mais enviesado à esquerda. São hipóteses cuja investigação ainda está em curso, já tendo suscitado algumas propostas de revisão na literatura.

Uma delas está no próprio artigo de Goldstein e colegas, na seção que versa sobre as sequências excepcionais de consoantes do georgiano e do berbere tashlhyit. Diferentemente do inglês, o georgiano prefere deslocamentos à direita, mesmo em encontros de obstruintes. Nisso difere também, marcadamente, do berbere tashlhyit, no qual as sequências de obstruintes só se deslocam à direita quando a próxima vogal é o núcleo da sílaba. Esse deslocamento não se observa nas sequências com núcleos consonantais.

Os dados do berbere tashlhyit, ainda que preliminares, sugerem que o deslocamento à direita é, de fato, um indicador da posição de ataque, assim como a sua ausência é um indicador da posição de núcleo. Os dados do georgiano, discutidos num artigo anterior do mesmo grupo (GOLDSTEIN et al., 2007), parecem corroborar essa hipótese, ainda que não obedeçam ao critério articulatório de sonoridade implícito na Figura 3.3, a saber: a participação de um gesto vocálico na produção de um segmento consonantal.

Recapitulemos que o georgiano apresenta ataques com duas ou três obstruintes, ao lado de outros, igualmente excepcionais, com obstruintes precedidas de soantes. Estudos de eletromagnetografia mostram que a consoante mais à direita avança progressivamente sobre a vogal em encontros de diferentes tamanhos. Quanto maior o encontro, maior o deslocamento. Além disso, as distâncias entre os inícios das consoantes variam conforme a ordem, anterior-posterior ou posterior-anterior, dos seus pontos de articulação. Na primeira ordem, a distância entre os inícios envolvidos é menor que na segunda.

Para exprimir essa diferença no gráfico de acoplamento, os autores recorrem à proposta de Nam (2007a) de cindir o gesto articulatório em duas metades: a oclusão e a soltura. Desenvolvendo ideias de Steriade (1993) e

Browman (1994), Nam modelou essa cisão e aplicou-a às questões do peso silábico e da diferenciação entre tipos de oclusivas (2007b). Trata-se de conceber a soltura como um gesto ativo em antifase com a oclusão.

A Figura 3.4 ilustra a proposta com os encontros /bg/ e /gb/ do georgiano, em (a) e (b), respectivamente. A hipótese é de que a diferença resida na sincronia das oclusões e das respectivas solturas com a vogal. Note-se que, em ambos os casos, as duas oclusões estão em antifase entre si e com as respectivas solturas.

Figura 3.4. Gráfico de acoplamento hipotético para /bg/ (a) e /gb/ (b) em georgiano, adaptado de Goldstein *et al.* (2009).

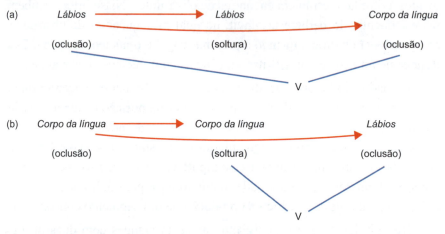

A diferença é que, na ordem anterior-posterior, as oclusões labial e velar estão ambas em fase com a vogal, ao passo que, na ordem posterior-anterior, é a soltura e não a oclusão velar que compete com a oclusão labial por esse lugar. Assim, o caso (b) leva a uma maior defasagem da vogal em relação à oclusão inicial.

Reflitamos, agora, sobre a diferença entre esse modelo e a proposta de Gafos, ancorada no modelo anterior, de tratar certas fases do movimento como marcos da dinâmica gestual. Mesmo sem a noção de regime dinâmico, a postulação de marcos permite diferenciar a ordem posterior-anterior sincronizando a soltura da velar com o início da vogal.

O GESTO AUDÍVEL

Mas seria essa uma boa solução, independentemente da versão do modelo? Uma breve reflexão mostra que ela é inteiramente ad hoc: a sua única função é explicar a expansão do intervalo entre as oclusões na ordem posterior-anterior. Estudos recentes do efeito Centro-C em diferentes línguas sugerem que há outros fatores envolvidos na explicação dessa expansão.

Mesmo na falta de estudos afins do georgiano, podemos especular que as grandes latências da ordem posterior-anterior se devem, ao menos em parte, ao princípio invocado por Pastätter e Pouplier (2017) para explicar certos desvios do efeito Centro-C encontrados no polonês. Trata-se do conhecido fenômeno da resistência à coarticulação, que Recasens (1985) descreveu acusticamente e Recasens e Espinosa (2009) corroboraram articulatoriamente, expandindo observações pioneiras de Menzerath e Lacerda (1933). Consiste no fato de a língua poder oferecer maior ou menor resistência à coarticulação consoante-vogal em resposta à maneira como é mobilizada por cada uma. Algumas consoantes mobilizam mais a língua que outras. Da mesma forma, algumas vogais mobilizam mais a língua que outras. Segmentos que mobilizam menos a língua são mais facilmente coarticulados.

A escala de resistência à coarticulação proposta por Recasens e Espinosa (op. cit.) é, *grosso modo*, a seguinte: labiais < dentais/alveolares < velares < pós-alveolares/palatais. Pastätter e Pouplier (op. cit.) usaram-na para prever que o tamanho do efeito Centro-C na segunda consoante dos encontros poloneses seria inversamente proporcional à sua resistência à coarticulação. Em outras palavras, quanto menor essa resistência, maior o avanço da consoante sobre a vogal. De fato, os autores encontraram que /m/ avança mais sobre a vogal que /l, n/, e esses, por sua vez, que /s, ʃ/. Cabe observar, a propósito, que as demandas aerodinâmicas da produção das duas fricativas estão entre os fatores que aumentam a sua resistência à coarticulação.

Esses resultados permitem prever que os encontros reversos do georgiano tenham efeitos Centro-C de tamanhos diferentes. Enquanto o /b/ é livre para avançar sobre a vogal, devido à sua articulação labial, o /g/ não o é, devido à sua articulação velar, que disputa o controle do dorso da língua.

Já a maior distância entre as oclusões de /gb/ parece decorrer de uma confluência entre restrições motoras e perceptuais. É sabido que uma oclusão velar envolve um movimento mais global e demorado que uma oclusão labial ou mesmo alveolar (PERKELL, 1969). Assim, o sistema motor passa mais tempo ocupado com a execução de um /g/ que com a de um /b/. Além disso, devido aos diferentes locais de constrição, um deslizamento regressivo do /b/ sobre o /g/ poderia abafar e, portanto, mascarar a soltura do último — o que não acontece se o /g/ deslizar sobre o /b/ no caso reverso.

Goldstein e colegas descartam a explicação perceptual em favor da explicação motora com base em efeitos semelhantes encontrados por Kühnert *et al.* (2006) em encontros de oclusivas velares com laterais ou nasais alveolares em francês. Argumentam como se a precedência do motor sobre o perceptual observada nesse caso anulasse o papel da percepção em qualquer outro. Entretanto, é evidente que laterais e nasais alveolares não mascaram uma soltura velar e, portanto, não afetam a sua perceptibilidade. Já no caso de /gb/, a morosidade do [g] e o risco de mascaramento pelo [b] podem, juntos, explicar o longo intervalo entre as oclusões.

Porém, o mais grave é que os autores tenham tentado emular os efeitos de uma restrição motora de base neurofisiológica recorrendo a regimes dinâmicos supostamente embutidos na fonologia da língua. Isso nada tem a ver com investigar as fronteiras entre o simbólico e o físico. É, ao contrário, confundi-las grosseiramente. Assim, a maior fraqueza da fonologia gestual reside na sua insistência em reduzir os marcos da dinâmica gestual a eventos articulatórios, descolando-os dos eventos sensório-motores inerentes à gestualidade fônica.

Para que um evento possa ser erigido em marco da dinâmica de uma unidade de ação, é preciso que haja um salto abrupto em algum parâmetro da sua realização física (KELSO, 2010). As trajetórias articulatórias nem sempre apresentam transições suficientemente abruptas para desempenhar esse papel. Por outro lado, são frequentemente acompanhadas de correlatos mais ou menos abruptos de ordem háptica, proprioceptiva, aerodinâmica ou acústico-auditiva. É perfeitamente possível que a descontinuidade necessária à definição de uma categoria se componha de um somatório de limiares sensório-motores.

Faz sentido, portanto, lançar mão da ubiquidade do gesto articulatório para enriquecer a representação do movimento com descritores dos seus correlatos multimodais. Se a soltura de uma oclusão pode ser ou não explodida, por que não aproveitar essa distinção na descrição do gesto articulatório correspondente? Afinal, neste caso, os gradientes de força e tempo de oclusão envolvidos se manifestam no sinal acústico-auditivo pela presença ou ausência de um estouro, que é um evento acusticamente abrupto.

Alças sensório-motoras?

Tentemos, agora, à guisa de exercício, propor um gráfico de acoplamento para o segmento complexo [nhŋw] do ruandês, visto no último capítulo. O modelo recém-exposto nos obrigaria a cindir ambas as oclusões, já que as suas solturas são distintas dos seus alvos. Entretanto, os mesmos resultados podem ser obtidos especificando a soltura alveolar como explodida e alocando o gesto de aproximação labial à antifase da oclusão velar, como na Figura 3.5:

Figura 3.5. Gráfico de acoplamento hipotético para a sílaba [nhŋwa] do ruandês, baseado na interpretação da análise de Demolin e Delvaux (op. cit.) expressa na Tabela 2.1 (Cap. 2).

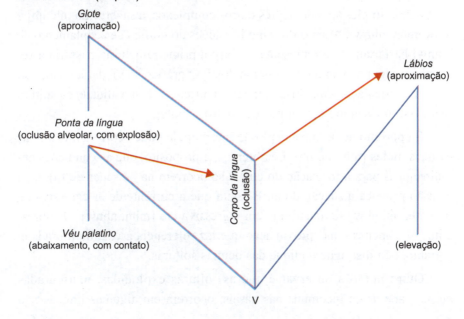

A Figura 3.5 não utiliza gestos cindidos. Em vez deles, introduz alguns descritores dos eventos sensoriais que acompanham os gestos articulatórios. Assim, neste segmento complexo, a oclusão alveolar está em antifase com a oclusão velar, ao mesmo tempo em que a soltura em clique é especificada pelo descritor proprioceptivo, aerodinâmico e acústico-auditivo abreviado 'com explosão'. Da mesma forma, a oclusão velar está em antifase com o gesto de aproximação labial que modifica a sua soltura.

Ambas as oclusões estão, ainda, em fase com a vogal e também com o gesto radical de abaixamento do véu palatino, responsável pela longa e forte nasalização. A força desse abaixamento é especificada pelo descritor háptico e proprioceptivo abreviado 'com contato' — que significa que o véu palatino toca o corpo da língua, elevado pela oclusão. O gesto labial, por sua vez, está em fase com a vogal e com a elevação do véu palatino, assegurando a brevidade e a oralidade da soltura labiovelar. Nenhuma outra especificação glotal se faz necessária, porque o aumento do fluxo de ar na cavidade oral reconduz naturalmente as pregas vocais à sua posição modal.

Essa hipotética representação híbrida tem ao menos o mérito de propor um esquema sensório-motor passível de reaproveitamento com poucas modificações. Demolin e Delvaux estudaram um paradigma que contém três segmentos simples ao lado de três outros complexos, a saber: [mh, nh, ŋh] e [ŋhw, mhŋ, nhŋw]. Apenas duas modificações do gráfico de acoplamento de [nhŋw] bastariam para representar [mhŋ]: a primeira oclusão passaria a ser labial e a segunda não teria soltura audível. O gráfico só mudaria quanto ao ponto de articulação da oclusão inicial e à ausência da labialidade na soltura final. Isso faz sentido em termos de controle motor.

É oportuno notar que a explosão murmurada pode ocorrer também nas nasais simples [mh, nh, ŋh]. Lembremos, a propósito, que as condições aerodinâmicas para a formação do clique só ocorrem na presença de [ŋ], cuja oclusão provoca a sucção do ar. É assim que a corrente de ar egressiva de [mh, nh, ŋh, ŋhw] se transforma em ingressiva em [mhŋ, nhŋw]. O sobrescrito [h] é apenas uma aproximação que faz referência à voz murmurada e, portanto, não distingue o clique das demais solturas.

Outro ponto a observar é que as solturas explodidas, murmuradas ou não, apesar de incomuns nas nasais, ocorrem em algumas línguas não indo-europeias. Algumas empregam um mecanismo bem diferente do observado no ruandês. Por exemplo, Storto e Demolin (2012) encontraram indícios de uma elevação ativa e rápida do véu palatino nas nasais explodidas da língua amazônica karitiana. Por isso propuseram transcrever os segmentos resultantes com oclusivas orais homorgânicas sobrescritas à nasal, p. ex., [nd].

Como no ruandês o véu palatino permanece abaixado, os ajustes aerodinâmicos responsáveis pela audibilidade da explosão das nasais murmuradas não envolvem oralização. Demolin e Delvaux (op. cit.) deixam isso claro na comparação entre essas nasais e as suas contrapartes não murmuradas e pré-nasalizadas [mb, ŋg, ŋgw].

Essa comparação indica que o aumento do fluxo de ar nasal tem uma duração maior nas nasais murmuradas que nas não murmuradas. Consequentemente, o máximo do fluxo de ar nasal é também maior nas murmuradas. Além disso, elas apresentam uma duração total maior da pressão faríngea positiva, medida do início da subida ao fim da descida. Em contrapartida, o máximo do fluxo de ar oral, medido após a soltura da oclusão, é maior nas não murmuradas. Elas também apresentam a maior pressão faríngea máxima.

Esses resultados sugerem que a explosão das nasais murmuradas ressoa na cavidade nasofaríngea acoplada à cavidade oral. A audibilidade do ruído, normalmente abafada pelo tecido nasal, é obtida graças a um controle ativo da pressão oral e faríngea de forma a maximizar o escoamento de ar nasal e dar à voz murmurada uma qualidade de sussurro nasalizado. Apenas no clique a ressonância oral paralela torna-se audível, devido à sucção.

A especificação sensório-motora da Figura 3.5 é mínima e especulativa, pois a evidência oferecida pelo estudo de Demolin e Delvaux é apenas de ordem acústica e aerodinâmica. De qualquer forma, o modelo do gesto cindido nada contribuiria para esta análise. Descobertas futuras sobre os mecanismos de controle da pressão faríngea e do fluxo de ar nasal do ruandês poderão refiná-la ou corrigi-la, mas não invalidá-la. Provavelmente revelarão apenas novos fatores de realce da explosão nasalizada e murmurada. Portanto, um descritor abrangente como 'com (ou sem) explosão' será sempre necessário quando não convier — ou não for possível — entrar em detalhes sobre a sensório-motricidade da soltura.

Entraves à integração

Não é sem boas razões que a fonologia gestual persegue a questão da percepção da motricidade articulatória desde o início. Isso se fez necessário porque as trajetórias articulatórias não são univocamente deriváveis dos sinais acústicos que produzem. Esse problema, clássico na fonética, é conhecido como inversão acústico-articulatória (ATAL, 1970; ATAL; HANAUER, 1971; WAKITA, 1973).

A teoria acústica da produção da fala (FANT, 1960; STEVENS, 1998) especifica trajetórias acústicas unívocas a partir de configurações geométricas do trato vocal derivadas de trajetórias articulatórias. Mas a recíproca não é verdadeira: uma mesma trajetória acústica pode corresponder a configurações distintas do trato vocal, produzidas por trajetórias diferentes. Isso se deve à chamada equivalência motora (PERKELL *et al.*, 1993).

Por exemplo, o primeiro e o segundo formantes da vogal médio-aberta [ɛ] (i.e., as suas duas menores frequências de ressonância) são mais próximos que os da vogal médio-fechada [e]. Para obter essa proximidade, basta retrair mais a raiz da língua ou abaixar mais a mandíbula que ao produzir [e]. A escolha entre essas manobras decorre, em geral, de pressões por economia de movimento. Em contrapartida, a flexibilidade assim alcançada coloca uma difícil questão de inversão acústico-articulatória.

A questão da inversão desafia a fonologia gestual porque vai de encontro à assunção de que o objeto da percepção fônica são os gestos articulatórios (FOWLER, 1986). Por isso, vários dos seus proponentes têm se debruçado sobre formas de solucioná-lo ou ao menos contorná-lo. Isso se tornou cada vez mais necessário à medida que os críticos da percepção direta dos gestos articulatórios produziam resultados importantes sobre o papel das pistas acústicas na percepção da fala (OHALA, 1996; KINGSTON; DIEHL, 1994).

Na tentativa de atribuir à audição ao menos um papel mediador, Iskarous (2010) reivindicou que informações distintivas sobre o grau e local de constrição das vogais são recuperáveis a partir do sinal acústico. Para tanto, combinou uma teoria acústica qualitativa e escalar a uma técnica numérica de estimação de trajetórias, a saber: a teoria da perturbação

(CHIBA; KAJIYAMA, 1941), que avalia graus de desvio das vogais com relação ao schwa, e o algoritmo da predição linear, que estima trajetórias de ressonâncias vocálicas nas tecnologias de fala (ATAL; HANAUER, 1971). Encontrou, assim, altas correlações entre trajetórias articulatórias rastreadas com microrraios X e estimadas a partir do sinal acústico.

Num artigo aparentado, os mesmos autores estudaram a percepção das trajetórias acústicas do ditongo /ai/, produzidas por falantes do inglês e emuladas por um sintetizador articulatório (ISKAROUS *et al.*, 2010). Conseguiram, assim, identificar um ponto das trajetórias articulatórias — que chamaram de pivô — onde há mudanças drásticas da configuração geométrica do trato vocal. Esse ponto é altamente correlacionado ao máximo da trajetória do segundo formante da vogal. O estudo de percepção, feito com estímulos produzidos com um sintetizador articulatório, mostrou que as trajetórias que obedecem ao padrão pivô são consideradas mais naturais que as demais. Esse achado respaldou o argumento de que a percepção é sintonizada com mudanças articulatórias abruptas sinalizadas pelos máximos e mínimos dos formantes vocálicos, mesmo que as trajetórias acústicas envolvidas não sejam igualmente abruptas.

Apesar da sua relevância, esses estudos dão à informação acústica apenas o papel de pistas — e não de descritores dos gestos articulatórios. Dessa forma, ignoram completamente o problema do *feedback* sensório-motor. O primeiro trabalho a considerar ao menos o *feedback* auditivo na produção dos gestos articulatórios é o de Ramanarayanan *et al.* (2016).

Os autores propõem um novo modelo de controle do motor da fala baseado em metas articulatórias que incorporam explicitamente o *feedback* acústico-auditivo a um sistema de controle de estados internos. Para tanto, combinam dois modelos disponíveis e complementares do controle motor da fala. O primeiro, denominado dinâmica de tarefa (SALTZMAN; MUNHALL, 1989), é usado em todas as simulações articulatórias da fonologia gestual para atualizar as trajetórias articulatórias de acordo com metas discretas relacionadas ao grau e ao local da constrição. O segundo, denominado controle por *feedback* de estados (HOUDE; NAGARAJAN, 2011), controla os novos estados do sistema motor com base em estados anteriores.

A eficácia do modelo resultante é demonstrada por meio de uma simulação das correções automáticas das trajetórias articulatórias observadas em experimentos nos quais os tratos vocais dos participantes sofriam perturbações mecânicas inesperadas. O modelo é capaz de reproduzir qualitativamente as correções on-line observadas.

É preciso admitir que mesmo o modelo combinado, que acaba de ser batizado com o nome FACTS — *Feedback-Aware Control of Tasks in Speech* (PARRELL *et al.*, 2019), está longe de integrar parâmetros sensório-motores de maneira coerente com os fatos já conhecidos sobre a multimodalidade do gesto articulatório. Não obstante, tem o mérito de incorporar dois métodos de simulação já testados e familiares a alguns dos praticantes mais ativos da fonologia gestual.

Bem menos testada, porém conceitualmente mais útil, é a proposta teórica de Tilsen (2016), denominada teoria da seleção-coordenação. Trata-se de uma tentativa de explicar a diversidade fonológica das línguas do mundo através de mecanismos sensório-motores que atuam no desenvolvimento da motricidade — e devem, portanto, se aplicar à aquisição da fonologia. A teoria sustenta que a organização hierárquica das unidades fônicas emerge de um fato bastante documentado na literatura do desenvolvimento motor: a cada tarefa aprendida, o controle motor dito competitivo tende a preceder o controle motor dito coordenativo, sendo progressivamente superado por ele. Isso se manifesta na seleção dos componentes de qualquer ato motor, inclusive os gestos articulatórios. Vejamos como.

No regime competitivo, as unidades especificadas pelo plano motor disputam a seleção a cada passo, embora só uma seja escolhida para se encadear às precedentes, com pequena margem de sobreposição. É o que ocorre nos encontros consonantais de coda do inglês, segundo a análise de Tilsen (2013). Já no regime coordenativo um conjunto de gestos é selecionado simultaneamente para ser coproduzido e encadeado de forma coordenada, formando um todo de alta coesão, com muitas sobreposições e deslocamentos. É o que ocorre, como já vimos, nos encontros consonantais de ataque, dando lugar ao efeito Centro-C.

O modelo de osciladores acoplados implica um tipo de controle motor coordenativo que difere crucialmente do controle motor competitivo por não depender do *feedback* sensório-motor. Assim, o tempo relativo da execução dos gestos cosselecionados é inteiramente governado pelos seus regimes dinâmicos. Em contrapartida, a teoria da seleção-coordenação afirma que o controle coordenativo se desenvolve a partir do controle competitivo através da internalização do *feedback*.

Essa internalização vai paulatinamente de um estágio em que o *feedback* externo é crucial para a seleção e desseleção dos gestos a um estágio em que a implementação deles é controlada por um *feedback* interno baseado numa representação do plano motor emergida do uso repetido. A fala madura é caracterizada por uma solução de compromisso entre esses dois regimes: o controle coordenativo garante a rapidez e eficiência da produção, enquanto o controle competitivo garante a perceptibilidade, impedindo a sobreposição excessiva, que pode mascarar importantes pistas sensoriais.

Além de incluir o *feedback* sensório-motor, essa proposta tem a vantagem de atribuir um papel agregador aos mecanismos de seleção e cosseleção das unidades motoras em geral. Nessa ótica, as unidades fonológicas acima do gesto articulatório em cada língua resultariam da cosseleção determinada pelo regime coordenativo. A hipótese é de que classes de gestos frequentemente cosselecionados se agreguem mais facilmente, formando unidades cognitivas — segmentos, moras, sílabas, pés etc. — cujo fundamento físico não é um gesto abstrato e, sim, a prontidão para a agregação.

Apesar de fisiologicamente nebulosa e baseada em evidência indireta, a teoria da seleção-coordenação tem o mérito de integrar a hierarquia fonológica às demais hierarquias motoras — em vez de cair na armadilha de hipostasiá-la atribuindo diferentes substâncias motoras às formas distintas do mesmo movimento.

Proeminência, tons e fronteiras prosódicas

Em *O gesto e suas bordas*, já expressei a opinião de que a fonologia gestual só será plenamente defensável quando fizer mais justiça à sua herança stetsoniana, dedicando alguma reflexão à capacidade do gesto articulatório de se fazer audível (LÖFQVIST, 1990). Aqui teremos ocasião de estender e esclarecer essa posição.

Avanços recentes no estudo da multimodalidade da fala situaram a questão da audibilidade para além da visão quântica do sinal acústico-auditivo (STEVENS, 1972), que assumi em 2001 por ser a única que iluminava a não linearidade das relações entre a gestualidade fônica e a acústica do trato vocal. Hoje se sabe que os demais modos sensoriais ajudam a monitorar a motricidade, tornando plausível a hipótese de um *feedback* sensório-motor integrado. De qualquer maneira, atribuir à audição um papel especial nessa integração é coerente com a perspectiva gradualista da evolução da linguagem aqui adotada.

Faz sentido imaginar que a gestualidade fônica humana tenha evoluído para aprimorar e explorar habilidades auditivas usadas por outras espécies não apenas para a comunicação, mas também para a sobrevivência. Afinal, somos a espécie na qual a comunicação e a sobrevivência estão mais intimamente interligadas. Faz sentido também imaginar que os demais modos sensoriais tenham coevoluído para realçar, garantir e suplementar a comunicação audível em ambientes ruidosos. Isso, como já vimos, não contradiz que o sinal ótico possa ter sido usado inicialmente para mediar a semiose nas protolínguas.

Assim, as mesmas habilidades que hoje asseguram a sintonia da motricidade com a audição podem ser usadas para compensar a sua falta na surdez e na surdocegueira. Ressalve-se, porém, que os aprendizes não ouvintes das línguas orais constroem o *feedback* sensório-motor com o auxílio de educação especial. Além disso, o sucesso dos seus esforços é maior na presença de uma língua que faça uso natural dos modos sensoriais restantes. Em contrapartida, o aprendiz ouvinte constrói o *feedback* sensório-motor da língua oral com forte apoio da audição (SCHEERER *et al.*, 2016).

Nesse cenário, não surpreende que as unidades fonológicas de ordem superior se ancorem em aspectos da vocalização que têm correlatos acústico-auditivos robustos, interespecíficos e profundamente enraizados na nossa ancestralidade. O termo abrangente 'proeminência' tem sido usado para designá-los. Trata-se de variações de tom, volume e esforço articulatório que acompanham as formas de acentuar, ritmar e escandir enunciados em diferentes línguas. Em outras espécies, elas modalizam cantos, gritos, uivos, guinchos e relinchos de diferentes tipos.

O GESTO AUDÍVEL

Examinar as unidades fonológicas de nível superior pelo ângulo da proeminência tem a vantagem de nos fazer tomar consciência do quanto a fonologia gestual se debate entre o idealismo e o fisicalismo. Essa contradição emerge porque a noção de proeminência tem raízes humanísticas muito antigas, ao mesmo tempo em que se presta à abordagem por algumas das mais poderosas ferramentas matemáticas transdisciplinares contemporâneas.

A proeminência se insere no estudo da prosódia, compartilhado pelos gramáticos com os estudiosos da música e da literatura desde a antiguidade clássica. A maior parte da terminologia do campo remete a noções milenares, criadas não propriamente para descrever, mas para normatizar formas de composição poética ou musical. Evidentemente, o uso desavisado de um termo tende a arrastar consigo toda a metafísica embutida na sua história.

Um exemplo pertinente é o pé. Trata-se de uma unidade rítmica — envolvendo, pois, proeminência — constituída por duas ou mais sílabas (ou uma sílaba especialmente pesada). Tem aproximadamente o mesmo efeito agregador da barra na notação musical. Liberman e Prince (1977) foram os primeiros a defender a sua importância no estudo da acentuação e do ritmo, criando assim o ramo da gramática gerativa conhecido como fonologia métrica.

Para tanto, propuseram uma notação em árvore na qual ramificações binárias unem sílabas fortes e fracas no mesmo pé. Os pés têm a função primária de atribuir o acento lexical e, portanto, constroem-se geralmente no interior da palavra. Podem, contudo, transcender as fronteiras vocabulares, agregando clíticos, i.e., morfemas livres átonos. A árvore métrica é a base de cálculo da grade métrica, um algoritmo para escalonar as forças relativas das sílabas acentuadas numa sequência de unidades fonológicas hierarquizadas. Tais grades destinam-se a explicar fenômenos rítmicos do nível da frase, tais como os choques e deslocamentos acentuais (p. ex., Cadê a bola? > Cade a bola?).

Como todas as noções clássicas aplicadas ao ritmo da fala, o pé é uma idealização ligada à busca de isocronia e eurritmia na tradição estética ocidental. A sua vantagem em relação ao traço 'acento' é expressar mais propriamente o caráter relacional da proeminência. No entanto, isso pouco ou nada tem ajudado a resolver as controvérsias em torno das formas possíveis do pé fonológico (HULST, 2014; ÖZÇELIK, 2017). A taxonomia dos pés da métrica clássica era baseada em cânones estéticos. Portanto, é normativa demais para servir à descrição da diversidade rítmica das línguas do mundo ou mesmo da variabilidade rítmica de uma mesma língua.

Talvez seja por isso que Louis Goldstein não tenha levado adiante o exercício de incorporar o pé ao gráfico de acoplamento, proposto em *slides* de aula postados no seu site institucional (GOLDSTEIN, 2017). Nenhum artigo sobre o assunto consta até agora da sua lista de publicações. O gráfico proposto se insere numa tentativa de modelar o fenômeno do encurtamento polissilábico — i.e., a diminuição do tamanho das sílabas à medida que a palavra aumenta (p. ex., a sílaba 'bra' é bem mais curta em 'brasileiro' do que em 'Brasil'). O exemplo analisado é a locução inglesa '*baking casseroles*'. A Figura 3.6 reproduz a referida ilustração.

Figura 3.6. Gráfico de acoplamento da locução '*baking casseroles*', adaptado de Goldstein (2017).

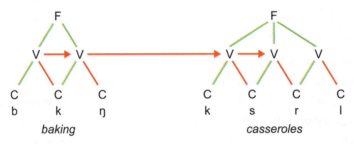

Cabe aqui a advertência de que a Figura 3.6 não é totalmente consistente com as anteriores. As inconsistências residem nas diferentes representações do modo antifase. Entre as vogais, mantém-se a convenção das setas em vermelho. No entanto, entre vogais e consoantes, o traçado reduz-se a linhas, mantendo apenas a cor vermelha. Já no modo em fase, a mudança é mínima: a cor das linhas é verde, e não azul. Note-se também que a única liberdade aqui tomada na reprodução foi adicionar a transcrição fonética das consoantes, para facilitar a leitura. A omissão do /s/ final de 'casseroles', aqui mantida, é apenas um descuido que parece ter passado despercebido ao autor.

O GESTO AUDÍVEL

101

Outro ponto a notar é que o /k/ de '*baking*' e o /s/ e o /r/ de '*casseroles*' são ambissilábicos, i.e., estão vinculados a duas vogais e, portanto, pertencem a duas sílabas. Em termos dinâmicos, isso significa que essas três consoantes se iniciam antes do fim das sílabas à sua esquerda, apesar de serem atraídas para o início das sílabas à sua direita, por estarem em fase com as respectivas vogais. Esse hipotético deslocamento é, provavelmente, a razão pela qual as vogais também estão em antifase entre si.

No entanto, a antifase da vogal final de '*baking*' com a vogal inicial de '*casseroles*' permanece obscura, pois as consoantes /ŋ/ e /k/ formam um encontro heterossilábico, onde a noção de ambissilabicidade obviamente não se aplica. Além disso, as sílabas iniciais de '*casseroles*' e '*baking*' são tônicas. Como em inglês os acentos mais proeminentes tendem a cair à esquerda, talvez essa antifase se destine a subordinar '*casseroles*' a '*baking*'. De qualquer forma, deve-se admitir que é impossível entender todos os detalhes do exemplo, especialmente na ausência de dados sobre os deslocamentos à esquerda e à direita que deveriam decorrer dos regimes dinâmicos hipotetizados.

Esta é uma confusão conceitual típica de situações em que se procura tirar proveito máximo de um construto cientificamente bem estabelecido para explicar fatos que ainda não estão suficientemente claros. Na verdade, o papel dos regimes dinâmicos neste exemplo é acoplar os três níveis de osciladores da Figura 3.6, a saber: o pé, a sílaba (representada pela vogal) e a consoante. Assim, o pé subordina a vogal, que, por sua vez, subordina a consoante. Entretanto, esse acoplamento das sílabas aos pés não parece determinar a sua proeminência relativa, já que as linhas verdes indicam apenas que elas competem por entrar em fase com eles. Portanto, a solução foi, ao que parece, manipular a duração silábica através dos regimes dinâmicos dos gestos segmentais.

Lembremos, porém, que essa manobra afeta as durações relativas no nível mais baixo da hierarquia. Assim, a ambissilabicidade das consoantes deveria, ao menos em parte, responder pelo encurtamento das sílabas átonas. É surpreendente, portanto, ler a seguir que um fato correlacionado — o alongamento das sílabas tônicas — é determinado no nível mais alto da hierarquia.

A hipótese é de que um gesto desacelerador abstrato se acople ao oscilador do pé enquanto esse está acoplado à sílaba tônica. Esse gesto tem o efeito de desacelerar também os demais osciladores da hierarquia: o da sílaba (ou seja, o do núcleo silábico) e os das constrições consonantais. É a força do seu acoplamento que determina a assimetria temporal entre as tônicas e as átonas. Assim, variações nos valores dessa força permitem às tônicas se alongarem mais nos pés dissilábicos que nos trissilábicos. Nessa perspectiva, o encurtamento das átonas é inversamente proporcional ao alongamento das tônicas.

Em resumo, o exercício esbanja o uso da noção de regime dinâmico, para, em seguida, aduzir outra explicação para as assimetrias entre as sílabas tônicas e átonas dos diferentes tipos de pé. Resta uma dúvida incômoda: a ambissilabicidade decorreria dos regimes dinâmicos locais ou da força do gesto desacelerador do pé? Em outras palavras, como os três níveis da hierarquia interagem para produzir o encurtamento polissilábico?

Não é preciso reproduzir aqui as demais figuras do exercício de Goldstein para compreender a sua finalidade: elas formalizam, na linguagem dos osciladores acoplados, as taxas de sílabas por pé de 'baking casseroles' — respectivamente, duas para um e três para um. Os alongamentos e encurtamentos aí implicados são obtidos pelo ajuste dos valores das frequências e das forças de acoplamento dos respectivos osciladores. Isso torna possível testar o modelo por meio de uma simulação computacional das durações. Mas seria esse teste eficaz?

Em ciência nenhum teste é eficaz se não se tem claro o que se quer testar. Supostamente, o que está em jogo no exercício em questão é a interpretação dinâmica da noção de pé. Entretanto, não fica claro se os níveis dos quais as assimetrias duracionais emergem são de fato os pés ou as sílabas tônicas subordinadas. Trata-se de uma simulação ad hoc, que modela as durações a partir do resultado esperado e não de uma análise conceitual do problema.

Em geral, as simulações não se destinam a modelar um problema complexo, mas a reduzi-lo explicitamente a uma versão simplificada. Normalmente, busca-se a simplificação pela manipulação das variáveis mais conhecidas e a eliminação das demais. No caso em questão, a hierarquia de osciladores acoplados apenas reproduz nominalmente a hierarquia prosódica tradicional. O exercício seria mais convincente se explicitasse o papel das relações verticais e horizontais entre os termos da simulação que de alguma forma afetam as durações silábicas e segmentais.

A maior utilidade desse exercício é desvelar um erro conceitual que tem confundido outros esforços bem mais ambiciosos da fonologia gestual: tentar tirar proveito máximo do modelo de osciladores acoplados tratando aspectos do movimento como se fossem movimentos autônomos. Postular um gesto desacelerador não tem sentido, porque a desaceleração é uma propriedade do movimento e não um movimento em si. Manipular a duração de uma oscilação somando-a arbitrariamente a outra que a abrevie ou alongue é um truque de modelagem, não uma análise teoricamente motivada. Como sugeriu Tilsen (2016), as variações do movimento incorporadas à fonologia devem ser explicadas no âmbito da teoria geral do controle motor.

No entanto, a literatura sobre a fonologia gestual tem numerosos exemplos desse tipo de confusão. Aqui nos deteremos somente em um, encontrado no influente texto de Byrd e Saltzman (2003). Trata-se de uma análise de como os falantes modulam a organização espaço-temporal dos gestos articulatórios em função da sua posição na frase. Consiste em várias simulações computacionais que reproduzem propriedades qualitativas desses efeitos de fronteira, com destaque para a desaceleração local induzida pela prosódia.

Essa desaceleração é atribuída a modulações da ativação gestual controladas por uma classe de gestos, chamados gestos prosódicos ou gestos-π, que compartilham com os gestos de constrição muitas propriedades dinâmicas. Os gestos-π atuam apenas para esticar ou encolher temporariamente as trajetórias de ativação dos gestos de constrição ao redor das fronteiras. O seu efeito é desacelerar o relógio à medida que a fronteira se aproxima e acelerá-lo à medida que ela se afasta.

O modelo de Byrd e Saltzman tem o mérito de simular fenômenos muito bem documentados, tais como o fortalecimento inicial (KEATING *et al.*, 2003) e o alongamento final (KLATT, 1976; LINDBLOM, 1978). Provavelmente, tem sucesso em modelar efeitos de velocidade devidos não a gestos propriamente ditos, mas a mecanismos gerais de modulação do movimento ligados à sua iniciação e finalização. Entretanto, não se pode deixar de observar que é, antes, uma descrição que uma explicação dos fatos modelados.

Ainda para ilustrar a presença desse tipo de hipóstase nas análises prosódicas da fonologia gestual, comentaremos brevemente os aportes de Barbosa (2001) e Krivokapic (2014), na medida em que são representativos das respectivas décadas.

Barbosa confunde o método de simulação com o objeto a explicar, apresentando uma proposta híbrida de tratamento do ritmo em que o modelo de osciladores acoplados explica parte da variância das durações, enquanto o restante é explicado pela saída de uma rede neural alimentada com dados de corpora.

Krivokapic apresenta um panorama do campo em que a noção de gesto é estendida aos chamados tons de fronteira — em geral, tons que marcam as fronteiras prosódicas finais — sem qualquer explicação do mecanismo de ativação das oscilações laríngeas implicadas. Como não é possível especificar em detalhe a frequência de um oscilador tonal, a autora recorre às árvores da fonologia prosódica e ao sistema abstrato de notação prosódica conhecido como ToBI (por extenso, '*tone and break indices*'; BECKMAN *et al.*, 2005). Ambas as ferramentas foram concebidas dentro de uma perspectiva categórica cuja relação com os gradientes da fonologia gestual é totalmente nebulosa.

Antes de concluir, cabe mencionar que o objetivo das presentes críticas não é desmerecer os trabalhos citados, mas advertir a comunidade interessada de que o uso de ferramentas transdisciplinares requer uma cautela nem sempre professada pela literatura. Nos casos analisados, a hipóstase não reside no uso da simulação, em geral eficiente em descrever os dados. Reside na falta de discussão do processo de redução de variáveis que viabilizou a simulação.

Seria muito útil se os autores abordassem a complexidade dos seus objetos de estudo apontando os aspectos da realidade que foram deixados de fora. Em vez disso, partem do pressuposto de que as ferramentas da teoria dos sistemas dinâmicos são moeda corrente e, portanto, não precisam ser explicadas. Parecem, assim, esquecer que essa teoria surgiu para resolver problemas puramente físicos, cujos graus de liberdade são muito menores que os envolvidos no estudo da matéria viva, especialmente no caso do comportamento animal e humano.

Esse *ethos* deve-se ao avanço do fisicalismo nas ciências humanas, instigado pela popularização crescente das ferramentas matemáticas da física. É fato que essas têm um valor inestimável para equacionar e dimensionar problemas. Mas isso de modo algum justifica a confusão recorrente entre a redução assim obtida e a real dimensão do problema a analisar.

Horizontes teóricos afins

As advertências acima visam a alertar o público deste livro contra a armadilha dos modismos científicos. Ainda que possa ser leigo/a na maioria das áreas envolvidas nesta exposição, esse público deve ser capaz de transitar razoavelmente bem em ao menos algumas delas. Além disso, deve aspirar a sobrevoar todas — como requer uma boa iniciação na fonologia gestual. Cabe, portanto, fechar o panorama traçado nos três capítulos iniciais com alguns comentários sobre possíveis interseções com abordagens teóricas afins, em especial as surgidas em círculos transdisciplinares.

Comecemos pela visão da filosofia da mente denominada cognição corporificada e situada, que vem influenciando a ciência cognitiva e tecnologias correlatas nos últimos vinte anos (CLARK, 1997, ANDERSON, 2003). Não chega a surpreender que essa influência tenha chegado à fonologia gestual. Simko e Cummins (2010) defendem uma versão do modelo da dinâmica de tarefa cuja inovação é justamente dar às tarefas articulatórias, originalmente abstratas e livres de contexto, uma feição corporificada, implementada como vinculação a efetores específicos.

Os autores reivindicam que essa abordagem tem a vantagem de permitir a definição de algumas funções de custo que podem ser otimizadas. A otimização gera pautas gestuais capazes de especificar completamente o tempo relativo dos gestos. O argumento assenta-se na verossimilhança de movimentos articulatórios gerados por simulações realizadas com o auxílio do algoritmo de otimização. Outra vantagem atribuída ao modelo é derivar trajetórias distintas e nuançadas a partir de critérios de otimização relativamente simples.

A proposta é refinada por Simko e Cummins (2011), que aplicam os mesmos critérios de otimização ao sequenciamento motor sob diferentes taxas de elocução. No entanto, por razões não explicadas pelos autores, essa linha de pesquisa foi descontinuada nos últimos anos. Uma inspeção da produção do primeiro autor revela que ele tem se dedicado a questões de otimização alheias à dinâmica de tarefa. Analogamente, o segundo autor tem se dedicado a questões de coordenação perceptomotora na sincronização rítmica entre interlocutores, tendo também se valido de simulações completamente alheias à dinâmica de tarefa.

Na década de 2000, a física passou a influenciar de novo os estudos linguísticos, com base em desenvolvimentos da teoria dos sistemas dinâmicos que vieram a constituir o campo hoje denominado 'ciência da complexidade'. A ideia surgiu da observação de que sistemas dinâmicos em interação produzem fenômenos emergentes, caracterizados por grandes saltos qualitativos. Nessa perspectiva, um sistema complexo é um conjunto de elementos em interação no qual o comportamento do todo decorre indireta e não hierarquicamente do comportamento das partes. Malgrado as interações não lineares locais, esse tipo de sistema alcança coerência global sem a intervenção de um controlador central (STEELS, 1997).

Uma variante dessa proposta acrescenta o termo "adaptativo" à visão não aditiva da complexidade. Popularizou-se na linguística após a publicação do artigo de Beckner *et al.* (2009) sobre a linguagem como um sistema adaptativo complexo. O texto é obra conjunta de um grupo transdisciplinar de estudos sediado no Instituto Santa Fé, Novo México, EUA, centro de pesquisa pioneiro no âmbito da complexidade. Esse pioneirismo foi, ao menos em parte, motivado pela liderança do cientista da computação John Holland, criador dos algoritmos genéticos (ver, p. ex., HOLLAND, 1995).

Os algoritmos genéticos são sistemas computacionais paralelos capazes de representar processos de variação, recombinação e seleção. Baseiam-se em critérios de aptidão inspirados na adaptação e na evolução biológicas. Foram aplicados com sucesso a problemas de computação, tais como controle, otimização e aprendizagem indutiva, bem como a problemas de modelagem, tais como as interconexões em redes ecológicas e sociais.

Os chamados sistemas adaptativos complexos são, portanto, sistemas complexos que exibem comportamentos adaptativos, adquirindo uma aptidão crescente para desempenhar o seu papel, qualquer que seja ele. O conceito tem sido aplicado a sistemas naturais, tais como cérebros, ecologias, sistemas imunes e sociedades, assim como a sistemas artificiais, tais como redes neurais, sistemas paralelos e distribuídos, sistemas de inteligência artificial e sistemas de programação evolutiva (rebento recente dos algoritmos genéticos). Nesse cenário, é natural que a década passada tenha testemunhado um surto de motivação para aplicá-lo à linguagem.

Na fonologia, a mais vigorosa manifestação desse surto foi um colóquio sobre complexidade organizado pela Universidade de Lyon, na França, em 2005, cujas comunicações saíram mais tarde em livro (PELLEGRINO *et al.*, 2009). Trata-se de uma coletânea heterogênea de interpretações da complexidade fonológica, onde visões aditivas e não aditivas aparecem lado a lado. A seção dedicada aos sistemas adaptativos complexos é, ela própria, muito heterogênea, incluindo temas tais como percepção, mudança fônica e subvocalização na leitura. Além disso, nenhum dos capítulos aprofunda a faceta adaptativa da problemática abordada. Uma inspeção da produção ulterior dos autores revelou que, embora permaneçam interessados em dinâmica fônica, nenhum publicou novos trabalhos no âmbito dos sistemas adaptativos complexos.

Em resumo, as tentativas da fonologia gestual de fazer contato com modelos dinâmicos em evidência são antes uma manobra política que uma busca de interlocução epistemológica. Só o futuro nos permitirá avaliar se daí terá surgido algum fruto consolidável. Por ora, basta apontar que este livro terá atingido um dos seus objetivos se as reflexões acima tiverem ajudado o seu público a vencer a intimidação causada pela posição de proa da física na metafísica do campo.

Para reafirmar a nossa convicção de que os impasses entre o idealismo e o fisicalismo são superáveis, reflitamos sobre as oportunas palavras do biólogo Howard Pattee, que milita há mais de sessenta anos no combate ao vitalismo, sem jamais ter se deixado levar pelo fisicalismo:

> Life must have emerged from the physical world. This emergence must be understood if our knowledge is not to degenerate (more than it has already) into a collection of disjointed specialized disciplines[2] (PATTEE, 2001).

---

2. A vida deve ter emergido do mundo físico. Essa emergência deve se tornar inteligível se o nosso conhecimento não vier a degenerar (mais do que já vem degenerando) numa coleção de disciplinas especializadas desarticuladas (tradução minha).

Também a fonologia gestual deve evitar a fragmentação do pensamento, se quiser ter isenção e clareza suficientes para enfrentar os desafios inerentes ao seu objeto. O seu atrelamento histórico ao fisicalismo impediu-a de estudar as facetas simbólicas do significante fônico, em especial as socioculturais. A especificação sensório-motora do gesto articulatório pode ampliar a sua sensibilidade ao contexto situacional e ajudar a superar essa limitação. Os próximos capítulos introduzirão as peças que faltam para integrar essa ideia à tese central deste livro, a saber: a da interdependência entre a negociação do significante e a negociação do significado.

4

Aportes brasileiros: questões clássicas

Padrões fônicos estáveis e instáveis

Neste capítulo teremos ocasião de retomar as ideias introduzidas no capítulo 2 sobre os legados intelectuais que podem inspirar e respaldar a fonologia gestual. Fazê-lo agora com base no contexto acadêmico brasileiro é esclarecedor porque os nossos linguistas vislumbraram a possibilidade de integrar os estruturalismos europeu e americano bem antes dos colegas do hemisfério norte, que só abriram os olhos para isso na década de 1960. Aqui essa prática já vinha florescendo desde a década de 1940, graças à influência crescente — e definitiva — do mestre Joaquim Mattoso Câmara Jr.

Ao abordar o objeto da linguística no primeiro capítulo de *Princípios de linguística geral* (1969 [1942]), Mattoso Câmara apresenta os principais expoentes dos dois estruturalismos, tecendo um pano de fundo que inclui eminentes filólogos, antropólogos e filósofos da linguagem. A impressionante bibliografia desse livro não deixa dúvida de que o seu autor praticou a interdisciplinaridade com uma cautela e sabedoria dignas de lembrar e imitar, especialmente depois que o termo entrou em moda e serviu de pretexto à proliferação de novos poderes acadêmicos.

Na comunidade brasileira, as sementes das aulas e obras de Mattoso Câmara alimentaram toda uma geração de linguistas. É pena que boa parte desses novos formadores tenha se dividido mais tarde entre as posições representadas pelas duas metáforas com que o editor Piattelli-Palmarini (1980) caracterizou o famoso debate Chomsky-Piaget: "o cristal" e "a chama". No Brasil, tanto os adeptos do cristal — os gerativistas — como os adeptos da chama — os funcionalistas, interacionistas e demais críticos da gramática gerativa — são descendentes do mestre, cujo esforço para superar esse tipo de dicotomia se refletia na assunção explícita da influência de autores comprometidos com a noção de forma, tais como Jakobson e Trubetzkoy, e autores comprometidos com a noção de função, tais como Sapir e Martinet.

Por isso, os desequilíbrios repentinos do sistema "où tout se tient" não são estranhos aos olhos dos linguistas formados pelos primeiros discípulos de Mattoso Câmara. Também não lhes é estranha a ideia de que as línguas tenham as suas derivas, i.e., tendam a girar em torno dos mesmos temas nos seus processos de variação e mudança ao longo dos séculos (SAPIR, 1971 [1921]). Para a fonologia gestual, é promissor que os desequilíbrios e as derivas sejam hoje passíveis de releitura no quadro da teoria dos sistemas dinâmicos. E é certamente profícuo que, entre os primeiros a se dar conta disso, haja membros da comunidade brasileira, com sólida formação em fonologia e dispostos a investir em ideias novas e criativas.

Ao longo deste capítulo ficará claro por que *O gesto e suas bordas* logo despertou interesse numa comunidade onde a fonologia gerativa imperava. A força do lastro mattosiano deu à nova geração o ímpeto de rever e aprofundar, sob outra luz, as análises estruturalistas e gerativistas da fonologia do português e das línguas indígenas brasileiras. Esse lastro fomentou também iniciativas de explorar novos processos fônicos, ao lado de temas inerentemente interdisciplinares, tais como a aquisição de primeira e segunda língua, os chamados desvios fonológicos, ou, ainda, a estilística da fala e do canto. Assim, o inesquecível patrono e a sua primeira geração de discípulos não poderiam deixar de ser lembrados aqui. Nas seções abaixo, tentaremos fazer um apanhado dos trabalhos brasileiros que trataram os temas acima citados de forma relevante para a fonologia gestual.

Categorias, gradientes e além

Nesse cenário, não é de admirar que as primeiras tentativas de revisitar processos fônicos recalcitrantes às fonologias tradicionais tenham saído do Laboratório de Fonética e Psicolinguística (doravante, LAFAPE) do Instituto de Estudos da Linguagem da Universidade Estadual de Campinas (doravante, Unicamp, por mim coordenado entre 1991 e 2008. A primeira iniciativa notável a esse respeito coube a D'Angelis (1998). Trata-se de um estudo da interação entre a nasalidade e outros traços de modo de articulação na língua brasileira caingangue, com implicações para outras línguas macro-jê, tais como o xoklen e o maxacali.

D'Angelis discute as chamadas pré-nasalizadas, argumentando que a melhor análise do caingangue, quer na fonologia autossegmental, quer na fonologia gestual, é tratá-las como nasais pós e pré-oralizadas, conforme a sua posição na sílaba e a presença ou ausência de nasalidade na vogal. Nos termos de um modelo gerativo, a forma subjacente é sempre uma nasal, /m, n, ɲ, ŋ/, que só aparece, no entanto, quando acompanhada de vogal nasal. Quando a vogal é oral, essa nasal é pós-oralizada no ataque e pré-oralizada na coda. Daí resultam pares mínimos tais como em (1) (D'ANGELIS, op. cit., p. 107):

(1) ˈnẽn   'mato'   vs.   ˈndɛdn   'coisa'

O fato de que a língua contrasta vogais orais e nasais é atestado através de pares ou trincas tais como em (2) (p. 108):

(2) ˈkrɛ 'toca'   vs.   ˈkr̃ẽ 'cria'   vs.   kr̃ẽm 'embaixo'

O foco do trabalho é a dificuldade da geometria de traços de representar esses fenômenos e outros afins. Entretanto, o autor dedica ao modelo gestual um capítulo, onde mostra que oposições como em (1) podem ser representadas por pautas gestuais como as das Figuras 4.1 e 4.2. Como o original, a reprodução abaixo utiliza a terminologia da época. Assim, AV corresponde a 'abertura vélica'; GCPL, a 'grau de constrição da ponta da língua'; e GCCL; a 'grau de constrição do corpo da língua'. Aqui, para maior clareza, as especificações de grau de constrição (i.e., modo de articulação) foram acrescentadas a cada caixa. Aparentemente, D'Angelis preferiu não sobrecarregar as figuras, adicionando essas informações no texto.

Figura 4.1. Pauta gestual para ['nẽn], adaptada de D'Angelis (1998), p. 321.

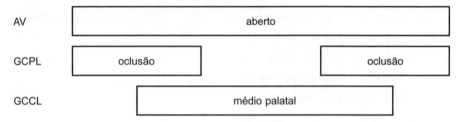

Figura 4.2. Pauta gestual para ['ndɛdn], adaptada de D'Angelis (1998), p. 321.

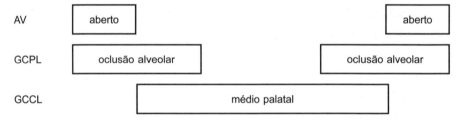

Ambas as figuras nos dão ocasião de comentar alguns problemas da primeira versão da fonologia gestual. A postulação de um gesto de abertura vélica supõe que o fechamento seja o caso *default*. Note-se que nenhum gesto de fechamento foi especificado na Figura 4.2, o que está de pleno acordo com as descrições da época, em geral voltadas às línguas indo-europeias.

Entretanto, esse ponto não pode ser pacífico numa língua como o caingangue, que, além de pré e pós-oralizadas, apresenta circum-oralizadas, onde uma breve e audível fase nasal ocorre entre duas fases orais. Ao discutir o exemplo [fi'bmbɛdn] (p. 218), 'marido dela', onde a oclusão ocorre entre duas vogais orais, D'Angelis propõe uma pauta gestual semelhante à da Figura 4.3.

A Figura 4.3 é menos simplificada que as anteriores porque envolve consoantes com diferentes locais de constrição (i.e., pontos de articulação).

No original, foram acrescentadas as linhas AL, LCPL e LCCL, que correspondem, respectivamente, à abertura labial e aos locais de constrição ponta e corpo da língua. Para facilitar a visualização, a reprodução alinha as bordas das caixas da linha AV, que representam as fases nasais, às bordas das caixas das linhas GCCL e LCCL, que representam as vogais orais [i] e [ɛ]. Além disso, como nas Figuras 4.1 e 4.2, todas as caixas foram rotuladas.

Figura 4.3. Pauta gestual para [fi'bmbɛdn], adaptada de D'Angelis (1998), p. 333.

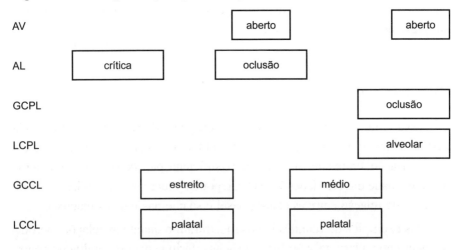

A insuficiência dessa pauta ficará patente adiante. Antes, porém, convém mencionar outro problema levantado pelo autor no mesmo capítulo, a saber: esse tipo de representação não ilumina a questão da relação entre a nasalidade e o vozeamento espontâneo nas soantes. No caingangue, essa questão torna-se incontornável devido à existência de dois processos fônicos que só se aplicam a essa classe de segmentos — que, como veremos adiante, inclui as pré e pós-oralizadas.

O primeiro é a nasalização de uma aproximante rótica ou semivocálica seguida ou precedida de vogal nasal. Cabe notar que o [ɾ] do caingangue é não contínuo e, portanto, não se caracteriza como vibrante (inglês simples, *tap*), mas como aproximante rótica. Eis alguns exemplos (p. 108), contrastados com palavras com núcleos orais:

(3) 'rɐ   'marca'   'r̃ɛ̃   'quente'
     'fɔɾ   'cheio'   'fɛ̃ɾ̃   'pena, asa'
     'jɔgŋ   'pai'   'j̃ũ   'valente'
     'wɨj   'arco'   'tãw̃ĩ   'muito'

O segundo é a combinação de desnasalização com desvozeamento diante de uma obstruinte surda em sândi interno ou externo. Em (4), a nasal de [ka'ʃĩn], 'rato', ganha uma fase oral desvozeada diante de [f], tornando--se [nt] em 'perna de rato'. Já a pré-oralizada final de ['ndɛdn], em (5), se desnasaliza e desvozeia diante de [k], perdendo o seu contorno e se tornando simplesmente [t] em 'coisa ruim'.

(4) kaʃĩnt'fa   'perna de rato'

(5) ndɛtkɔ'rɛgŋ   'coisa ruim'

Nos vinte anos decorridos desde o doutorado de D'Angelis, a fonologia gestual avançou o suficiente para lidar melhor com a simetria entre a pós e a pré-oralização. Entretanto, não avançou o suficiente para equacionar o problema da diversidade das restrições físicas que podem atuar nas fonologias — como é o caso da relação entre as classes nasal e soante nas línguas macro-jê.

Os exemplos do ruandês já nos mostraram o quanto as relações aerodinâmicas entre a laringe, a orofaringe e a nasofaringe podem ser diversas entre diferentes famílias de línguas. Porém, para retomar essa questão à luz dos fatos do caingangue, será preciso primeiro examinar o avanço da fonologia gestual na representação dos segmentos de contorno.

Esse avanço reside na possibilidade de combinar a fase e a antifase — os dois regimes dinâmicos mais comuns entre osciladores acoplados — para representar a simetria entre a pós e a pré-oralização em línguas com contornos duplos e triplos como o caingangue. Assim, numa pós-oralizada de ataque, o abaixamento do véu palatino não está em fase com a vogal, mas apenas com a oclusão, dando lugar à fase nasal. O gesto em fase com a vogal é a elevação do véu palatino, que, por sua vez, está em antifase com a oclusão, dando lugar à fase oral. Já numa pré-oralizada de coda, a oclusão está em antifase com a vogal, dando lugar à fase oral, assim como o abaixamento está em antifase com a oclusão, dando lugar à fase nasal.

O gráfico de acoplamento da Figura 4.4 exibe essas relações para ['ndɛdn]. Para economizar espaço, as formas de apresentação do local e do grau de constrição foram ligeiramente modificadas em relação às figuras do capítulo precedente, baseadas em Goldstein *et al.* (2008). Aqui, o local e o grau de constrição aparecem na mesma linha, dispensando o uso de parênteses. Mantém-se a convenção de representar a fase por linhas azuis e a antifase por setas vermelhas.

Figura 4.4. Gráfico de acoplamento para ['ndɛdn], baseado na discussão de D'Angelis (1998).

A Figura 4.5 representa ['nẽn], o par mínimo nasal de ['ndɛdn]. Aqui, o abaixamento está em fase não só com a oclusão, mas também com a vogal. Outra diferença é que só há um gesto vélico — ao contrário de ['ndɛdn], onde há um abaixamento seguido de elevação no ataque, e um novo abaixamento na coda, conforme visto acima. Em ['nẽn], o abaixamento inicial permanece ativo por toda a sílaba, tornando desnecessário associá-lo explicitamente à segunda oclusão. Isso implica que só há elevação subsequente caso a sílaba seguinte seja oral.

Figura 4.5. Gráfico de acoplamento para ['nẽn], baseado na discussão de D'Angelis (1998).

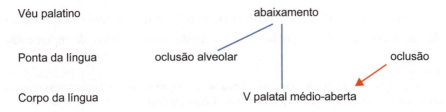

As Figuras 4.4 e 4.5 exprimem a hipótese de que a elevação do véu palatino não é um simples *default* no caingangue. É, ao contrário, um gesto tão ativo quanto o abaixamento. O controle vélico exigido pelas pós-oralizadas é substancial, pois um abaixamento é sempre rapidamente seguido de uma elevação. Esse padrão se repete nas circum-oralizadas, como mostra o gráfico de acoplamento da Figura 4.6. Para simplificar, foi representado apenas o trecho pertinente de [fi'bmbɛdn].

Quando a oclusão é flanqueada por duas vogais orais, há um jogo sutil de acoplamentos em fase e antifase. Em [fi'bmbɛdn], a primeira elevação do véu palatino se acopla em fase ao [i] e ao [f] (omitido no gráfico). Paralelamente, a oclusão labial se acopla em antifase ao [i] e em fase ao [ɛ], assumindo uma configuração ambissilábica[1]. Por sua vez, o abaixamento do véu palatino se acopla em antifase à oclusão. Por fim, a segunda elevação do véu palatino se acopla em fase ao [ɛ] e em antifase ao abaixamento. Cabe explicar por que não convém assumir a análise alternativa na qual a elevação e o abaixamento disputam a antifase com a oclusão. A razão é que a fase nasal é perfeitamente audível nas circum-oralizadas, em oposição aos casos de sândi, nos quais a relação entre desnasalização e desvozeamento pode ser explicada por essa competição entre o abaixamento e a elevação (ver Figura 4.9 a seguir).

Figura 4.6. Gráfico de acoplamento para [i'bmbɛ], de [fi'bmbɛdn], baseado na discussão de D'Angelis (1998).

Indaguemos, agora, se a nova versão do modelo, acrescida da suposição de que a elevação do véu palatino é um gesto ativo, é capaz de representar

---

1. Uma consoante é considerada ambissilábica se tem, ao mesmo tempo, características de coda, em relação à vogal precedente, e ataque, em relação à vogal seguinte.

os processos em que a nasalização interage com o vozeamento, inclusive nos casos de sândi mencionados há pouco.

A Figura 4.7 toma certas liberdades em relação à proposta de Goldstein *et al.* (2008) para captar a nasalização das aproximantes em ambiente de vogal nasal, tal como nos exemplos de (3).

Figura 4.7. Gráficos de acoplamento abstratos para palavras tais como [ˈr̃ẽ] ou [ˈfẽr̃], baseados na discussão de D'Angelis (1998).

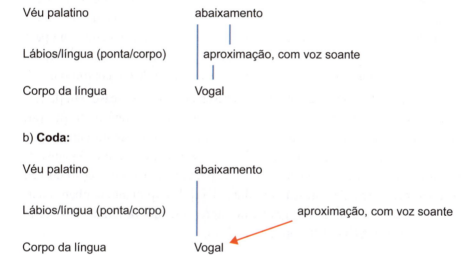

A primeira liberdade é usar o descritor abstrato 'aproximar', pois os gestos de constrição do rótico e da semivogal têm locais de constrição e frequências naturais de vibração muito diferentes. Assim, a linha do grau de constrição trata os lábios, a ponta e o corpo da língua como uma disjunção, expressa pelas barras.

A segunda liberdade tomada aqui é suplementar essa abstração motora com outra, de cunho sensório: o descritor 'com voz soante', i.e., voz produzida por um fluxo aéreo supralaríngeo naturalmente desimpedido (FANT, 1973). A ideia é a de que a aproximação esteja dentro dos limites aerodinâmicos da voz espontânea — também conhecida como voz soante (RICE, 1993) —, que costuma ser razoavelmente intensa e contínua, distinguindo-se da voz obstruinte por vários parâmetros motores e sensórios.

Cabe notar que a Figura 4.7 é muito semelhante à Figura 4.5. Em ambas, as consoantes de ataque e o abaixamento do véu palatino estão em fase com a vogal. Da mesma forma, as consoantes de coda estão em antifase com a vogal, sem outra especificação quanto à nasalidade. É preciso, portanto, assumir que um abaixamento em fase com a vogal permanece ativo até encontrar uma configuração gestual que contenha uma elevação.

Como no caingangue as oclusivas orais em coda se restringem aos casos de sândi exemplificados em (4), é preciso assumir também que os ataques e as rimas devem ser sempre especificados quanto à oralidade ou nasalidade. Essa assunção é, aliás, necessária para representar a dinâmica dos referidos exemplos, nos quais a desnasalização e o desvozeamento se combinam para dar lugar a duas configurações gestuais novas: um contorno nasal a partir de uma nasal de coda, ou uma obstruinte de coda a partir de um contorno nasal.

A Figura 4.8 é uma tentativa de representar o primeiro caso: em [kaʃĩnt'fa], o contorno parcialmente desvozeado [nt] surge da junção de [ka'ʃĩn] com ['fa]. É importante notar que as unidades prosódicas do caingangue têm cabeça à direita, o que leva [ka'ʃĩn] a se desacentuar. Assim, é plausível que a perda de duração de [ʃĩn] contribua para antecipar a elevação do véu palatino necessária à realização da tônica ['fa]. É importante também notar que o contorno resultante é gradiente, apresentando variantes tais como [kaʃĩndt'fa] (D'ANGELIS, op. cit., p. 360).

Figura 4.8. Gráfico de acoplamento para o trecho [ʃĩnt'fa], de [kaʃĩnt'fa], baseado na discussão de D'Angelis (1998).

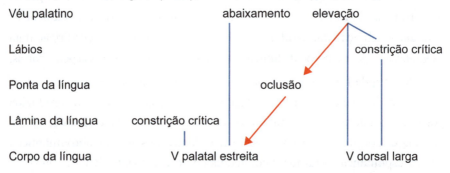

O GESTO AUDÍVEL   119

Em [ʃĩnt], as consoantes de ataque e coda estão, respectivamente, em fase e antifase com a vogal, que é nasal por estar em fase com o abaixamento do véu palatino. Já em [ˈfa], a consoante e a vogal são orais por estarem em fase com a elevação do véu palatino. Em sândi, esse gesto se antecipa, acoplando-se em antifase à oclusão de coda. Note-se que não há qualquer especificação glotal. A hipótese é a de que o desvozeamento em sândi seja uma simples consequência aerodinâmica da compressão da sílaba átona pela tônica. A antecipação da tônica, que está entre os seus meios de expansão, induz a elevação a competir com o abaixamento pelo controle do véu palatino. Embora o contorno esperado neste caso fosse [nd], obtém-se, na verdade, um espectro de variantes entre [ndt] e [nt], porque a elevação antecipada dificulta ou inviabiliza as condições aerodinâmicas para o vozeamento, a depender da duração da sílaba átona.

É sabido que uma ligeira nasalização está entre as estratégias utilizadas pelas línguas para aliviar a pressão supraglótica durante o vozeamento de obstruintes (WESTBURY; KEATING, 1986). Como as oclusivas orais do caingangue se restringem aos contornos nasais, é razoável supor que esse escape nasal seja a única via possível para o seu vozeamento. Isso implica que essas oclusivas não sejam de fato obstruintes, mas soantes oralizadas, cuja voz depende da duração do lapso para a elevação do véu palatino. Nessa interpretação, o caingangue soma-se às várias línguas que possuem a classe designada por Rice (1993) e Botma (2011) como *"sonorant obstruents"* (obstruintes soantes). Trata-se de consoantes que soam como obstruintes, mas participam de padrões típicos das soantes na fonologia da língua.

Consideremos agora o caso da emergência de uma oclusiva oral em coda a partir de um contorno nasal em sândi. Em [ndɛtkɔˈɾɛgŋ], o contorno final de [ˈndɛdn] desfaz-se numa oclusiva surda homorgânica diante de [k]. Note-se que, assim como [ˈʃĩn], [ˈndɛdn] sofre a compressão da tônica e se desacentua. A Figura 4.9 mostra o gráfico de acoplamento do trecho [ndɛtkɔ]. É digna de nota a semelhança com a Figura 4.4, [ˈndɛdn]. Aqui a principal diferença é que a elevação do véu palatino exigida por [kɔ] se antecipa, já que a sílaba é toda oral, e compete com o abaixamento para se acoplar em antifase à oclusão. A hipótese é a de que esse abaixamento, encurtado e enfraquecido pela ativação de um antagonista, seja breve demais para produzir o fluxo aéreo necessário a uma nasalização e um vozeamento audíveis. A competição decorrente da disputa entre dois antagonistas é necessariamente mais acirrada que a da Figura 4.8, onde o abaixamento consegue criar as condições para um vozeamento audível por estar ativo desde o início da rima.

Figura 4.9. Gráfico de acoplamento para o trecho [ndɛtkɔ], de [ndɛtkɔˈrɛgŋ], baseado na discussão de D'Angelis (1998).

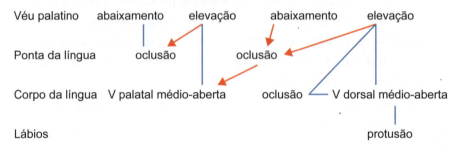

A comparação entre as Figuras 4.6, 4.8 e 4.9 evidencia a sutileza do controle do véu palatino no caingangue. Em [fiˈbmbɛdn], a elevação completa-se bem depois do abaixamento por estar em antifase com ele, permitindo, portanto, uma fase nasal audível. Já em [kaʃĩntˈfa], ela entra em antifase com a oclusão, reduzindo o tempo de ativação do abaixamento e, portanto, perturbando a aerodinâmica do vozeamento da fase oral decorrente. Finalmente, em [ndɛtkɔˈrɛgŋ], a elevação pedida por [kɔ] se antecipa, disputando com o abaixamento a antifase da oclusão precedente e inviabilizando o fluxo aéreo nasal necessário ao vozeamento. O primeiro caso produz um contorno triplo; o segundo, um contorno cuja fase oral é desvozeada, e o terceiro, uma desnasalização total com consequente desvozeamento.

Por ora, essas interpretações não passam de hipóteses que aguardam respaldo de estudos articulatórios. Entretanto, a sua lógica é coerente com a descrição de D'Angelis, que se baseia não só em transcrições, mas também no exame cuidadoso de dados acústicos. É coerente também com a existência de interações sutis entre gestos de abaixamento e elevação do véu palatino em outras línguas. Por exemplo, nas vogais nasais do português, uma ligeira defasagem da nasalidade, acusticamente detectável, vinha intrigando estudiosos portugueses e brasileiros há algum tempo (p. ex., BARBOSA, 1962; SOUSA, 1994). Mais recentemente, Teixeira, Vaz e Príncipe (1999) encontraram uma elevação do véu palatino durante a fase inicial das vogais nasais do português europeu mesmo quando a consoante de ataque era nasal. Em outras palavras, se esses resultados forem confirmados por estudos de outras variedades do português, podemos dizer que a língua tem vogais de contorno oral/nasal.

Cabe salientar que essa hipótese exige que o gesto de elevação do véu palatino seja ativo, como sugerem os padrões do caingangue e línguas afins. Recentemente, um estudo de ressonância magnética conduzido por Blaylock, Goldstein e Narayanan (2016) aduziu novas evidências a favor do controle ativo da elevação. Uma comparação entre contextos orais e nasais do inglês revelou que os gestos de elevação das oclusivas orais e os gestos de abaixamento das oclusivas nasais possuem os mesmos padrões de coordenação no ataque e na coda. Essa semelhança implica que o controle da posição e do movimento vélico seja tão ativo na elevação quanto no abaixamento. Os autores propõem, então, uma revisão da fonologia gestual na qual o gesto de elevação, a exemplo do gesto de abaixamento, seja considerado uma unidade fonológica independente. A proposta, como já vimos, adéqua-se não só ao caingangue, mas também ao português.

Tentemos, agora, pôr em perspectiva os seguintes comentários de D' Angelis na conclusão da tese, logo após o capítulo sobre a perspectiva gestual.

> Entretanto, se não se conseguir entregar o 'cavalo de Troia' de todos os fatos de gradiência para os foneticistas, caberá ainda ou também aos fonólogos encarar circunstâncias como a destacada acima, em que uma gradiência (física) de gestos articulatórios e de emissões acústicas pode ser afirmada como categoricamente percebida pelos ouvintes/falantes. A pergunta que se coloca é: esse tipo de gradiência (mesmo se não percebida 'conscientemente') não pode ser gérmen de uma gradiência perceptível e de mudanças de padrões sonoros das línguas? Se o pode, como explicar que ela possa 'saltar o fosso' estendido entre fonética e fonologia nas clássicas delimitações? (D'ANGELIS, 1998, p. 362).

A primeira versão da fonologia gestual apenas indicava o potencial explicativo das defasagens entre gestos e invocava alguns princípios para restringi-las preservando uma margem de variabilidade (p. ex., o Centro-C). Hoje, com a adesão do modelo à teoria dos sistemas dinâmicos, há um leque maior de princípios e tentativas de combiná-los para dar conta da diversidade dos gradientes fonologicamente relevantes das línguas do mundo. Por exemplo, a pesquisa sobre o Centro-C trouxe à luz o fato de que, ao compor a sílaba, as línguas diferem não só quanto ao modo de lidar com a competição entre gestos de mesmo regime dinâmico, mas também quanto ao emprego de outros princípios, tais como a resistência à coarticulação. Não obstante, essas questões ainda estão a exigir muitos esforços de elucidação.

Os fatos acima discutidos põem em relevo algumas dessas questões dignas de atenção futura.

Se a hipótese da Figura 4.9 for confirmada, i.e., se um abaixamento, ainda que incompleto, do véu palatino for detectado instrumentalmente em casos de sândi tais como [ndɛtkɔˈɾɛgŋ], restará a intrigante questão de como algo aparentemente inaudível pode ser imitado e aprendido. Por outro lado, se a hipótese for infirmada, ressurgirá a questão da possibilidade de apagamento de gestos articulatórios, em princípio indesejável para a fonologia gestual. Neste caso, a inibição total do gesto de abaixamento pelo gesto de elevação só poderá ser elucidada através de uma maior interação da fonologia gestual com a teoria geral do controle motor, como defendido no capítulo precedente, com base em Tilsen (2016). Felizmente para o futuro do campo, tanto a confirmação como a infirmação da hipótese são teoricamente desafiadoras.

Da mesma forma, se a hipótese do abaixamento de longo alcance da Figura 4.7 for confirmada, restará a questão, também intrigante, de como captar a diferença entre línguas em que o véu palatino opera na rima ou na sílaba — como parece ser o caso do caingangue — e línguas em que o véu palatino opera no gesto de constrição — como parece ser o caso do português, assim como do francês (FENG; CASTELLI, 1996). Note-se que essa questão suscita outra: como conciliar, sob um mesmo regime de controle motor, a nasalização de curto e de longo prazo. Afinal, o caingangue tem rimas nasais como em [kaˈʃĩn] e sílabas inteiramente nasais como em [ˈnẽn], além dos segmentos de contorno em ataque e coda. Portanto, cabe indagar se o abaixamento do véu palatino é de cunho local, sendo reproduzido quando necessário, como no francês e no português — ou se, como supusemos, tem a sua ativação prorrogada até a próxima elevação.

De qualquer forma, se a hipótese da Figura 4.7 for infirmada, revelando que cada aproximante nasalizada é especificada como tal, restará investigar por que o princípio do menor esforço foi violado neste caso. Diferentemente do francês e do português, o caingangue não combina livremente consoantes nasais com vogais orais. Na presença de vogal oral, as oclusivas nasais são sempre pós ou pré-oralizadas. Portanto, a possibilidade de um único gesto de abaixamento ou elevação do véu palatino ser coordenado a vários gestos de constrição faz mais sentido em línguas como o caingangue que em línguas como o francês ou o português. Aqui também, tanto a confirmação como a infirmação da hipótese abrem perspectivas teoricamente desafiadoras.

A tentativa de repensar a tese de D'Angelis à luz da versão corrente da fonologia gestual conduz finalmente à retomada da discussão sobre diversidade linguística iniciada com o ruandês. Esta nova incursão por uma língua não indo-europeia nos deixa de novo a impressão de que os gradientes fonologicamente relevantes de diferentes línguas não podem ser explicados apenas por princípios de coordenação motora. Para que se possa eliminar definitivamente o fosso apontado por D'Angelis, é preciso elucidar a participação do sensório nessa coordenação. Haja vista a persistente dificuldade de exprimir a relação entre a nasalidade e a "soância", que a Figura 4.7 resolve provisoriamente com o descritor 'com voz soante' — que é, por ora, apenas uma hipótese teórica no aguardo de respaldo empírico.

Um bom ponto de partida para essa nova empreita é a hipótese de Tilsen (op. cit., 2016) da existência de uma solução de compromisso entre os regimes de controle motor competitivo e coordenativo na implementação dos gestos articulatórios. Vale, a propósito, destacar que o caingangue, assim como outras línguas de estrutura silábica semelhante, parece utilizar a antifase e, portanto, o controle coordenativo na coda. Isso é bastante diverso do que ocorre no inglês, que, segundo Tilsen (op. cit., 2013), utiliza apenas o controle competitivo nessa posição.

Todo o arrazoado acima nos leva a terminar esta seção sugerindo que o estudo das línguas ameríndias brasileiras com ataques e codas curtos, porém complexos, em comparação com línguas indo-europeias com ataques e codas longos, de complexidade mais conhecida, pode abrir veredas novas para o entendimento da relação entre o controle motor e o *feedback* sensório nas línguas do mundo. Talvez essas veredas levem a fonologia gestual a superar a atual especificação numérica ad hoc das diversas formas de coordenação complexa por meio de uma maior compreensão da otimização dos princípios sensório-motores escolhidos por cada língua ou cada comunidade de fala.

Gradientes sincrônicos, categorias diacrônicas

As discussões deste e do último capítulo indicaram que as revisões da fonologia gestual buscaram solucionar apenas um dos problemas da sua primeira versão, a saber: a especificação arbitrária das defasagens entre os gestos articulatórios. Lembremos que, nessa versão, todos os processos fônicos da fala corrente são explicados por meio de dois mecanismos: a sobreposição e a redução da magnitude dos gestos articulatórios. Entretanto, as revisões ignoraram as frequentes interações entre os dois mecanismos e só trouxeram alterações significativas ao tratamento da sobreposição. Ocorre que, nesse meio-tempo, a literatura produziu muitas evidências sobre o papel da redução em deslanchar e disseminar a variação e a mudança linguísticas.

Nesta seção, focalizaremos o que já se fez sobre o assunto no LAFAPE e no DINAFON. Como nem todos os casos pertinentes envolvem interações entre reduções e sobreposições, as reanálises via regimes dinâmicos serão menos numerosas que na seção anterior.

Um processo de redução recorrente nas línguas românicas é a espirantização dos róticos, i.e., a tendência das vibrantes a se realizarem como fricativas ou aproximantes, com mais ou menos ruído. O mestrado (1996) e o doutorado (2002) de Adelaide Silva abordaram a variação fonético--acústica dos róticos em falantes dos estados de São Paulo, Paraná e Rio Grande do Sul. Seguindo a tendência metodológica mais comum na época, ambos os trabalhos se compõem de estudos de caso baseados em medidas de parâmetros espectrais e análises qualitativas de espectros, espectrogramas e formas de onda.

No mestrado, Silva corroborou descrições das línguas românicas que caracterizavam os róticos como compostos de brevíssimas oclusões intercaladas com eventos de aspecto vocálico, também bastante breves (RECASENS, 1991; ALMEIDA; DORTA, 1993). Esse padrão foi interpretado como resultante da vibração da ponta da língua, pois o falante estudado tinha 53 anos e pertencia à última geração de paulistanos a apresentar vibrantes alveolares como realização do "erre forte" do PB — que é vibrante ou fricativo.

A comparação entre o erre "forte" e o "fraco" — que é realizado como vibrante simples (inglês *tap*) — também corroborou as descrições contemporâneas, a saber: o erre fraco tendia a apresentar uma oclusão e um evento vocálico únicos. Silva encontrou, ainda, uma extensa coarticulação dos róticos com as vogais adjacentes, evidenciada por influências mútuas nos valores do segundo e do terceiro formantes. Além disso, ocorrências sistemáticas de realizações fricativas estimularam a autora a dedicar o doutorado ao estudo dos róticos, embora a dissertação tenha versado sobre o conjunto das líquidas do PB, incluindo também as laterais alveolar e palatal.

A tese de doutorado elevou o número de estudos de caso para dois e focalizou os róticos iniciais em um falante do estado do Paraná e em outro do Rio Grande do Sul, de idade e perfil sociolinguístico compatível com o predomínio da vibrante alveolar nessa posição. Os participantes tinham em comum três variantes acusticamente distintas, com manifestações semelhantes no conjunto e diferentes nos detalhes. A primeira era a vibrante alveolar clássica, semelhante à paulistana, assim como às descritas na literatura citada. A segunda era uma vibrante com um ruído sobreposto às oclusões e aos eventos vocálicos intercalados. E a terceira era uma fricativa com vozeamento intermitente, espectro muito variável e transições formânticas ambíguas quanto ao local de constrição. Um dos participantes, do norte do Rio Grande do Sul, apresentava, ainda, uma leve tendência a produzir vibrantes com poucos ou mesmo um único evento vocálico — que, neste caso, tendiam a soar como um erre fraco.

Para investigar o condicionamento das variantes reduzidas, Silva inspirou-se em Sproat e Fujimura (op. cit.) e manipulou a força das fronteiras prosódicas por meio de distinções sintáticas. Foram usadas combinações de substantivos e adjetivos, tais como "funcionária ríspida", inseridas em frases que faziam parte de textos destinados a indicar se o adjetivo era um adjunto adnominal ou um predicativo do objeto[2]. A hipótese era a de que o rótico articulatoriamente mais fraco, i.e., a fricativa, predominasse na posição de adjunto adnominal, na qual não há pausa, mesmo virtual, entre o substantivo e o adjetivo. Essa previsão foi apenas parcialmente confirmada, pois os participantes apresentaram uma variabilidade enorme entre as repetições.

Após discutir essa variabilidade, a autora propõe um conjunto de pautas gestuais baseadas em Albano (2001). Não cabe aqui reproduzir essas pautas, pois elas já estão bastante desatualizadas perante os conhecimentos atuais sobre a variabilidade da estrutura articulatória dos róticos (p. ex., LAWSON; SCOBBIE; STUART-SMITH, 2014). Basta mencionar que, além da constrição alveolar típica da vibrante, tais pautas exibem constrições dorsais e faríngeas destinadas a explicar as características formânticas dos eventos vocálicos. Essas constrições adicionais indicavam os locais para onde o ruído da constrição da variante alveolar conservadora podia migrar nas variantes inovadoras, em geral reduzidas e posteriores.

Outro ponto que merece revisão nas pautas propostas por Silva (2002, p. 182) é a suposição de que a fricativa glotal surda é uma das variantes inovadoras do processo de espirantização. Jiquilin-Ramirez *et al.* (2013) discutiram dados do PB como L1 e L2 em que as glotais parecem ser o padrão entre os róticos fricativos. Porém, encontraram também uma maioria de glotais vozeadas nesses dados. Portanto, é preciso ainda esclarecer melhor o papel do vozeamento nas glotais que atuam como róticos no PB e em outras línguas com processos diacrônicos semelhantes (p. ex., o francês e o alemão: DELATTRE, 1944; KOSTAKIS, 2007). A propósito, os róticos vibrantes tendem a manifestar uma preferência pelo vozeamento, como veremos a seguir.

Os róticos continuam sendo um desafio para a fonologia gestual porque incitam à discussão dos motivos subjacentes à complexidade gestual. Sabe-se

---

2. Eis um exemplo desse tipo contraste: "olha a funcionária ríspida" vs. "acho a funcionária ríspida".

hoje que certas constrições múltiplas, como nas das referidas pautas gestuais, podem decorrer de restrições biomecânicas, não pertencendo, portanto, às escolhas fonológicas da língua, diferentemente de outras composições de gestos de complexidade semelhante (RECASENS, 2016).

Para a fonologia gestual, a simples existência de uma controvérsia sobre as raízes biomecânicas das constrições adicionais dos róticos vibrantes já é desafiadora. Acrescente-se a isso o fato de a fonotaxe probabilística de muitas línguas levar em conta certas restrições biomecânicas, ainda que de diferentes maneiras e em diferentes graus (ALBANO, 2016).

No trabalho recém-citado, Recasens apresenta dados articulatórios consistentes com a hipótese de que, nas línguas em que têm valor fonêmico, o rótico vibrante, a lateral escura (i.e., velarizada) e as consoantes alvéolo--palatais (ver abaixo) são articulados com um único gesto lingual, capaz de formar mais de uma constrição. Isso se opõe à visão — corrente desde o estudo de Sproat e Fujimura sobre a lateral escura do inglês (op. cit.) — de que se trata de dois gestos independentes, um da frente e outro do dorso da língua. Assim, esses segmentos passam a ser concebidos como simples, embora os seus gestos constitutivos sejam complexos.

Em favor dessa hipótese, Recasens apresenta dois argumentos. O primeiro é o de que o abaixamento e a retração do corpo da língua, tanto no rótico vibrante como na lateral escura, decorrem não só de requisitos naturais dos respectivos modos de articulação, mas também da necessidade de realçar as respectivas pistas perceptuais. O segundo é o de que a elevação e anteriorização do corpo da língua nas alvéolo-palatais são uma decorrência natural da necessária contração do músculo genioglosso.

O autor admite que as alvéolo-palatais se assemelham às dentoalveolares de fato complexas (i.e., palatalizadas, velarizadas ou faringalizadas). São semelhantes: a configuração lingual e cinemática, os efeitos coarticulatórios e os processos de mudança fônica. Não obstante, há diferenças importantes, que abordaremos à frente. Além disso, contrapondo-se à análise corrente na fonologia gestual (p. ex., GICK, 2003; PROCTOR, 2009), ele afirma que a lateral clara e a vibrante simples não são segmentos complexos, pois são articuladas com uma configuração de corpo de língua mais ou menos neutra, sujeita a considerável coarticulação com a vogal.

As considerações de Recasens, baseadas em sólidas evidências articulatórias, têm sérias consequências para a fonologia gestual. A mais desafiadora é a necessidade de distinguir entre gestos complexos e segmentos complexos propriamente ditos, além de uma terceira categoria, também controversa: os gestos fundidos (inglês 'blended', ver abaixo).

Uma distinção tão sutil afrontaria a parcimônia se não viesse acompanhada de um critério convincente para diagnosticar a complexidade de um gesto unitário. Trata-se da resistência à coarticulação, conceito introduzido no último capítulo a propósito do efeito Centro-C. Segmentos tais como /r/ e /L, ʎ, ɲ/ têm um alto grau de resistência à coarticulação e, assim, apresentam baixa taxa de variabilidade acústica e articulatória, em oposição aos seus similares auditivos resultantes da fusão de sequências tais como /lw, lj, nj/ quando comprimidas e sobrepostas.

Quanto aos segmentos de fato complexos, i.e., os que possuem um gesto secundário de elevação e anteriorização do dorso da língua, Recasens oferece dois critérios de diferenciação. O primeiro é a presença de um lapso de cerca de 20-30 ms entre os deslocamentos máximos da frente e do dorso da língua. Esse intervalo, bem menor que o encontrado em segmentos simples como /ɲ/ (RECASENS; ROMERO, 1997), é observável no /nʲ/ do russo até em palavras muito comuns como niet, 'não'. O segundo critério é que, em comparação com as alvéolo-palatais tais como /ʎ, ɲ/, as dentoalveolares palatalizadas tais como /lʲ, nʲ/ apresentam um local de constrição relativamente anteriorizado, ainda que mais recuado que o das suas contrapartes não palatalizadas /l, n/.

Assim, para Recasens, só há gestos independentes formando um segmento complexo nas consoantes palatalizadas, velarizadas ou faringalizadas de línguas como o russo e o árabe, em que essas articulações secundárias se aplicam a vários locais de constrição.

Essa análise insere-se numa pesquisa maior sobre as interações entre a ponta e o dorso da língua. Com base numa amostra considerável de línguas do mundo, Recasens (2013) apresentou recentemente à Associação Fonética Internacional uma proposta de revisão do IPA que consiste em adicionar a classe 'alvéolo-palatal' ao rol dos pontos de articulação. Essa adição cria uma nova coluna, com algumas células vazadas à esquerda e à direita, para acomodar segmentos cuja constrição pode oscilar entre os alvéolos e o palato.

Por exemplo, nas línguas analisadas, as consoantes [ç, ʎ, c, ɲ, j] são frequentemente alvéolo-palatais, podendo, portanto, usar a lâmina e o dorso da língua para formar uma constrição única, mais ou menos anteriorizada conforme a língua. No conjunto em questão, [ç, c, ɲ, j], mas não [ʎ], também podem exibir realizações puramente palatais. Já a fricativa [ç] e a africada [tʃ] são realizadas como pós-alveolares mais frequentemente que como alvéolo-palatais. Veremos abaixo que essa proposta é consistente com achados obtidos no LAFAPE sobre os mecanismos de palatalização do PB.

O desafio lançado por Recasens à fonologia gestual coaduna-se com a nossa defesa de uma participação ativa da sensório-motricidade na especificação dos gestos articulatórios.

É impossível especificar os gestos de aproximação característicos das vibrantes alveolar e uvular sem fazer referência aos requisitos aerodinâmicos da sua produção, cujas consequências proprioceptivas são evidentes. Assim, as breves oclusões encontradas nessas consoantes, tanto na região alveolar como na região uvular, não são formadas por gestos ativos. Resultam, antes, de forças aerodinâmicas, diferentemente dos flaps e das vibrantes simples, que mobilizam ativamente a musculatura da língua (CATFORD, 1977; LADEFOGED; MADDIESON, 1996; SPAJIC; LADEFOGED; BHASKA-RARAO, 1996).

Estudos experimentais revelaram que a oclusão intermitente das vibrantes resulta de uma vibração autossustentada deslanchada por uma contração muito precisa de determinados músculos da língua. Essa contração atende aos requisitos necessários de forma, posição e elasticidade para gerar uma diferença de pressão através da constrição, seja ela na região alveolar ou uvular. Cria-se, assim, um efeito de Bernoulli que sustenta a vibração por toda a duração da consoante. É ele que faz a ponta da língua e a úvula baterem, respectivamente, nos alvéolos e no pós-dorso da língua.

Solé (2002) demonstra que os valores da pressão oral das vibrantes e das fricativas vozeadas são muito semelhantes, sendo que as primeiras exibem uma gama mais restrita de variações possíveis. Demonstra, ainda, que a resposta das vibrantes a diferentes condições aerodinâmicas explica a recorrência dos seus principais padrões fonológicos, a saber: a preferência universal pelo vozeamento, a alternância entre vibrantes e fricativas, a tendência ao desvozeamento e a inexistência de vibrantes nasais.

Demolin e Van de Velde (2019) completam esse quadro demonstrando que, na vibrante alveolar, um afrouxamento da constrição apical se combina a um aumento da constrição dorsal para desencadear consequências acústicas quânticas, no sentido de Stevens (1972.). Em outras palavras, basta uma pequena diminuição da primeira constrição para que a segunda aumente, em virtude de propriedades mioelásticas da língua e da tendência do véu palatino a relaxar com a sua aproximação. Se a razão entre a pressão oral e a pressão atmosférica se mantiver dentro de um limiar de 2 a 3 hPa[3], a vibração autossustentada se desloca para a úvula, o que causa mudanças drásticas no padrão formântico, fazendo surgir no espectro um polo formado pela convergência de F3 e F4, característico da região uvular.

Reflitamos, agora, sobre as consequências dos fatos acima para a representação dos róticos.

A mais óbvia é que não é possível lançar mão de representações abrangentes como as de *O gesto e suas bordas*. A literatura fonética atual indica que as retrações da língua envolvidas nas vibrantes múltiplas formam gestos unitários complexos e não segmentos complexos compostos de gestos independentes. Ora, se, no processo sincrônico de variação linguística, a vibração pode se deslocar dos alvéolos para a úvula de maneira abrupta, como indicaram Demolin e Van de Velde, torna-se possível que o rótico sofra um processo diacrônico de posteriorização. Nessas circunstâncias, faz mais sentido que cada passo envolvido tenha uma representação própria.

A título de exercício, imaginemos gráficos de acoplamento para as vibrantes alveolar e uvular. Para tanto, estendamos a prática da seção anterior, recorrendo a dois descritores sensórios: 'com voz soante' e 'com vibração autossustentada'.

---

3. Ou seja, de 200 a 300 pascais. O hectopascal é um múltiplo (102) do pascal, a unidade mínima de pressão.

Figura 4.10. Gráfico de acoplamento hipotético para a vibrante alveolar como um gesto unitário complexo.

Ponta da língua   aproximação, com voz soante e vibração autossustentada

Dorso da língua   Vogal

A Figura 4.10 incorpora a tese de Recasens (2016) e, portanto, não representa a retração do dorso da língua como um gesto à parte. A decisão de acoplar a vogal à antifase da vibrante respalda-se em Recasens e Espinosa (2009) e Recasens e Rodriguez (2016), que fornecem evidências de que esse tipo de consoante tem alta resistência à coarticulação. Segundo os autores, a dificuldade da vibrante de se coarticular com a vogal deve-se ao fato de o abaixamento e a retração do dorso da língua impedirem o início simultâneo do gesto vocálico.

A vibrante uvular tem sido bem menos estudada experimentalmente que a vibrante alveolar. De qualquer maneira, sabe-se que ela também produz um sistema vibratório autossustentado por meio da retração do pré-dorso e da elevação do pós-dorso da língua. Embora só se tenha notícia, até hoje, de uma língua com contraste fonológico entre as duas (uma variedade extinta do occitano oriental, segundo Ladefoged e Maddieson, op. cit., 1996, p. 227), é comum que elas se alternem na variação e na mudança linguística. Além disso, os processos em questão procedem sempre da alveolar para a uvular e não ao contrário (Delattre, op. cit.).

Entretanto, as forças mioelásticas subjacentes a tais processos ainda são mal conhecidas. Só se sabe que o abaixamento do dorso da língua, requerido pela vibrante alveolar, pode envolver o pré-dorso, facilitando a elevação do pós-dorso e criando as condições descritas por Demolin e Van de Velde para o salto quântico para a vibrante uvular. Já que os contrastes entre as duas são raros e insuficientemente documentados, só a observação instrumental de casos de variação livre poderá dar pistas de como surgem alternâncias como as de certos dialetos holandeses onde o ataque é alveolar e a coda, uvular (SEBREGTS, 2014).

Ainda se sabe pouco sobre os fatores que modificam as transições de fase da constrição complexa envolvida fazendo o dorso da língua dar esse salto quântico. Intuitivamente ao menos, parece necessário atribuir ao processo a participação de mecanismos que transcendem a motricidade: não só o sensório, como nos casos já estudados, mas também, possivelmente, atributos classificatórios de ordem cognitiva tais como registro, familiaridade, posição no sistema "où tout se tient" etc.

Shosted (2008) sugere que a conexão entre os dois róticos resida na relativa semelhança entre as fontes sonoras geradas pelas respectivas vibrações, apesar das grandes diferenças entre os filtros acústicos gerados pelas respectivas constrições. Essa sugestão se baseia numa comparação dos sinais de fluxo aéreo oral das duas vibrantes pronunciadas pelo autor. A análise da periodicidade desses sinais, colhidos com um pneumotacógrafo, revelou taxas de vibração estatisticamente diferentes (da ordem de 33 Hz para a uvular e de 25 Hz para a alveolar). Não obstante, elas são muito próximas, podendo, portanto, ser consideradas comparáveis, conforme sugerido por Ladefoged, Cochran e Disner (1977). Por outro lado, a análise do sinal acústico sincronizado revelou grandes dissimilaridades espectrais, como, p. ex., a maior incidência de picos de alta frequência nas uvulares.

O interesse de Shosted pelas bases fonéticas da mudança [r>R] levou-o a tratar com cautela as duas vantagens apresentadas pela uvular na comparação. Uma é a menor pressão intraoral; a outra é o menor dispêndio de ar. Evidentemente, se as línguas evoluíssem para poupar ar, as fricativas não seriam universais. Entretanto, sob certas circunstâncias, essa economia pode favorecer processos de redução — p. ex., em posições prosodicamente fracas, onde a realização uvular tende a surgir (SCHILLER, 1998).

Em línguas em que o [r] e o [R] se alternam, um indício de que a variante uvular pode, de fato, favorecer um processo de redução é o seu alto grau de coarticulação com as vogais precedentes. Com base num estudo eletromagnetográfico do alemão, Mooshammer e Schiller (1996) reportam que os usuários do [R] apresentaram uma forte influência da primeira vogal sobre a altura e a posição da língua em róticos intervocálicos em sílaba final. A língua é significativamente mais baixa depois de /a/, mais retraída depois de /u/ e mais elevada e anteriorizada depois de /i/. Já os usuários do

O GESTO AUDÍVEL

[r] só apresentaram esse efeito com a vogal /u/. Por outro lado, nenhuma das variantes apresentou efeitos antecipatórios importantes da vogal final.

Com base nessas observações, podemos propor o seguinte gráfico de acoplamento para a vibrante uvular em ataque. Note-se que ele só difere do anterior quanto ao local de constrição:

Figura 4.11. Gráfico de acoplamento hipotético para a vibrante uvular como um gesto unitário complexo.

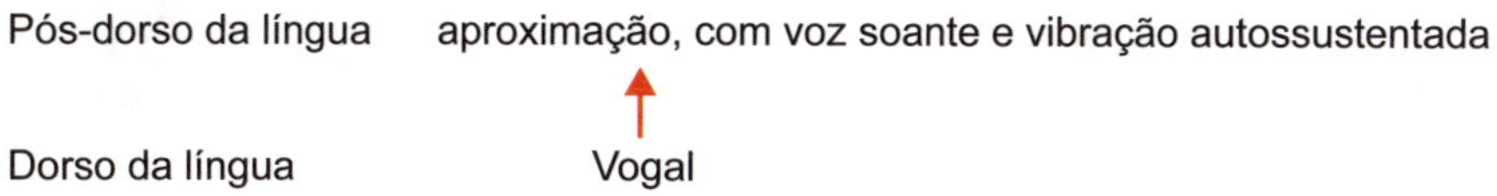

Pós-dorso da língua   aproximação, com voz soante e vibração autossustentada

Dorso da língua   Vogal

Também aqui não se tratou a cooperação entre o pré-dorso e o pós-dorso da língua como complexidade segmental e, sim, como complexidade gestual. É intrigante que, embora a uvular seja, de fato, ligeiramente mais simples que a alveolar, isso não a torne uma preferência universal (MADDIESON, 1984). Se, de um lado, está documentado que as crianças adquirem a uvular antes da alveolar em línguas onde elas se alternam (KEHOE, 2018), é sabido, de outro, que a alveolar é a vibrante favorita das línguas do mundo (MADDIESON, op. cit.). A razão mais provável para tanto é a maior facilidade de sustentar o efeito de Bernoulli na região anterior.

Vejamos, agora, como uma vibrante uvular de coda ou intervocálica pode contribuir para o processo de redução do rótico a médio e longo prazo. A Figura 4.12 exibe um gráfico de acoplamento que, embora não contendo uma redução, sugere que o primeiro passo para tanto é a vibrante uvular ocorrer entre vogais numa sequência prosodicamente fraca (p. ex., fim de enunciado, como no experimento de Mooshammer e Schiller). O uso de parênteses foi tomado de empréstimo à fonologia gerativa para economizar espaço, representando, ao mesmo tempo, a vibrante em coda e em posição intervocálica ambissilábica.

A coda, em antifase com a vogal precedente, torna-se sensível à coarticulação perseveratória em razão da posição pré-final. Por outro lado, o ataque ambissilábico, também em antifase com a vogal precedente, não está em fase com a vogal átona seguinte, como acontece com a maioria das consoantes. É que a aerodinâmica da vibração autossustentada exige que a vogal seja retardada, ocorrendo na sua antifase. Isso explica a sua relativa insensibilidade à coarticulação antecipatória.

Figura 4.12. Gráfico de acoplamento hipotético para a vibrante uvular de coda ou intervocálica ambissilábica.

Pós-dorso da língua   aproximação, com voz soante e vibração autossustentada

Dorso da língua   Vogal   (Vogal)

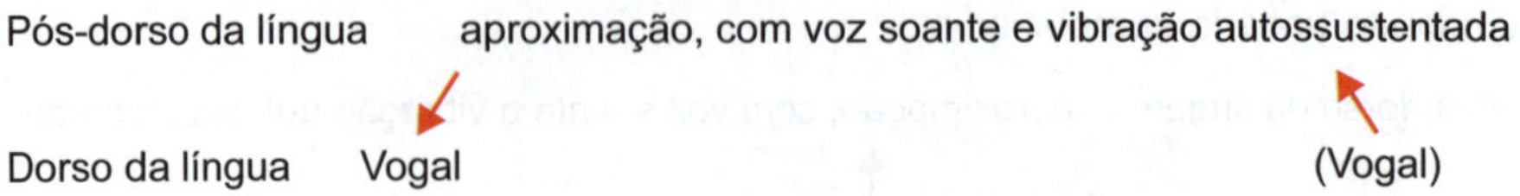

Observemos que a sustentação de duas antifases desfavorece a duração breve típica das posições prosodicamente fracas. Assim, é provável que uma realização reduzida em posição átona final leve o rótico uvular a se tornar uma fricativa ou uma aproximante estridente, facilitando a entrada em fase com a vogal seguinte, como na Figura 4.13.

Para economizar espaço, uma nova disjunção, destinada a indicar a opção de grau de constrição, aparece no gráfico de acoplamento como uma barra. Assim, as aproximantes e fricativas da Figura 4.13 distinguem-se duplamente das vibrantes da Figura 4.12: primeiro, por não possuírem vibração autossustentada; segundo, por entrarem em fase com a vogal seguinte.

Figura 4.13. Gráfico de acoplamento hipotético para as variantes fricativas ou aproximantes da vibrante uvular, em coda ou posição intervocálica ambissilábica átona.

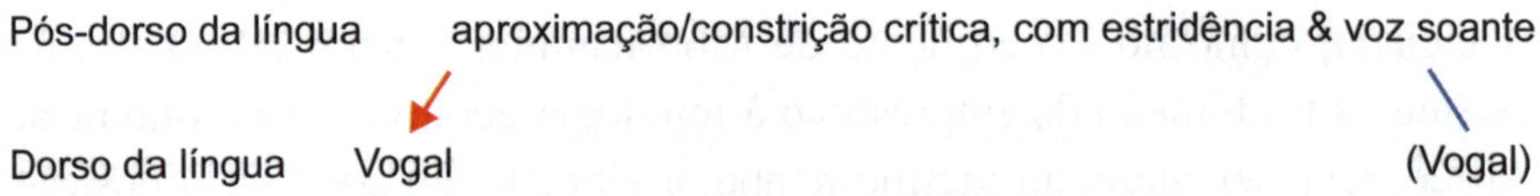

Pós-dorso da língua   aproximação/constrição crítica, com estridência & voz soante

Dorso da língua   Vogal   (Vogal)

Como já vimos, a produção de uma vibração via efeito de Bernoulli, seja na região alveolar, seja na região uvular, exige manobras musculares precisas. Em ambientes prosodicamente fracos, onde o espaço articulatório é menor, a probabilidade de alcançar essa precisão fica reduzida. É, portanto, natural que, uma vez adquirida a variante uvular, a sua margem de manobra, relativamente maior que a da vibrante alveolar, se some a fatores segmentais e prosódicos para produzir ocasionalmente as variantes fricativa e aproximante — que podem, eventualmente, ganhar a preferência dos falantes.

Num estudo ultrassonográfico dos róticos das línguas inglesa, francesa, espanhola, persa e malaiala, Boyce *et al.* (2016) identificaram um movimento comum da raiz da língua em direção à faringe. Documentaram, ainda, a ausência desse movimento em crianças e adolescentes falantes do inglês com dificuldade de aquisição dos róticos. De todas as línguas estudadas, a única a ter um rótico uvular é o francês, onde se sabe que atualmente predominam as fricativas e aproximantes. Não obstante, o mesmo movimento havia sido observado antes por Delattre e Freeman (1968) em raios-X de vibrantes uvulares do francês e do alemão.

Tentativamente, Boyce e colegas propõem atribuir aos róticos uma articulação secundária na faringe. No entanto, seguindo a linha de raciocínio de Recasens, o fato de a forma do corpo da língua de um rótico ser semelhante à das dentais ou alveolares faringalizadas não justifica a sua análise como segmento complexo. Em muitos aspectos, essa configuração se assemelha também à das consoantes alveolares retroflexas, em geral consideradas simples na literatura fonético- fonológica. O que o [r] e as retroflexas compartilham é a necessidade de retrair a língua para ajustar a forma da constrição.

Assim contextualizados, os achados de Boyce e colegas colocam um desafio ainda maior à análise gestual dos róticos. Não há dúvida de que uma configuração lingual complexa é necessária aos róticos vibrantes. Entretanto, ela gera um movimento de posteriorização que também aparece em muitos outros róticos, inclusive naqueles que já sofreram um processo diacrônico de redução, como as aproximantes uvulares do francês. Evidentemente, as razões desse movimento comum requerem mais investigação. Malgrado possíveis exceções como as vibrantes simples, é razoável imaginar que o caráter gutural explícito ou implícito dos róticos faça parte do conjunto das suas pistas identificadoras.

Uma questão diretamente relacionada a essa é o fato de algumas variantes reduzidas acompanharem a tendência das vibrantes ao vozeamento, apesar dos limites aerodinâmicos impostos pela produção de turbulência, quase tão estritos quanto os impostos pela produção de vibração, como se verá a seguir.

Para deslanchar a vibração, as vibrantes exigem uma pressão orofaríngea baixa à frente da constrição e alta atrás dela. Por outro lado, essa elevação da pressão tende a prejudicar o fluxo transglotal necessário ao vozeamento. Assim, nas vibrantes vozeadas, a pressão oral precisa se equilibrar entre o fluxo translingual necessário à vibração e o fluxo transglotal necessário ao vozeamento. Por isso, Solé (op. cit.) sugere que a preferência dos sistemas fonológicos por vibrantes vozeadas resulta de um equilíbrio tenso entre a estabilidade articulatória — i.e., a manutenção da vibração sob condições aerodinâmicas rígidas — e a saliência acústico-auditiva — i.e., a modulação mais distinta do sinal propiciada pelo vozeamento.

No PB, essa tendência ao vozeamento persiste mesmo quando há debucalização — i.e., perda da constrição oral —, levando a uma variante glotal. A glotal é, provavelmente, o último estágio da redução das variantes fricativas, com as quais partilha propriedades espectrais. Entretanto, a voz de [ɦ] não é a mesma das demais fricativas. É em geral acompanhada de uma fonte de ruído produzida entre as aritenoides, tendendo a ser soprosa ou murmurada, como nas nasais murmuradas do ruandês.

Por outro lado, não está claro se as variantes róticas transcritas como glotais o são de fato. Num estudo das fricativas posteriores do espanhol e do guarani — que não atuam como róticos —, Jiquilin-Ramirez (em preparo) observou grande instabilidade nas transições consonantais entre duas vogais idênticas. Em alguns casos, os movimentos dos formantes superiores são compatíveis com uma constrição uvular ou faríngea. Em outros, porém, todos os formantes se mantêm inalterados durante o ruído fricativo, indicando que não há constrição oral. Curiosamente, a maior parte desses casos é vozeada, sugerindo que a tendência das fricativas ao desvozeamento (OHALA, 1983) pode ser contornada na região posterior do trato vocal, criando uma semelhança de família[4] com o rótico uvular.

---

4. Termo criado pelo filósofo Ludwig Wittgenstein para designar uma classe cujos membros compartilham propriedades, sem que nenhuma seja suficiente — ou mesmo necessária — para defini-la.

O GESTO AUDÍVEL

137

Shadle (1985) agrupa as fricativas em três classes conforme o modo de produção da turbulência: as do tipo [s, ʃ], cuja fonte sonora resulta do choque do jato de ar com um obstáculo em ângulo reto; as do tipo [ɸ, f, θ], cuja fonte sonora resulta do choque do jato de ar com uma superfície praticamente paralela; e as do tipo [ç, x], cuja fonte sonora resulta do choque do jato de ar com uma parede recuada precedida de uma longa cavidade frontal. As principais variantes fricativas do rótico uvular são do terceiro tipo, o que levanta uma questão sobre as condições propícias ao seu vozeamento.

No holandês, sabe-se que a maioria das vibrantes uvulares é desvozeada (SEGBRETS, op. cit.). Já no alemão, cujas variantes são semelhantes, o vozeamento depende do contexto (SCHILLER, op. cit.). Isso já basta para indicar que o vozeamento não é uma condição necessária aos róticos posteriores. De qualquer forma, faz-se necessário investigar o tipo de voz preferencial nas variantes sonoras das línguas onde há posteriorização, pois a preferência pela voz soprosa é um elo possível na cadeia que leva à redução radical constituída pela fricativa glotal.

Quanto à representação dos róticos posteriores, é evidente que variantes tão distantes das suas origens vibrantes devem ser representadas distintamente. Entretanto, como se sabe tão pouco sobre a produção de efeitos róticos em locais de constrição mais recuados que o uvular, nada mais se pode dizer da sua representação.

Semelhanças de família na variação e mudança fônica

O estudo dos róticos foi uma boa oportunidade para introduzirmos um ponto fraco compartilhado pela fonologia gestual com toda a tradição filosófica e linguística: a busca de propriedades essenciais à constituição de uma classe. Nos estudos da linguagem, essa crítica, sistematicamente exercida pelos estudiosos do significado (ROSCH; MERVIS, 1975), só raramente tem interessado aos estudiosos do significante.

Assim, não foi a partir de uma crítica das taxonomias fonético-fonológicas que Lindau (1980) afirmou que os róticos não constituem uma classe tradicional, com propriedades necessárias e suficientes, e, sim, uma semelhança de família wittgensteiniana (WITTGENSTEIN, 1953; ver p. 80, nota de rodapé 25). Foi, na verdade, a partir de um extenso levantamento das variantes róticas nas línguas do mundo. Tamanha era a variabilidade que nenhuma propriedade se revelou comum a todas as variantes registradas. Em vez disso, encontraram-se grupos heterogêneos de línguas que compartilhavam pequenos conjuntos dispersos de propriedades.

Foi preciso que o problema surgisse numa classe muito familiar aos estudiosos das línguas indo-europeias para que foneticistas e fonólogos começassem a atentar para a inadequação das suas taxonomias. Outro caso semelhante, bem menos comentado, é o das obstruintes soantes, visto na seção anterior. Ocorre, no entanto, que fenômenos análogos de inconsistência na constituição das classes são corriqueiros no uso das línguas.

Malgrado a cegueira do *establishment* do campo, é fácil entender por quê. Se admitirmos que toda palavra é uma classe, na medida em que nunca se repete do mesmo modo, é preciso admitir também que as semelhanças de família fazem parte do dia a dia da comunicação linguística. Haja vista as formas reduzidas da fala corrente, que parecem truncadas fora de contexto e são perfeitamente inteligíveis na conversação. Assim, o problema da redução é extremamente oportuno para retomarmos as discussões epistemológicas dos capítulos anteriores. Como veremos, a literatura a esse respeito reflete diretamente as hesitações do campo entre o idealismo e o fisicalismo.

Numa resenha crítica da literatura, Ernestus (2014), conhecida estudiosa da redução, depreende a sua relevância teórica de duas implicações que reputa inescapáveis. A primeira é exigir uma conciliação entre modelos fonológicos aparentemente inconciliáveis: os baseados em representações abstratas e os baseados em exemplares. A segunda é patentear a importância de um modelo explícito de implementação fonética.

Na visão da autora, a sensibilidade dos processos de produção e compreensão da fala às frequências das variantes reduzidas das palavras sugere que cada uma delas tenha a sua própria representação lexical sob forma de exemplar. Não obstante, as variantes não reduzidas teriam um estatuto

O GESTO AUDÍVEL

especial, dada a evidência de que são fáceis de identificar fora de contexto e atuam no processo de compreensão das variantes reduzidas correspondentes. Já a importância da implementação fonética é atribuída ao fato de a maioria das reduções resultar da perda da magnitude e do aumento da sobreposição dos gestos articulatórios.

Com base nesses fatos, Ernestus argumenta que, para dar conta da redução, o mais indicado é um modelo híbrido, que interligue a representação abstrata da variante canônica aos exemplares reduzidos e à sua implementação fonética. Ao que parece, ela trata a fonologia gestual como um simples modelo de implementação fonética. Considerar a organização gestual como implementação fonética só faz sentido na ótica de um modelo fonológico que tenha no léxico representações não gestuais, seja sob a forma de traços abstratos, seja sob a forma de exemplares especificados auditivamente.

Ora, essa posição ignora os achados de Meister *et al.* (2007) e Möttönen *et al.* (2014), comentados no primeiro capítulo, que corroboram a existência de um vínculo forte entre a percepção e a motricidade na compreensão da fala. A hipótese de que identificar uma palavra é ativar a sua representação gestual torna possível e natural atualizar essa representação a partir das últimas versões ouvidas, como sugeriram Kirov e Gafos (2007).

No caso da conversação, faz-se possível também acomodar a própria pronúncia à pronúncia do outro (AUER; BARDEN; GROSSKOPF, 1998). Assim, o léxico não seria um repositório de representações construídas por um sujeito isolado, mas uma memória multimodal de fragmentos de fala, menores, iguais ou maiores que a palavra, construídos em conjunto com as comunidades de fala de que participamos.

Cabe aqui esclarecer que esta é uma visão pessoal, não compartilhada pela maioria dos adeptos da fonologia gestual. Uma grata exceção é Fred Cummins (2014), que, como já vimos, tem se voltado para questões cada vez mais distantes das tendências dominantes entre os adeptos do modelo. O seu foco mais recente reside nos padrões de sincronização daquilo que denomina sujeitos coletivos, a saber, os atores da construção conjunta de textos orais, que interagem em díades, grupos ou coletividades (CUMMINS, 2018). Infelizmente, essa visão não teve eco entre os proponentes do modelo, que permanecem capturados pelas contradições históricas do campo, tendendo a oscilar entre o idealismo e fisicalismo.

Feitas essas advertências, voltemos à questão de como as semelhanças de família se constroem no campo fônico e contribuem para os processos de variação e mudança. Alguns conceitos da sociolinguística serão especialmente úteis aqui, na medida em que já foram assimilados pelos estudos fonético-fonológicos.

Um dos construtos científicos recentes mais importantes para a construção de uma visão não solipsista do conhecimento fônico é a acomodação, a saber: a ocorrência de mudanças de curto prazo na pronúncia devido a influências mútuas entre interlocutores. A teoria da acomodação da fala, bastante difundida na sociolinguística e no estudo da aquisição de segunda língua, é uma sequela da teoria da acomodação da comunicação, que nasceu sob a influência da psicologia social, embora tenha antecedentes mais antigos na dialetologia (ver o histórico de AUER; BARDEN; GROSSKOPF, op. cit.).

A teoria geral da acomodação da comunicação (GILES, 1973) estuda os padrões de convergência e divergência de quaisquer comportamentos comunicativos, especialmente os ligados a questões de identidade, aprovação social e eficiência na comunicação. O termo convergência abrange as tentativas de ajustar e adaptar comportamentos comunicativos a fim de reduzir diferenças sociais entre indivíduos. O termo divergência abrange as tentativas de acentuar as diferenças entre comportamentos comunicativos, verbais ou não, a fim de marcar diferenças sociais entre indivíduos.

Atualmente, apenas alguns parâmetros comportamentais que caracterizam as convergências e divergências entre interlocutores são mensuráveis. Assim, os parâmetros fonético-acústicos estão se tornando cada vez mais populares na sociolinguística. É que eles são praticamente os únicos que podem ser colhidos com um instrumental portável e analisados com uma ampla gama de recursos.

Não admira, portanto, que medidas de acomodação tenham sido incorporadas aos modelos da mudança fônica (p. ex., SONDEREGGER; BANE; GRAFF, 2017). Esses modelos entendem a acomodação de curto prazo como um possível passo na mudança de longo prazo. Embora os parâmetros mais estudados sejam os acústicos (p. ex., HORONOFF; WEIHING; FOWLER, 2011), recentemente começaram a surgir também tentativas de estudar a acomodação articulatória (p. ex., TIEDE *et al.*, 2014).

O esforço mais recente nesse sentido (LEE *et al.*, 2018) inovou ao procurar efeitos de convergência e divergência em posições prosodicamente salientes, tais como as fronteiras prosódicas. Graças a isso, detectou ambos os fenômenos na realização da estrutura sintagmática dos enunciados, o que indica participação de níveis cognitivos altos no planejamento da acomodação. O experimento também inovou ao investigar se as diferentes medidas utilizadas diferenciavam os papéis de provedor e receptor da informação (PARDO *et al.*, 2013), alternados entre os membros de cada díade durante o experimento.

Os resultados revelaram que, em ambos os papéis, as díades podem divergir numa medida e convergir em outra, sugerindo que a convergência e a divergência são fenômenos complexos e não ocorrem em bloco.

Um cenário tão inovador poderia ser mais auspicioso se não estivesse atrelado a posições solipsistas e cientificistas. Mesmo ao tentar integrar fatores linguísticos, cognitivos, sociais e até emocionais, a literatura sobre a acomodação encara o conhecimento como um atributo individual (p. ex., BABEL *et al.*, 2014; AGUILAR *et al.*, 2016), negligenciando, portanto, o papel da sociabilidade na sua construção.

O problema é que os autores que investigam a acomodação muitas vezes ignoram que ela, ainda que temporária ou mesmo implícita (i.e., subvocal), contribui para ampliar o solo comum (*"common ground"*) entre os interlocutores, que inclui o conhecimento mútuo que estão construindo durante a conversação (na maioria dos casos, um experimento). Por exemplo, as assimetrias observadas por Lee *et al.* entre medidas no desempenho do mesmo papel talvez sirvam para demarcar aspectos mais estáveis das identidades dos participantes, para além das atribuições arbitrárias da situação experimental.

Cabe destacar que os aspectos do solo comum de que aqui se fala são da ordem do significante e não da ordem do significado. No entanto, mesmo no caso da pronúncia, os estudos da acomodação têm focalizado sobretudo o efeito das diferenças de sentido. Vejam-se, p. ex., Kahn e Arnold (2012), que manipulam a distinção dado/novo, e Jacobs *et al.* (2015), que manipulam a homonímia.

Acontece que a inteligibilidade de pronúncias radicalmente reduzidas depende do solo comum como um todo. É fácil perceber que tanto o significante como o significado contribuem para agrupar pronúncias díspares de uma mesma forma fônica numa mesma semelhança de família. Se, por um lado, um detalhe fonético pode levar a estranhar uma variante desconhecida, por outro, o seu uso num contexto familiar pode minimizar essa estranheza.

Passemos, então, a considerar fatores que podem afetar a formação de semelhanças de família no campo fônico com base em outros estudos de redução de consoantes e vogais desenvolvidos no LAFAPE.

É curioso observar que, por mais que reconheça que as reduções se originam na perda de magnitude e no ganho de sobreposição dos gestos articulatórios, Ernestus (op. cit.) ignora o aspecto mais importante da interação entre esses dois mecanismos. Trata-se do fato de que a sobreposição radical de gestos enfraquecidos (i.e., de magnitude reduzida) tende a levar à sua fusão.

Infelizmente, porém, o estudo da fusão ainda está engatinhando. O impulso inicial de duas décadas atrás esmoreceu até estancar (ver MUNHALL; LÖFQVIST, 1992; BYRD, 1995; ROMERO, 1996; NAKAMURA, 1999; RECASENS, 2006). A causa provável é a dificuldade de depreender gestos fundidos com a atual tecnologia de observação articulatória.

Não obstante, um conhecido processo fônico do PB, muito estudado de oitiva (BISOL, 1986; ABAURRE; PAGOTTO, 2002; CRISTÓFARO-SILVA *et al.*, 2012), é, ao menos teoricamente, passível de análise como fusão: trata-se da palatalização de /t, d/ diante de /i, j/.

A primeira abordagem experimental do fenômeno deve-se a Pozzani (2011). Conforme comentado no último capítulo, os dialetos brasileiros apresentam um gradiente na implementação dessa mudança, que vai de uma leve palatalização a uma acentuada africação. O simples mecanismo da sobreposição de gestos articulatórios não basta para dar conta dessa gradação. Embora Pozzani tenha adotado a proposta de Albano (2001), cuja insuficiência é hoje patente, os seus achados, que envolvem contato dialetal, nos dão ocasião de repensar a questão.

O trabalho é uma análise acústica das oclusivas dentoalveolares de cinco residentes de Jundiaí (estado de São Paulo) que passaram a ter contato diário com o dialeto campineiro ao ingressarem na graduação da Unicamp. O dialeto de Jundiaí é conhecido por manter a pronúncia conservadora não palatalizada. Porém, essa vem sendo cada vez mais estigmatizada em todo o interior paulista, devido ao prestígio da pronúncia palatalizada, vigente na capital há algum tempo e, em Campinas, nas três últimas décadas. A hipótese era a de que a fala dos calouros jundiaienses poderia se acomodar à do dialeto campineiro e/ou a outros similares representados no campus.

Cinco participantes foram escolhidos com base na oitiva da pronúncia e em resultados de entrevistas. Dois deles foram acompanhados longitudinalmente para fins de observação dos efeitos de longo prazo do contato. Mediram-se os momentos espectrais[5] dos estouros das oclusivas dentoalveolares /t, d/ diante de /i/ em textos lidos em diferentes taxas de elocução. Os resultados foram interpretados com base na análise das fricativas /s/ e /ʃ/ dos próprios participantes.

Enquanto a análise transversal revelou diferenças individuais quanto à estabilidade na aquisição da nova variante, a análise longitudinal revelou diferentes estágios nesse processo, inclusive quanto à reversibilidade. Uma participante do estudo longitudinal, depois de aderir inicialmente à nova variante, voltou a apresentar valores mais próximos do padrão jundiaiense ao final do estudo.

Os resultados de Pozzani desafiam a fonologia gestual, porque mostram que um único falante em processo de acomodação dialetal pode experimentar todo o gradiente de variação da palatalização no PB e, eventualmente, fixar-se em um dos seus extremos, provavelmente em resposta a pressões identitárias — ainda insuficientemente conhecidas.

Apesar de preliminares, os dados convidam-nos não só a explorar melhor as condições sociolinguísticas do processo de acomodação dialetal,

---

5. Trata-se dos quatro momentos estatísticos (média, desvio padrão, assimetria e curtose), calculados a partir dos valores das amplitudes dos componentes do espectro, tomado como se fosse uma distribuição de frequência.

mas também a refletir sobre as condições para uma representação gestual dos graus de palatalização.

Comecemos por observar que um gráfico de acoplamento como os vistos até agora não poderia solucionar o problema. Se o padrão universal do ataque silábico é a consoante em fase com a vogal, todas as variantes, da mais à menos palatalizada, naturalmente adotariam esse regime dinâmico. Seria preciso, portanto, que elas diferissem quanto a algum outro aspecto.

Na pesquisa atual sobre dinâmica fônica, há apenas uma pista, ainda que incipiente, capaz de sugerir uma saída para esse impasse. Ela está num estudo distribucional meu (ALBANO, op. cit., 2016), onde desafiei o *establishment* do campo (MACNEILAGE; DAVIS, 2000; WHALEN *et al.*, 2012) aduzindo uma nova explicação para os vieses de coocorrência CV encontrados nas línguas do mundo.

Com base numa análise estatística de corpora do inglês britânico e do português brasileiro, sustentei que os vieses observados não se enraízam na maior facilidade de coarticular os pares de consoantes e vogais mais frequentes, mas na maior dificuldade de coarticular certos outros pares. Essa dificuldade causa falhas distribucionais suficientes para que a distribuição de frequência apresente vieses negativos muito estáveis e vieses positivos apenas parcialmente estáveis.

O problema é que, segundo estudos articulatórios de Recasens, Pallarès e Fontdevila (1997) e Chen, Chang e Iskarous (2015), as vogais anteriores, especialmente o [i], têm alta resistência à coarticulação e igual agressividade coarticulatória — fato, aliás, refletido em lacunas lexicais tais como a ausência da combinação /k/ + /i/ em mandarim.

Ora, as consoantes apicais, especialmente as dentoalveolares, são as menos perturbadas por essas vogais, devido à proximidade da constrição. A literatura costuma interpretar esse fato como afinidade biomecânica ou sinergia. No entanto, essa preferência nas distribuições CV pode ser interpretada como um artefato estatístico da dificuldade de coarticular certos pares, e não necessariamente da facilidade de coarticular outros. Dito de outra forma: as assimetrias das distribuições CV baseiam-se mais na ausência que na presença de afinidade. As supostas atrações decorrem da escassez de ocorrências nos ambientes menos propícios à coarticulação.

Quatro argumentos sustentam essa interpretação.

O primeiro é que a afinidade entre a região apical e a região palatal é apenas relativa, pois, como se sabe, as palatais são raras e instáveis nas línguas do mundo. O segundo é que o número de vieses efetivamente observados excede as previsões teóricas dos modelos de coarticulação. O terceiro é que o tamanho do efeito estatístico desses vieses é muito baixo no léxico como um todo e na maioria dos subconjuntos lexicais analisados. O quarto é que o tamanho desse efeito é muito maior em posição átona inicial, na qual a tendência redutora da atonicidade colide com a tendência expansora do fortalecimento inicial.

Isso sugere que a agressividade das vogais palatais só acarreta vieses CV realmente expressivos quando a posição da sílaba contém outros complicadores. Em outras palavras, as línguas combinam consoantes e vogais quase livremente, mas são sensíveis às restrições biomecânicas em ambientes onde a coordenação dos gestos articulatórios está sob a pressão de fatores conflitantes.

Se as línguas aprendem a lidar com a alta agressividade das vogais palatais, os falantes obviamente devem ser capazes de fazê-lo. Assim, é razoável imaginar que durante a produção de qualquer consoante apical, inclusive [t, d], seja preciso rechaçar as pressões coarticulatórias de [i], impedindo ou minimizando a palatalização da soltura. A hipótese é de que a soltura não palatalizada seja preferencial nas fonologias por preservar a tendência dos sistemas fônicos à simetria. Não obstante, as línguas estariam livres para ceder a pressões em favor da palatalização em cenários sociolinguísticos propícios.

Representar essa tendência biomecânica por meio de regimes dinâmicos seria uma manobra ad hoc, desprovida de sentido teórico. A antifase de fato posterga o próximo gesto articulatório, mas não é por meio dela que as fonologias resolvem outras formas de competição entre gestos, como, p. ex., as envolvidas no efeito Centro-C.

No estado atual da arte, onde faltam dados sobre resistência à coarticulação e agressividade coarticulatória em combinações de consoantes e vogais, tudo que se pode sugerir é que haja três tipos de solturas possíveis para as oclusivas dentoalveolares diante de [i] e vogais afins. A primeira é a soltura não palatalizada, que resistiria à agressividade de [i], em contraste com as solturas palatalizadas. A segunda é um simples relaxamento dessa resistência, que promoveria uma palatalização leve. Finalmente, a terceira é um relaxamento maior, que daria margem à fusão de parte da consoante com a vogal, promovendo uma africação.

Convém destacar que a resistência à agressividade coarticulatória envolve necessariamente *feedback* sensório. Assim, qualquer representação do processo em questão necessitaria de descritores que fizessem menção, no mínimo, aos parâmetros auditivos e proprioceptivos que controlam essa resistência. No entanto, essa hipótese não pode ser mais que uma sugestão no momento, devido à inexistência de dados perceptuais e articulatórios que lhe digam respeito.

De qualquer maneira, podemos prosseguir refletindo sobre a redução graças a um dado sugestivo que, além de detectável de oitiva, se presta à análise acústica. Trata-se do fato de, em muitos dialetos do PB, o [i] poder deslizar não só para o ataque adjacente, mas também para a coda da sílaba precedente, criando uma cadeia de palatalizações (ALBANO, op. cit. 2001, p. 75-76). Mesmo nos dialetos com baixo índice de palatalização de [t, d] e coda alveolar, i.e., [s, z], prevalece a tendência a palatalizar o ataque de uma sílaba fraca[6] em palavras tais como 'triste', 'linguístico' e 'doméstico', juntamente com a coda da sílaba precedente, produzindo o final [ʃtʃiku].

Nesse caso, ocorre amiúde que a palatalização não só enfraquece a consoante, mas também mascara as suas pistas acústicas. No espectrograma, isso aparece como um ruído longo, sem o intervalo correspondente ao silêncio da oclusiva. Entretanto, é bastante provável que o gesto de oclusão esteja abreviado e não ausente, como costuma acontecer em ambientes de redução. Note-se que 'doméstico' forma um par mínimo ou análogo com 'do México', a depender da pronúncia da locução prepositiva 'do'. Por ora, infelizmente, ainda não há estudos de percepção que esclareçam se as duas expressões se confundem quando descontextualizadas.

---

6. Em alguns dialetos nordestinos, a presença de [j] na tônica adjacente palataliza /t, d/ da postônica final em 'muito', 'oito', 'doido' etc.

No contexto conversacional, o reconhecimento da forma radicalmente reduzida de 'doméstico' depende, obviamente, do solo comum entre os interlocutores. As pistas que pesam mais são, em geral, da ordem do significado, mas as da ordem do significante possivelmente também desempenham um papel, através da acomodação, vocal e/ou subvocal.

O simples fato de os dialetos em transição apresentarem esse processo no contexto restrito acima descrito indica que o mecanismo articulatório da palatalização já foi em parte adquirido. Trata-se, afinal, de um mecanismo cognitivo, fonológico, e não apenas físico — ainda que enraizado na biomecânica da coarticulação. Basta lembrar que esse tipo de alofonia é rara ou inexistente nos cognatos idênticos do espanhol — não sendo, portanto, automática.

Tudo isso aponta para um cenário em que a classe constituída pelas variantes de uma palavra não precisa ser tão grande quanto a nuvem de todos os exemplares ouvidos, podendo conter, em vez disso, todas as suas pronúncias já acomodadas, vocal ou subvocalmente.

O trabalho citado de Kirov e Gafos propõe um mecanismo que se presta plenamente a esse fim: a atualização de campos de ativação de parâmetros gestuais a partir da experiência. Visto que o uso disseminado da redução na fala corrente implica um índice considerável de fusão, é muito provável que os agrupamentos de formas fônicas decorrentes de acomodação se organizem em semelhanças de família e não em classes no sentido tradicional.

O mesmo cenário se presta a racionalizar também dois processos de redução da vogal átona postônica final estudados por Meneses (2012, 2016), Meneses e Albano (op. cit., 2015) e Meneses *et al.* (2017, 2018). Um é o desvozeamento final e o outro, a elisão. Os dois últimos trabalhos, que versam sobre a elisão, ainda se encontram em andamento, embora os primeiros resultados já estejam circulando em encontros científicos.

No experimento de desvozeamento, a consoante envolvida /s/ é altamente resistente à coarticulação e se deforma menos que a vogal seguinte, a qual se desvozeia ao perder duração e magnitude com o deslizamento. No experimento de elisão, uma vogal de baixa resistência à coarticulação, o [ɐ], cede à agressividade da vogal pretônica alta inicial seguinte, devido à debilidade da posição postônica final.

Cabe sublinhar que o que se reduz aqui é a vogal e não a consoante de ataque, como é o caso na palatalização. Tanto no desvozeamento como na elisão, ficou demonstrado que a vogal postônica final, analisada como apagada pela fonologia tradicional, está presente nos sinais acústico e articulatório, com graus variáveis de mascaramento.

Albano (2017) ilustra o *modus operandi* da fonologia de laboratório com uma apresentação didática do caso do desvozeamento. A simplicidade dessa exposição torna desnecessário nos determos aqui nos detalhes do trabalho original. Basta mencionar que ele contrasta tríades de palavras como 'passe' ['pasɪ/'pasɪ̥] e 'paz' ['pas], pronunciadas em diferentes taxas de elocução por falantes de dialetos com [s] de coda.

A metodologia inclui análises acústicas, articulatórias e perceptuais. As análises acústicas consistem em medidas de duração, formantes e área do espaço vocálico. As análises articulatórias consistem em estatísticas de deslocamento de pixels em imagens de ultrassom que comparam o sinal ótico da língua nas sílabas com as formas vozeadas e desvozeadas da vogal. As análises perceptuais consistem em solicitar aos participantes uma escolha forçada entre pares tais como ['pasɪ̥] e ['pas] após a audição de um estímulo ambíguo.

Os resultados indicam que a vogal desvozeada, na maioria dos casos, não só deixa rastros no sinal acústico, mas também diferencia o movimento da língua na sílaba átona, tendendo a ser corretamente identificada nas formas reduzidas.

A mesma metodologia acústica e articulatória foi aplicada ao estudo da elisão. Neste caso, foram contrastados pares tais como 'cara idoso/caridoso' e 'ata urdida/aturdida'. A análise fonético-acústica confirmou os resultados de Albano *et al.* (1998), que detectaram evidências da presença do [ɐ] na soltura da consoante de ataque. A análise articulatória revelou que a maioria dos participantes diferencia significativamente os movimentos da língua das formas com e sem sândi externo. Apenas um participante apresentou alta taxa de indiferenciação.

O desvozeamento e a elisão são muito instrutivos porque diferem quanto à participação relativa dos dois mecanismos responsáveis pela redução, a saber, o aumento de sobreposição e a perda de magnitude dos gestos articulatórios.

O GESTO AUDÍVEL

No desvozeamento, a vogal desliza sob o /s/ e se reduz de forma a perder a sua agressividade coarticulatória, que cede à alta agressividade articulatória da fricativa. O resultado é uma duração mínima do trecho não sobreposto, a qual, somada à redução extrema da magnitude, inviabiliza as condições aerodinâmicas para o vozeamento.

Já na elisão, o [ɐ] átono final, de baixa resistência à coarticulação, se funde facilmente com uma vogal prosodicamente mais forte em sândi externo. O resultado é uma configuração articulatória que não corresponde nem à de um encontro vocálico nem à de uma vogal simples. Note-se que o termo "elisão" é impróprio nesses casos, na medida em que a vogal escondida não está elidida e, sim, fundida com a vogal seguinte.

Os impasses classificatórios causados por esses dois processos fônicos são tipicamente wittgensteinianos. A tarefa de agrupar variantes de palavras ou das suas unidades constitutivas suscita questões perturbadoras. Uma vogal desvozeada é ainda uma vogal? Se o é, como conciliar esse fato com a definição clássica de vogal[7]? Um encontro vocálico fundido é um encontro vocálico, uma vogal intermediária simples ou um terceiro termo? Uma indiferenciação entre os movimentos da língua em vogais simples e em encontros vocálicos em sândi externo indica a existência de um processo de elisão ou de uma variante lexical elidida?

Para compreender o funcionamento das semelhanças de família que agrupam as variantes reduzidas e não reduzidas das palavras, é urgente repensar a visão do falante como um sujeito isolado e onipotente, preconizada pelos modelos gerativos e adotada acriticamente pela fonologia gestual. Falar mais rápido ou mais devagar não é apenas uma questão de registro. Os limites da taxa de elocução variam de acordo com a idade, a fluência, as relações sociais e o solo comum entre os interlocutores, entre outros fatores.

Num cenário alternativo ao mentalismo e ao solipsismo costumeiros na área, parece mais razoável que, durante a aquisição da fonologia, a criança aprenda a acelerar a fala em interação com os adultos e os pares mais velhos.

---

7. A saber: passagem livre da corrente de ar num trato vocal desimpedido. N.B: o desimpedimento do trato vocal é uma condição necessária e suficiente para o vozeamento espontâneo.

É natural que, durante atividades conjuntas, interlocutores mais maduros variem amiúde a taxa de elocução, levando a criança a se acomodar, implícita ou explicitamente, a reduções várias, das mais brandas às mais radicais.

Se, por um lado, a criança fala mais devagar por razões morfológicas e biomecânicas, por outro, está ainda muito próxima do momento anterior do desenvolvimento, no qual os deslizamentos e fusões de gestos articulatórios podiam estar fora de controle, em tentativas, às vezes fracassadas, de compor mensagens verbais sequenciais. Ora, acomodar-se à redução por imersão numa comunidade de fala leva o aprendiz a discernir gradualmente que tipos de enfraquecimentos, deslizamentos e fusões são públicos e compartilháveis. Isso o conduz naturalmente a usar esses mecanismos de forma cada vez mais apropriada e madura.

O mesmo se pode dizer das desacelerações, que também geram processos fônicos gradientes, como, p. ex., a inserção de algo como [ʲ] antes do [s] de coda final no PB (ALBANO, 1999) — cristalizada em formas tais como 'noi', 'fai' etc. Como só temos no LAFAPE dados acústicos sobre esse processo, não convém nos determos nele. Basta observar que, no estudo citado, a tendência à epêntese aumentava de acordo com a força das fronteiras prosódicas.

Ora, isso indica que também as desacelerações fonologicamente relevantes — i.e., independentes das disfluências de origem mecânica ou emocional — exigem um controle articulatório compatível com um alto grau de proficiência. Portanto, a sua aquisição também deve envolver acomodação. Afinal, a emulação do ritmo da fala está entre as estratégias favoritas dos aprendizes da linguagem oral e escrita (ALBANO; HUNGRIA; RODRIGUES, 2018).

À guisa de conclusão, voltemos à questão do papel da acomodação na mudança linguística. Numa visão que considere o social constitutivo da capacidade linguística humana, não é de esperar que ela faça mais que potencializar a mudança fônica. Sob esse prisma, a acomodação apenas nos habilita a participar da disseminação das inovações, caso as demais condições necessárias estejam presentes. Essas condições, que são extremamente complexas, vêm sendo intensamente estudadas por etnógrafos e sociolinguistas (ECKERT, 2012). Portanto, seria prematuro abordá-las numa reflexão como

O GESTO AUDÍVEL

a nossa, cujo objetivo é esboçar os contornos mínimos de uma fonologia gestual sensível ao contexto social e situacional.

O importante é que se demonstrou aqui a compatibilidade da noção de gesto articulatório com uma posição filosófica que, recusando o conhecimento privado, insere os processos fônicos da fala corrente, assim como a mudança fônica em curso, num quadro de referência teórico alternativo ao idealismo e ao fisicalismo.

5

Aportes brasileiros: questões de fronteira

Fronteiras disciplinares e fronteiras do conhecimento

Scott Kelso (1995), num livro pioneiro sobre a aplicabilidade da teoria dos sistemas dinâmicos ao comportamento humano, caracterizou como 'circular' um tipo de causalidade frequentemente encontrado no funcionamento de um sistema dinâmico. Trata-se do fato de certos efeitos poderem ter consequências sobre as suas causas, de tal forma que um passa a modificar o outro, e assim, reciprocamente, ao longo do tempo. Essa descrição adéqua-se perfeitamente à relação entre as fronteiras disciplinares e as fronteiras do conhecimento nos círculos científicos atuais.

A queda de algumas fronteiras disciplinares leva ao surgimento de novas teorias e metodologias, as quais, por sua vez, rompem fronteiras do conhecimento — levando, não raro, a novas quedas de fronteiras disciplinares. Lembremos, a propósito, o trabalho de Haken, Kelso e Bunz (1985) mencionado no capítulo 3: uma teoria física resolveu questões de controle motor que ainda não tinham uma solução neurofisiológica, encorajando, portanto, pesquisadores das mais diversas áreas a aplicá-la a questões para além do âmbito da física.

Curiosamente, porém, a causalidade circular mais importante para o tipo de fonologia aqui proposto iniciou-se com a queda de uma fronteira do conhecimento numa área que, embora não tendo o poder de inovar a pesquisa empírica, é capaz de afetá-la profundamente pela proposição de inovações epistemológicas. Evidentemente, trata-se da filosofia. A inovação de que estamos falando é a concepção da linguagem como ação, que deu lugar à chamada virada pragmática na filosofia da linguagem e do conhecimento na década de 1960. Essa virada se alastrou pouco a pouco a todas as ciências empíricas voltadas aos fatos humanos, a começar pela linguística.

A virada pragmática teve ao menos três consequências para as ciências cognitivas que afetam de perto a fonologia gestual. A primeira foi substituir o conceito de mente como um repositório de símbolos abstratos por uma cognição corporificada na qual esses símbolos emergem da internalização das ações que os constituíram ao longo de uma experiência corpórea situada no tempo e no espaço. A segunda foi reconhecer o caráter público e coletivo dessas ações e, portanto, tirar o sujeito do conhecimento da sua tradicional onipotência e isolamento. A terceira foi descentralizar a atividade subjetiva individual, concebendo-a não como apreensão de objetos preexistentes, mas como construção simbólica via participação em jogos de linguagem.

Todas essas premissas decorrem do pensamento do segundo Wittgenstein (1953) e tiveram ampla repercussão na filosofia da mente (p. ex., CLARK, 1997), daí se estendendo às ciências humanas e sociais e, gradativamente, às suas interlocutoras entre as ciências exatas e naturais (para um panorama, ver ALBANO, 2009).

Nesse cenário, todas as formas de cognição se manifestam num espaço interpessoal. Os comportamentos complexos emergem da coordenação de ações coletivas a partir de regras compartilhadas e mutáveis no tempo e no espaço. À luz dessa perspectiva, a acomodação, convergente ou divergente, torna-se um fato central para a emergência dos padrões fônicos. Adquirir uma unidade fônica de qualquer nível é acomodar os gestos articulatórios envolvidos na sua produção à pronúncia, naturalmente variável, de uma comunidade de fala. É escolher os membros dessa comunidade a quem emular e com quem se alinhar.

Entretanto, a maioria dos estudos fônicos, mesmo os pautados pela fonologia gestual, concentra-se em processos que ocorrem na pronúncia de indivíduos isolados. Dados de múltiplos participantes são coletados separadamente, com o único intuito de obter uma amostra estatística confiável. Como vimos no capítulo precedente, mesmo os estudos da acomodação têm desconsiderado o seu papel na coesão social e focalizado, sobretudo, os seus efeitos de curto e longo prazo sobre a alofonia, na tentativa de entender o comportamento da mudança linguística.

Esse foco estreito afasta a fonologia gestual de duas questões fundamentais que precisam ser enfrentadas por qualquer concepção do conhecimento fônico que se queira de fato corporificada e situada. A primeira é a das bases biológicas da acomodação. Pouco se conhece, p. ex., sobre os seus correlatos neurais. A segunda é a investigação da aquisição da fonologia como um processo que se prolonga por toda a vida, tendo em vista que a acomodação viabiliza o aprendizado de pronúncias novas a partir da interação com novos interlocutores.

Dada a importância do conceito de acomodação para o ponto de vista aqui defendido, a próxima seção passará em revista alguns achados recentes da literatura internacional que iluminam as suas bases biológicas, embora não versem diretamente sobre elas. A seção seguinte resenhará brevemente a literatura, ainda incipiente e fragmentária, sobre a acomodação na infância. Finalmente, as duas últimas seções tentarão dar um panorama do que se tem feito no LAFAPE e no DINAFON sobre os vários momentos da aquisição da fonologia, em crianças e adultos.

Sincronização de múltiplos cérebros

Hasson *et al.* (2012) defendem uma mudança de foco radical na neurociência, propondo substituir a perspectiva tradicional, centrada em cérebros individuais, por um horizonte multicerebral. Argumentam que, na comunicação — e, por extensão, na cognição em geral —, os processos neurais de um cérebro se acoplam aos de outros pela transmissão de sinais através do meio ambiente. Segundo os autores, o acoplamento de um cérebro a outro restringe e simplifica as ações individuais numa rede social, permitindo a formação de comportamentos complexos que não poderiam ter surgido isoladamente.

Um estudo recente do mesmo grupo, assinado por Liu *et al.* (2017), investigou empiricamente o acoplamento de cérebro a cérebro, definido como um conjunto de respostas hemodinâmicas correlacionadas à comunicação verbal entre diferentes indivíduos.

Os autores monitoraram a atividade cerebral de falantes que contavam histórias. Monitoraram também a atividade cerebral de ouvintes que escutaram gravações dessas histórias. A técnica utilizada foi a espectroscopia funcional no infravermelho-próximo[1]. Descontada a diferença de tempo entre a chegada dos estímulos ao ouvido e ao cérebro, a atividade cerebral dos ouvintes se correlacionou significativamente à dos falantes.

Foram também gravadas imagens de ressonância magnética funcional dos ouvintes. Encontrou-se uma correlação significativa entre as medidas obtidas com ambos os métodos nas áreas cerebrais associadas à compreensão da fala. É importante notar que tal correlação se restringiu à comparação dos dados da mesma história, desaparecendo nos casos de má compreensão, assim como na comparação de histórias diferentes.

O acoplamento de cérebro a cérebro constitui uma base neural plausível para a acomodação. Há hoje muitos indícios de que ele possa se iniciar no nascimento ou mesmo antes. Fetos humanos são capazes de memorizar estímulos auditivos externos desde o último trimestre da gravidez, sendo especialmente sensíveis aos tons musicais e linguísticos (DECASPER; SPENCE, 1986; GRANIER-DEFERRE *et al.*, 2011).

O comportamento dos recém-nascidos confirma essa sensibilidade: eles preferem a voz materna a outras vozes (DECASPER; FIFER, 1980),

---

1. Esse tipo de espectroscopia aplica luz com um comprimento de onda no infravermelho-próximo para quantificar e avaliar componentes moleculares relacionados à oxigenação dos tecidos cerebrais.

O GESTO AUDÍVEL

assim como a língua materna a outras línguas (MEHLER *et al.*, 1988). Além disso, distinguem línguas prosodicamente diferentes (RAMUS *et al.*, 2000) e alterações na escala musical (CARRAL *et al.*, 2005).

A mesma sensibilidade se reflete na prosódia do choro dos recém-nascidos. Mampe *et al.* (2009) analisaram os padrões de choro de recém-nascidos franceses e alemães quanto aos contornos de melodia e intensidade. O grupo francês produziu majoritariamente choro com contornos melódicos ascendentes, enquanto o grupo alemão produziu majoritariamente choro com contornos melódicos descendentes. Dada a conformidade desses padrões com os das respectivas línguas, os autores concluíram que a prosódia da língua ambiente influencia a melodia do choro do neonato.

Num manuscrito recente, ainda em *pre-print*, Leong *et al.* (2017a) aduziram um forte indício da predisposição dos bebês para o acoplamento cerebral com os adultos. Com base na literatura sobre dependências temporais entre as atividades neurais de falantes e ouvintes adultos, eles avaliaram o papel da direção do olhar em fortalecer o acoplamento neural entre bebês e adultos em interações ao vivo e em vídeo.

Os dados foram colhidos por meio de eletroencefalografia dual (i.e., realizada em ambos os membros da díade em estudo) e analisados com uma medida multivariada de coerência. Num primeiro experimento, os bebês assistiram a vídeos de um adulto cantando canções de ninar sob três condições: (a) olhar direto; (b) olhar indireto (cabeça e olhos desviados); ou (3) olhar direto oblíquo (cabeça desviada com olhar direto). Num segundo experimento, os bebês viram o mesmo adulto ao vivo cantando, com olhar direto ou indireto.

Em ambos os casos, a influência do adulto na atividade neural dos bebês foi significativa, tendo sido maior durante a atividade ao vivo com olhar direto, reto ou oblíquo. Nessas interações, houve também maior influência dos bebês sobre o adulto com o olhar direto. Além disso, os bebês vocalizaram mais durante o olhar direto ao vivo e provocaram maior sincronização no adulto quando vocalizavam mais longamente. Com base nesses resultados, os autores argumentam que o olhar direto fortalece a conectividade neural bidirecional adulto-criança durante a comunicação inicial.

O acoplamento cerebral cria uma rede interpessoal estruturada que facilita o início da comunicação e da aprendizagem. Um reflexo disso é que, durante os primeiros meses, as crianças se tornam sensíveis a estatísticas temporais de diversos eventos do sinal de fala. Adultos em condições análogas apresentam uma relação consistente com oscilações neurais carreadas pelo envelope de amplitude da fala.

Gross *et al.* (2013) propuseram que as oscilações teta (3-7 Hz) e gama baixa (25-35 Hz) constituem mecanismos de resolução temporal adequados à sílaba e ao fonema na conversação adulta. Embora sendo insuficientes para dar conta da polirritmia da prosódia linguística — conforme apontado no capítulo 2 — essas taxas podem constituir um meio de alavancar a resolução multitemporal da fala em bebês.

Leong *et al.* (2017b) corroboram essa conjetura num estudo do processamento da estrutura temporal de cantigas de ninar. O carreamento neural de bebês de cerca de oito meses foi comparado ao das suas mães em múltiplas escalas de tempo. A atividade neural no córtex direito e esquerdo das díades foi monitorada por eletroencefalografia dual durante a visualização de vídeos de cantigas de ninar cuja prosódia continha múltiplas taxas.

Mediu-se a acuidade relativa do carreamento neural dos bebês e das mães calculando-se os seus valores de bloqueio de fase (em inglês "*phase locking*"[2]) no espectro de frequência da resposta do EEG à fala. O bloqueio de fase dos bebês foi mais acurado que o das mães nas taxas teta (~4,5 Hz) e alfa (~9,3 Hz) — que correspondiam, em média, às rimas e aos fonemas dos estímulos.

O carreamento dos bebês aproximou-se em acuidade ao das mães na taxa mais próxima à das sílabas e acentos (delta, ~1-2 Hz). Por outro lado, unidades prosódicas mais lentas (~0,5 Hz) produziram respostas menos acuradas nos bebês que nas mães. Com base nesses dados, os autores concluem que o carreamento oscilatório na faixa teta-alfa pode constituir um mecanismo de apoio neural à arrancada inicial da aprendizagem fonética e fonotática.

Convém fazer um parêntese neste ponto para observar que esses resultados não afetam a crítica endereçada a Peelle e Davis (2012) no capítulo 2.

---

2. Deslocamento seguido de fixação da frequência de um oscilador carreado por outro.

A importância do ritmo teta para o infante de forma alguma implica que a mandíbula esteja por trás das oscilações de amplitude no sinal de fala de mesma frequência.

Harold e Barlow (2013) quantificaram a cinemática do movimento vocalizado e não vocalizado da mandíbula em crianças de seis a oito meses de idade. Essa cinemática não diferenciou os bebês que produziam sílabas canônicas daqueles que não o faziam. Todos os bebês moveram frequentemente a mandíbula sem vocalizar, assim como vocalizaram frequentemente sem mover a mandíbula.

Esse resultado é consistente com os achados de Albano (2011) e Hungria e Albano (2016), que encontraram um alto índice de vogais centrais e consoantes laríngeas em bebês no primeiro ano de vida e além — o que sugere um uso ainda intenso da parte posterior do trato vocal e uma coordenação ainda incipiente entre a língua e a mandíbula (ESLING, 2012).

Por só se correlacionar consistentemente à amplitude do sinal auditivo de fala, as oscilações teta e alfa não podem, por si só, desencadear a imitação vocal, cuja dependência da informação multimodal já foi demonstrada por outros estudos.

Lagerstee (1990) estudou o papel da visão em facilitar a imitação de vogais por bebês de três a quatro meses de idade. Todos os bebês ouviram as vogais [o] e [u]. Metade da amostra ouvia os estímulos ao mesmo tempo em que um adulto articulava silenciosamente a vogal correta. A outra metade ouvia os mesmos estímulos ao mesmo tempo em que o mesmo adulto articulava silenciosamente uma vogal incorreta. Apenas as crianças expostas a informações auditivas e visuais consistentes apresentaram tentativas de imitar as vogais.

Isso se coaduna com o fato de a imitação de movimentos faciais estar presente em neonatos (MELTZOFF; MOORE, 1977, 1989). Coaduna-se também com os resultados de KUHL; MELTZOFF (1996) sobre as respostas de bebês a vogais adultas às doze, dezesseis e vinte semanas de idade. A metodologia desse estudo consistia num teste de imitação vocal com os estímulos [i], [a] e [u] gravados e apresentados em vídeo. As vocalizações dos bebês foram transcritas por foneticistas treinados e analisadas por espectrografia computadorizada. As análises revelaram mudanças qualitativas e quantitativas na produção das vogais ao longo do desenvolvimento. Assim, elas não só se agruparam em categorias cada vez mais claras, mas também apresentaram parâmetros espectrais cada vez mais próximos aos das vogais adultas ouvidas.

Os resultados examinados nesta seção corroboram a hipótese de que a acomodação está, de fato, enraizada no acoplamento de cérebro a cérebro, mas sugerem também que o seu desenvolvimento é complexo e paulatino, exigindo crescente experiência cognitiva e social.

Acomodação fônica na infância

Embora a noção de acoplamento cérebro a cérebro ofereça pistas para o entendimento da imitação e da acomodação, a sua ontogênese está longe de ser compreendida.

Um dos problemas é que os fenômenos relevantes ainda são pouco investigados na literatura sobre aquisição da fonologia. Depois dos trabalhos de Meltzoff e colegas, o termo imitação caiu praticamente em desuso, sendo hoje mais comum no estudo de condições atípicas, tais como o autismo e a esquizofrenia, que no estudo do desenvolvimento em geral. Por outro lado, o termo acomodação é ambíguo na psicologia. Piaget (1967) usou-o para descrever o processo de mudança de um esquema cognitivo existente em resposta a evidências novas sobre o mundo. Na concepção de Giles (op. cit.), praticamente só é usado nos estudos sociolinguísticos de grupos de pré-adolescentes, adolescentes ou adultos.

Uma complicação adicional é que alguns trabalhos mais antigos se referem a fenômenos muito semelhantes à acomodação comunicativa com o termo adaptação, que também havia sido usado, num sentido mais amplo, por Piaget em sua teoria do desenvolvimento cognitivo. Assim, buscas dessas palavras-chave nas bases de dados bibliográficos disponíveis retornam poucos títulos da literatura sobre o desenvolvimento linguístico. Como veremos abaixo, há um grande hiato entre as raras referências encontradas

O GESTO AUDÍVEL 161

e a literatura crescente sobre acomodação fônica em adultos resenhada no capítulo precedente.

Sob o termo *adaptação*, Street e Cappella (1989) examinaram os ajustes mútuos entre díades de adultos e crianças de três a seis anos de idade, em gravações de conversas de 20 a 30 minutos. Os parâmetros medidos foram o tempo de conversa, a latência de resposta e a taxa de elocução. Os participantes geralmente alteraram a latência de resposta e a taxa de elocução de forma convergente e recíproca. Houve diferenças entre díades quanto ao grau e ao tipo de adaptação. Segundo os autores, a idade cronológica foi menos útil que as habilidades linguísticas e sociais para explicar as variações individuais nesse estudo.

Sob o termo *imitação*, Nielsen (2014) comparou as respostas de pré-escolares, alunos do terceiro ano primário e estudantes universitários norte-americanos num experimento que manipulava o parâmetro fonético VOT (*"voice onset time"*[3]). Os estímulos eram imagens nomeadas por uma gravação na qual o VOT tinha sido artificialmente aumentado de 50 ms. Os participantes foram gravados nomeando as mesmas imagens antes e depois da exposição aos estímulos. O VOT extralongo das palavras-alvo foi imitado pelos pré-escolares e alunos de terceira série, assim como pelos adultos. Observou-se, porém, um efeito de idade: o grau de alongamento foi comparável nos dois grupos de crianças, mas menor nos adultos.

A autora conclui que o grau de imitação fonética se correlaciona negativamente com o desenvolvimento fonológico. Essa conclusão está, entretanto, prejudicada pela extrema artificialidade dos estímulos. O problema é que eles tinham um VOT médio de 107 ms, bem acima do padrão de 60-80 ms, reportado pelo estudo clássico de Lisker e Abramson (1964) para o inglês americano.

Sob o termo *acomodação*, Best e McRoberts (1997) gravaram longitudinalmente uma menina entre as idades de 0;3 e 1;5, em interações lúdicas com ambos os pais e sozinha em jogos vocais. A criança não demonstrou ajuste significativo de f0 médio sensível ao gênero do interlocutor. No entanto,

---

3. Trata-se do lapso de tempo, para frente ou para trás, decorrido do início da voz até o estouro de uma oclusiva.

evidências de ajuste por parte dos pais, conformes à literatura sobre a fala dirigida ao bebê, levaram os autores a sugerir que os pais tendem a ajustar mais o comportamento ao do bebê do que esse reciprocamente. Observe-se, contudo, que a noção de acomodação utilizada foi lata demais, atendo-se ao f0 médio, sem analisar os movimentos de tom nas passagens de turno do adulto à criança e vice-versa.

Por outro lado, Coulston, Oviatt e Darves (2002) estudaram crianças de sete a dez anos interagindo com uma interface conversacional na qual personagens animados respondiam a perguntas através de um sistema texto-fala controlado pelo experimentador. A fala dirigida pelas crianças a diferentes personagens animados apresentava um aumento médio de energia de 29% quando os seus parceiros digitais falavam alto, em comparação com quando esses mesmos parceiros falavam baixo.

A maioria das crianças acomodou a sua amplitude à da voz sintética. Essas acomodações eram rápidas e dinâmicas, observando-se aumentos e diminuições de amplitude quando as vozes dos personagens passavam de uma condição experimental à outra. Os resultados foram os mesmos para diferentes vozes sintéticas, assim como para diferentes grupos etários.

Este breve sobrevoo deve ter bastado para apontar a incipiência e insuficiência dos estudos até agora disponíveis sobre acomodação fônica na infância. É preciso destacar que, ao que se saiba, o estudo de Nielsen é o único que aborda parâmetros fônicos distintivos na língua dos participantes. É preciso também notar que os parâmetros prosódicos utilizados nos três outros estudos são em geral sujeitos a erros de medida, constituindo, além disso, uma amostra pouco representativa do conjunto das medidas prosódicas correntes.

A apropriação da sonoridade de uma língua

Embora tenha tido destaque inicialmente (p. ex., em BROWMAN; GOLDSTEIN, 1989, 1992), a aquisição da fonologia está atualmente fora

O GESTO AUDÍVEL

da agenda da fonologia gestual praticada nos grandes centros[4]. Uma razão provável para isso é que as condições de financiamento à pesquisa mudaram muito nos últimos trinta anos, mesmo nos países ricos. A aplicabilidade de longo prazo à educação e/ou à saúde costumava pesar significativamente a favor de projetos de pesquisa básica sobre o desenvolvimento infantil. Hoje esse argumento só tem sucesso se acompanhado de promessa de aplicação tecnológica de médio e longo prazo.

Na Unicamp, entretanto, o interesse pela aquisição da fonologia é anterior à própria fundação do LAFAPE e tem continuidade até hoje. Na década de 1980, quando era praticamente impossível financiar projetos de pesquisa no Brasil, meus alunos e eu produzimos vários textos com dados de oitiva nos quais já se delineava um esboço de pragmática do significante fônico.

Num artigo redigido em 1986 — portanto, um ano antes do lançamento oficial da fonologia gestual[5] —, argumentei contra o predomínio de unidades estáticas e sequenciais no estudo da aquisição da fonologia (ALBANO, 1988). A unidade de análise não foi o gesto fônico, mas um construto análogo, de maior escopo, porém compatível, a saber: a postura articulatória (LAVER, 1980).

A partir de uma análise dos efeitos de uma postura articulatória prolongada sobre a inteligibilidade dos gestos segmentais de uma criança, sugeri que a instabilidade da pronúncia infantil não resulta apenas da imaturidade, mas também do esforço para compartilhar a construção de sentido com os interlocutores.

A argumentação baseia-se na transcrição de oitiva de uma conversa minha com uma menina de 20 meses sobre o tamanho dos sapatos dos presentes, que incluíam os de um urso de pelúcia. A criança tentava, sem sucesso, mudar o foco da interação para o urso, através de enunciados de baixa inteligibilidade tais como [ɒpɒˈtʃuːʃu] e [ɔoˌpœʔouˈtʃʷɔ][6], entre outros.

---

4. A saber, Haskins Laboratories, University of Southern California e Institut für Phonetik und Sprachverarbeitung da Universidade Ludwig Maximilians de Munique.

5. Browman e Goldstein (1990) foi apresentado na primeira edição da Conference on Laboratory Phonology, em 1987.

6. Glosa: 'sapato do urso' e 'ó o pé do urso, ó'.

Ao transcrever o episódio, tive que recorrer a vários diacríticos para expressar o modo como a labialidade das vogais de 'urso' se estendia aos enunciados da criança e também aos meus.

Embora a minha acomodação à fala da menina não tenha resolvido o problema da referência ao urso, teve sucesso em encorajar o uso de formas alternativas de menção, que acabaram por realizar o seu intento comunicativo. Entendi do que se tratava e direcionamos a conversa para o sapato "do pezão" do urso.

Depois de analisar outros efeitos sonoros sobre a semântica e a pragmática da situação, o artigo conclui que a variabilidade da pronúncia infantil não é determinada apenas por investidas inacuradas em direção a alvos articulatórios. Algumas variantes lexicais, de inteligibilidade variável, são dominadas por posturas articulatórias emergidas do esforço conjunto de dar coesão à conversa e "fazer sentido do som".

Logo após a publicação do artigo, foram defendidos na Unicamp dois mestrados inspirados nessa análise (GONÇALVES, 1988; GAMA, 1988). As autoras realizaram, colaborativamente, gravações de vídeo que documentavam a ação motora e vocal de uma menina e sua mãe no período entre 1 a 24 meses de idade.

Gonçalves focalizou as mudanças motoras e linguísticas que sinalizavam um papel cada vez mais ativo e propositivo da criança. Discutiu vários casos em que a menina insistiu em introduzir novos tópicos à revelia da mãe, que tardava em acolhê-los devido à sua baixa inteligibilidade. Nessas situações, o papel da mãe nos pareceu ser mais o de acolher e encorajar as iniciativas da criança que o de interpretá-las. Na maioria das vezes, a interpretação emergia e se aclarava nesse esforço conjunto, como no caso do "sapato do urso".

Paralelamente, Gama observou que, embora nem sempre entendesse a criança, a mãe respondia a cada passo do seu amadurecimento com uma expansão dos recursos linguísticos usados nas atividades conjuntas. Assim, sempre que eram alcançados certos marcos do desenvolvimento, tais como sentar, balbuciar, andar e, finalmente, falar, o escopo vocabular e gramatical da fala materna se ampliava.

Em meio à busca de sentido compartilhado nessas gravações, há um episódio, ocorrido aos 19 meses, que muito se assemelha ao do "sapato do urso". Nele, [kɛ] é seguido de uma série de formas fônicas, inicialmente ininteligíveis, a saber: [mu], [kaˈmu], [ˈwɒwt], [ˈpupu], [ˈpõtʃi], [ˈu], [ˈmezɐ], [dɒˈõdʒi] e, finalmente, [joˈkutʃi]. Somente a última teve sucesso em fazer a mãe entender que a criança estava pedindo iogurte, em resposta à pergunta se queria sobremesa.

Como no exemplo anterior, chama atenção a tendência do gesto labial da vogal tônica da palavra intentada — aqui, 'iogurte' —, a se estender pelas vogais e consoantes adjacentes. Entretanto, é possível que a sua origem não resida somente aí, mas também na fala adulta. Toda a interação ocorreu durante uma refeição, durante a qual as adultas presentes usaram várias vezes as palavras 'papá' e 'sobremesa'. Assim como a outra menina estava obcecada por apontar o sapato do urso, esta estava obcecada por 'papá sobremesa'.

Embora datem de um tempo em que os dados só eram registráveis via gravação e transcrição de oitiva, esses resultados bastam para sugerir que ainda estamos muito longe de entender a acomodação na infância. Ambos os episódios indicam que, durante a fase das primeiras palavras, as constrições fora do alvo padrão da língua não se devem somente às instabilidades da dinâmica articulatória. Os usos prosódicos de gestos segmentais em atividades conjuntas de construção de sentido também influenciam essas constrições.

Assim, em algum momento da aquisição da fala, a criança defronta-se com a tarefa de diferenciar os gestos articulatórios necessariamente pontuais, porque distintivos, de gestos não pontuais, passíveis de se prolongar em posturas articulatórias em prol da convergência e da negociação da significação. É difícil estimar quantos dos enunciados ininteligíveis resultam da intrusão dessas posturas na realização dos gestos segmentais.

Está claro que o sucesso da fonologia gestual em explicar a instabilidade de alvos articulatórios pontuais não a habilita a lidar com situações como as descritas acima. É possível que os gestos longos e/ou repetitivos da criança sejam disparados por registros da palavra intentada na memória permanente, registros da pragmática da situação na memória imediata, ou, ainda, por um misto de ambos os tipos de registros.

Uma análise gestual de fatos dessa natureza é, em princípio, pensável e teria o potencial de inserir o estudo da aquisição da fonologia num quadro de referência mais situado e socializado. Adquirir uma sensibilidade à situação e à sociabilidade é um desdobramento natural da corporeidade do gesto articulatório.

Adeptos da visão corporificada, situada e socializada da ciência cognitiva liderados por Eric Vatikiotis-Bateson (BARBOSA *et al.*, 2012) criaram algoritmos para captar aspectos da coordenação entre a fala e a motricidade na conversação através de uma análise de correlação de sinais múltiplos, aplicada inicialmente a gravações de áudio e vídeo. Vatikiotis-Bateson *et al.* (2014) conseguiram estender essa análise, denominada "mapas de correlação" (*"correlation maps"*), ao estudo da coordenação entre sinais articulatórios gravados por eletromagnetografia.

Recentemente, Danner *et al.* (2018) estenderam a mesma análise a dados multimodais de fala (áudio, vídeo e eletromagnetografia). Isso indica que é possível aplicar os mapas de correlação a registros audiovisuais da conversação criança-adulto, como, aliás, já fizeram Havy *et al.* (2017). Entretanto, para estendê-los ao estudo da acomodação articulatória, será preciso adaptá-los à ultrassonografia, método bem menos invasivo que a eletromagnetografia, e, portanto, mais adequado ao estudo da fala infantil.

Cabe, a propósito, um breve comentário sobre o clima científico do final do século XX. Com o advento da virada pragmática nas ciências cognitivas, a interlocução das ciências sociais e humanas com as ciências exatas e naturais cresceu exponencialmente. Dentre os avanços metodológicos decorrentes estavam equipamentos e softwares dedicados à análise dos sinais de fala.

Assim, a oitiva foi relegada a um papel ancilar na análise dos dados, ainda que tenha permanecido insubstituível na sua organização e segmentação. Uma consequência positiva disso é que uma parte da comunidade científica internacional se engajou no projeto de criar uma fonologia no laboratório. Foi nesse contexto que nasceu o LAFAPE e, logo em seguida, o grupo DINAFON.

Naturalmente, os trabalhos que os alunos e eu produzimos nessa nova fase apoiaram-se cada vez mais em análises acústicas, cuidando de evitar as armadilhas do uso do método experimental com seres humanos. Esse novo cenário trouxe muitos ganhos e, inevitavelmente, também algumas perdas.

A mais lamentável é a da liberdade de especulação. De acordo com o novo cânone, os trabalhos científicos precisavam ser respaldados por sólidos dados experimentais e/ou simulações computacionais. A reflexão epistemológica — intrinsecamente conceitual e, portanto, especulativa — passou a só ser bem-vinda quando produzia, concomitantemente, teorias formalizáveis e/ou novas metodologias experimentais.

Mesmo a fonologia gestual, descendente de prestigiosas teorias físicas, pagou um preço pela ousadia de aplicá-las à fala. Conforme apontei em Albano (2002), os meios científicos da linguística — inclusive os da fonética — relegaram-na ao silêncio até a virada do século. O ataque mais comum era o de que não se tratava nem de uma teoria fonética, nem de uma teoria fonológica.

No clima científico de então, a nova teoria parecia abstrata demais a uns e concreta demais a outros. Foi somente nas duas últimas décadas que a comunidade da área de fato reconheceu o caráter vago da fronteira disciplinar entre a fonética e a fonologia, traçada pelos estruturalistas em reação ao fisicalismo extremo dos foneticistas do início do século XX.

Após a fundação oficial do LAFAPE em 1991, o primeiro estudo a tematizar a perspectiva dinâmica foi a tese de doutorado de Gama-Rossi (1999). Trata-se de uma tentativa de explorar o potencial da fonologia gestual para explicar as diferenças de duração que constituem o contorno acentual no PB. Focaliza, especificamente, o papel da duração na realização desse contorno por crianças entre quatro e cinco anos com desenvolvimento típico. Veremos abaixo que esse estudo do desenvolvimento típico da duração respaldou, depois, trabalhos que trataram do desenvolvimento segmental atípico.

Duas crianças e uma adulta foram gravadas numa tarefa de repetição de frases. As durações das vogais, consoantes e sílabas foram segmentadas e medidas em três posições acentuais (pré-tônica, tônica e postônica) e duas posições frasais (início e final absolutos). Tanto as crianças como a adulta diferenciaram as tônicas das átonas pela sua maior duração. Entretanto, a criança mais nova ainda não havia adquirido a forte redução da postônica característica do PB adulto (AQUINO, 1997). Já a outra criança, oito meses mais velha, havia avançado bastante nessa direção, embora ainda não tivesse alcançado as proporções adultas. A conclusão sugere que as crianças adquirem primeiro um contorno macrorrítmico cujas unidades são análogas às do adulto, mas, devido às suas limitações neuromotoras, o implementam com oscilações de frequência mais baixa.

Outra tese explicitamente apoiada na fonologia gestual é a de Berti (2006). Trata-se de uma comparação entre crianças com e sem queixas fonoaudiológicas na aquisição do contraste /s/ e /ʃ/ no PB. Uma cuidadosa crítica da literatura tradicional, baseada na noção de erro de substituição, levou a autora a perseguir a hipótese de que as crianças usam gradientes nem sempre perceptíveis para marcar as distinções fônicas percebidas.

A tese compreende um estudo de produção e um estudo de percepção de fala. O estudo de produção analisou acusticamente a fala de crianças de ambos os gêneros entre cinco e sete anos de idade, sendo metade com e metade sem queixas fonoaudiológicas. Os estímulos eram palavras dissílabas paroxítonas do PB com as fricativas /s/ e /ʃ/ seguidas das vogais /i/, /a/ e /u/ inseridas numa frase-veículo, com várias repetições. A análise quantificou as características acústicas do ruído fricativo, das vogais adjacentes e da sua trajetória temporal. O estudo de percepção consistiu num experimento de identificação de estímulos típicos (produções categóricas das fricativas /s/ e /ʃ/) e atípicos (produções intermediárias das mesmas). Neste caso, os participantes dividiam-se em três grupos: adultos, crianças com queixas fonoaudiológicas e crianças sem queixas fonoaudiológicas. As crianças participantes do estudo de percepção não haviam participado do estudo de produção.

O estudo de produção encontrou manifestações gradientes da distinção /s-ʃ/ nas crianças com queixas fonoaudiológicas, indicando que já realizavam o contraste consistentemente, embora de forma imperceptível para os adultos. Além disso, a análise do padrão temporal indicou que essas crianças levavam mais tempo que as outras para coordenar os gestos consonantal e vocálico, apresentando transições longas, com taxa de mudança baixa.

O estudo de percepção indicou consistência entre a produção e a per-cepção em todos os grupos. Em outras palavras, a identificação foi mais acurada nas produções típicas das duas fricativas, mas as produções atípi-cas — intermediárias — também foram identificadas, embora em menor proporção. A tese conclui que crianças da faixa etária estudada que mantêm uma realização gradiente e instável da distinção /s-ʃ/ estão capturadas num momento da aquisição fonológica caracterizado pela instabilidade dos alvos articulatórios. Oferece, então, algumas direções para o estudo futuro das possíveis razões dessa captura.

O fenômeno estudado por Berti tem sido chamado de contraste encoberto na literatura recente. As primeiras observações de oitiva devem-se a Kornfeld e Goehl (1974) e Smith (1979). O primeiro tratamento instrumental deve-se a Macken e Barton (1980), num estudo sobre a aquisição do VOT no inglês americano. Scobbie *et al.* (2000) propuseram tratar o fenômeno como um estágio do desenvolvimento fonológico e consolidaram o uso do termo. Desde então, formas passageiras e persistentes desses contrastes têm sido documentadas na literatura. Entretanto, à exceção da comunidade brasileira (RODRIGUES *et al.*, 2008; BERTI, 2010), pouco se tem feito para tentar entendê-los à luz da fonologia gestual.

Um aparente obstáculo para tanto é a dificuldade de colher dados articulatórios em crianças. Entretanto, a metodologia não invasiva do ultrassom vem vencendo sucessivas barreiras nesse sentido (BERTI; BOER; BRESSMAN, 2016; ZARKHOVA *et al.*, 2017). Não obstante, é provável que alguns estudiosos dos contrastes encobertos não se identifiquem com a fonologia gestual por razões conceituais.

Uma razão possível para isso é que, como já vimos, o modelo não distingue claramente entre constrições complexas unitárias e múltiplas. Ocorre que a controvérsia sobre essas formas de complexidade é pertinente para o estudo da aquisição dos róticos, classe de aquisição tardia e muitas vezes incompleta.

Outra razão possível é que o modelo não fornece critérios inequívocos para distinguir entre fenômenos gradientes caracterizados por transições abruptas e fenômenos gradientes caracterizados por variações sutis. Muitos gradientes fônicos, tais como o VOT, têm os dois tipos de manifestação. Entender o primeiro tipo é imprescindível para estudar a aquisição das distinções lexicais. Entender o segundo tipo é imprescindível para estudar a aquisição das distinções sociofonéticas, que, como já vimos, se inicia cedo.

Finalmente, outra razão possível é que os modelos gestuais da prosódia pouco progrediram nos últimos anos. Por outro lado, nesse meio-tempo muitas evidências se acumularam de que certos aspectos básicos da prosódia emergem antes mesmo da aquisição dos segmentos.

A necessidade de um modelo mais completo dos gradientes gestuais ressurge no único trabalho sobre idosos realizado no LAFAPE, a saber: o doutorado de Soares (2009). Trata-se de um extenso estudo do VOT, que tenta discernir como a doença de Parkinson afeta as relações entre gestos articulatórios laríngeos e supralaríngeos. Foram comparados dois grupos de idosos, a saber, sãos e portadores da doença, pareados em gênero e idade, quanto à produção de vogais e fricativas.

A análise acústica revelou que os parkinsonianos têm uma forte tendência à hipoarticulação, manifesta na redução do espaço vocálico e na atenuação do ruído fricativo. Revelou também que, nesses pacientes, o enfraqueci-mento da constrição supralaríngea das fricativas, associado a uma provável abertura incompleta da glote, causa vozeamento, contínuo ou intermitente, nas fricativas surdas. O efeito é oposto ao observado nos idosos sãos, que tendem a desvozear as fricativas sonoras. Soares apoia-se num trabalho de Jesus (2001) sobre o português europeu para levantar a hipótese de que o desvozeamento no grupo-controle não decorre do envelhecimento das pregas vocais e sim de fatores sociofonéticos outros.

Com o intuito de estabelecer uma referência fonético-acústica confiá-vel para o estudo do desenvolvimento fonológico, Rinaldi (2010) estudou as vogais e as obstruintes do PB em crianças de cinco a sete anos de idade sem queixas fonoaudiológicas. Os dados foram coletados por meio de um jogo de tabuleiro acoplado a uma história infantil. As palavras-alvo eram os nomes dos personagens da história, formados pela combinação de todas as oclusivas e fricativas com as vogais [i], [a] e [u] nas posições de ataque inicial e medial. O jogo induzia as crianças a pronunciar esses nomes numa frase-veículo apresentada como "mágica".

A análise do VOT e dos espectros dos estouros das oclusivas e dos ruídos das fricativas mostrou, conforme esperado, que crianças dessa faixa etária já fazem todas as distinções entre as obstruintes do PB. Entretanto, as transições entre as vogais e consoantes eram instáveis e relativamente longas, indicando que a aquisição dos padrões de coarticulação da língua ainda estava em curso.

Além disso, um achado inesperado, consistente com os resultados de Soares, sugeriu que os participantes estavam adquirindo, ao mesmo tempo, os padrões sociofonéticos da sua comunidade de fala: todas as crianças apresentaram vozeamento parcial das obstruintes surdas e desvozeamento parcial das obstruintes sonoras.

Em vista disso, Rinaldi decidiu comparar esses dados com uma gravação post hoc análoga de três falantes adultas. Os fenômenos encontrados foram os mesmos, embora em menor grau. Infelizmente, ainda não foi possível perseguir as questões levantadas por esse achado sobre a sociofonética do vozeamento no PB infantil e adulto. De qualquer maneira, a sua simples existência basta para sugerir que crianças dessa idade já estão tentando implementar as distinções lexicais de acordo com os sotaques e modos de falar locais.

Todo o exposto permite-nos concluir que os textos inaugurais de Browman e Goldstein estavam certos em apontar o potencial da fonologia gestual para iluminar a aquisição da fonologia. A noção de acoplamento de osciladores dá conta, ao mesmo tempo, de padrões temporais mais amplos, como os envolvidos na aquisição da prosódia, e de padrões temporais mais estreitos, como os envolvidos na aquisição dos segmentos.

Deve-se reconhecer, entretanto, que a dependência do modelo de registros articulatórios invasivos dificulta a sua evolução para uma versão situada e socializada, que, como já vimos, se coaduna com o seu caráter corporificado. Isso prejudica o tratamento da questão da acomodação, que tem implicações não só para o estudo da aquisição dos contrastes fônicos, mas também para o estudo do desenvolvimento da identidade do falante pela vida afora.

A captura social na diferença

Crianças e adolescentes tendem a sofrer graves abalos emocionais por acreditar que diferem marcadamente dos seus pares. Mesmo diferenças socialmente valorizadas como as dos superdotados podem gerar segregação e marginalização (PETERSON, 2009).

Isso é tanto mais preocupante quanto menos conhecidas são as evidências científicas que desmistificam a suposta gravidade de algumas dessas diferenças. Sabe-se hoje que muitos comportamentos vistos como anômalos ou deficitários tendem a se aproximar mais do que parecem das suas contrapartes típicas — haja vista a persistência dos contrastes encobertos em idade escolar. Em muitos casos, bastaria um pouco mais de apoio e tolerância por parte do ambiente social para que o "diferente" conseguisse se alinhar com o típico e superar o estigma.

Infelizmente, porém, a exclusão é um mecanismo constitutivo da maioria das sociedades humanas. As suas raízes remontam às sociedades primatas, nas quais participa da competição por recursos e oportunidades de reprodução (LANCASTER, 1986). Porém, entre os humanos, como demonstrou Foucault (1978 [1961]), a exclusão é uma prática cultural complexa e historicizada, tendo o poder de produzir significações que demarcam o que é proscrito do que é sancionado por uma sociedade.

As atitudes para com a diferença são fundamentalmente culturais. Nem todas as sociedades humanas têm uma percepção negativa dos seus membros "diferentes". Algumas até valorizam essa diversidade. Por exemplo, segundo Munyi (2012), algumas comunidades do Benin encaram bebês com anomalias físicas como portadores de boa sorte devido à proteção dos deuses. Ainda segundo esse autor, os chagas da África Oriental veem os deficientes físicos como pacificadores de maus espíritos. Dentre as poucas sociedades verdadeiramente inclusivas dos surdos estão os caapores do Maranhão, que têm uma língua de sinais própria, usada por todos com o intuito de respeitar e integrar os numerosos surdos da comunidade.

Oficialmente, o terreno das chamadas desordens da fala pertence à área da saúde. Por isso, muitos dos alunos, ex-alunos e/ou colaboradores do LAFAPE são fonoaudiólogos. A corporeidade e o caráter dinâmico da abordagem gestual atraem os que aspiram a compatibilizar uma formação de cunho médico/biológico com os insights da linguística, e, em especial, as contribuições da fonologia. Esse foi o caso de Panhoca-Levy, que defendeu entre nós um mestrado (1988) e um doutorado (1993) nos quais recorreu à alegoria medieval da nau dos insensatos para discutir os efeitos do estigma sobre as crianças com dificuldades de fala.

Num estudo do caso de uma portadora de quatro anos da síndrome de Down, realizado à guisa de tese de mestrado, a autora encontrou falhas de comunicação muito semelhantes às relatadas por Albano, Gonçalves e Gama-Rossi nos seus estudos sobre as primeiras palavras. Neste caso, as variantes ininteligíveis não eram produzidas por uma postura articulatória recorrente e, sim, pelas alterações da motricidade articulatória devidas à síndrome.

Entretanto, a atitude persistente da criança era semelhante, malgrado o seu insucesso. Um dos episódios mais contundentes, ocorrido numa sessão de terapia ocupacional, começou assim: a menina apontava insistentemente para um copo com canudo enquanto repetia enunciados tais como ['bıgı] e [bigi'paw]. A terapeuta, julgando a criança incapaz de transcender ao aqui e ao agora, considerou toda a sequência ininteligível — inclusive uma tentativa posterior de cantar "Parabéns pra você".

Não obstante, a pesquisadora, presente na qualidade de observadora silenciosa, entendeu que o copo evocara à menina uma festa de aniversário, em especial o momento dos parabéns e da ovação ao aniversariante. Com uma melhor acolhida, essa iniciativa poderia ter resultado numa narrativa construída conjuntamente. Numerosos exemplos semelhantes conduziram a autora a concluir com uma incisiva crítica da prática cultural, majoritária na época, de relegar o portador da síndrome de Down à condição de deficiente, negando-lhe o lugar de interlocutor participativo e propositivo.

No doutorado, Panhoca-Levy estudou três crianças com dificuldade de produzir obstruintes vozeadas. Ao resenhar a literatura, criticou a noção de desvio fonológico e a carência de estudos sobre os impactos fonético-fonológicos de disfunções motoras tais como a apraxia e a dispraxia oral. A argumentação baseou-se na análise acústica de um corpus composto de palavras contrastantes, tais como 'faca' e 'vaca'. Os participantes eram três meninos considerados "desviantes" e um menino típico, gravado para fins de comparação. Todos foram pareados quanto à idade e ao nível socioeconômico.

A análise espectrográfica mostrou que, apesar da ausência de vozeamento, as crianças-alvo faziam certas distinções sutis entre as obstruintes surdas e sonoras. As pistas acústicas indicavam uma articulação fortis nas surdas e uma articulação lenis nas sonoras, como ocorre em línguas com distinções complexas de vozeamento como o coreano. Sem utilizar o termo contraste encoberto, ainda não estabelecido na época, a tese afirma que essas crianças conhecem a distinção surda-sonora e recomenda que a terapia das suas alterações motoras explore esse saber a fim de conduzir a sua expressão em direção às formas típicas do PB.

Três outras fonoaudiólogas completaram os seus mestrados e doutorados no LAFAPE com base no estudo dos "acertos gradientes" (nos termos de RODRIGUES *et al.*, op. cit.) de crianças com dificuldades de marcar distinções fônicas.

Freitas (2007) fez um estudo longitudinal da aquisição de contrastes fônicos por duas meninas em idade escolar em terapia com a própria pesquisadora. Uma tinha dificuldade de contrastar as fricativas com as oclusivas coronais surdas homorgânicas. A outra tinha dificuldade de contrastar as fricativas coronais alveolar e pós-alveolar surdas.

O corpus compunha-se de palavras dissílabas paroxítonas, nas quais os sons em questão apareciam em posição inicial, seguidos das vogais [i], [a] e [u] numa frase-veículo. A análise acústica usou múltiplos parâmetros espectrais, a saber: duração, pico espectral, transição formântica, centroide, variância, assimetria e curtose.

Os resultados mostraram que as manifestações dos contrastes encobertos nas duas participantes mudavam ao longo do tempo e eram muitas vezes acompanhadas de conflitos e hesitações entre alternativas coexistentes.

Rodrigues (2007) explorou o mesmo tipo de estudo de caso no mestrado. O seu foco foi a aquisição dos róticos por dois meninos com queixa fonoaudiológica em terapia com a própria pesquisadora. A queixa dizia respeito ao rótico fraco do PB. Para investigá-la, a autora coletou dados longitudinais da produção de dissílabos paroxítonos com /ɾ/ em posição intervocálica ou de coda.

A análise acústica consistiu em medir a duração, a frequência fundamental e as trajetórias dos três primeiros formantes. Juntos, esses parâmetros revelaram contrastes encobertos em produções que soavam como omissão do /ɾ/ ou a sua substituição pela semivogal /j/. Neste caso, ao invés de hesitar, os participantes elevavam a frequência fundamental para sinalizar as suas dificuldades nas situações de teste. Sintomaticamente, essa alteração desapareceu quando as dificuldades foram superadas.

No doutorado (2012), Freitas continuou a estudar as marcas da reorganização da produção de obstruintes por crianças diagnosticadas com transtorno fonológico e encaminhadas para terapia. Procurou também relacionar essas marcas a eventuais disfluências orais. Para tanto, coletou dados de produção e percepção de fala de quatro crianças de quatro a seis anos com queixas fonoaudiológicas — o grupo-alvo — e quatro outras crianças sem queixas fonoaudiológicas, pareadas quanto à idade e ao gênero — o grupo-controle.

O estudo de produção utilizou palavras iniciadas por obstruintes surdas seguidas das vogais [i], [a] e [u] inseridas numa frase-veículo. A análise acústica enfocou as durações absoluta e relativa e os quatro momentos espectrais das consoantes envolvidas. O estudo de percepção utilizou uma tarefa XAB com estímulos naturais normalizados compostos de sílabas iniciadas por obstruintes surdas seguidas de [a]. Foram realizadas quatro coletas, com intervalo médio de quarenta dias.

O grupo-alvo e o grupo-controle tiveram desempenhos diferentes nos testes de produção e percepção. Mesmo nas coletas em que já produzia formas assimiláveis de oitiva ao padrão típico, o grupo-alvo apresentou momentos espectrais diferentes dos do grupo-controle. Como esperado, também apresentou indícios de hesitação durante a tarefa de produção, sob forma de aumento das durações absoluta e relativa ao longo das coletas. Da mesma forma, apresentou tempos de reação à tarefa de percepção mais longos que os do grupo-controle. Não obstante, apresentava concomitantemente progressos na produção, acompanhados *pari passu* por mudanças na discriminação auditiva.

Isso levou a autora a concluir que a estreita relação entre a produção e a percepção da fala advogada pela fonologia gestual ilumina as disfluências apresentadas por crianças em vias de passar dos contrastes encobertos aos contrastes explícitos. Concluiu, ainda, que disfluências ligadas à construção do sistema fônico pela criança são passageiras e construtivas, não devendo ser relegadas a meros sintomas do "transtorno fonológico".

No doutorado, Rodrigues (2012) estudou a aquisição da escrita em pré-escolares com e sem queixas fonoaudiológicas. Os dados foram coletados ao longo do ano letivo numa escola municipal de Marília/SP, onde os participantes cursavam o pré-III integral. Em todas as sessões de coleta, as crianças produziam textos escritos sobre temas trabalhados em sala de aula e, em seguida, conversavam sobre eles com a pesquisadora numa cabine de gravação. A análise consistiu em computar a frequência de ocorrência de omissões e substituições de letras nas posições de ataque, núcleo e coda silábica nos referidos textos.

Nas primeiras coletas, ambos os grupos tenderam a registrar principalmente o núcleo silábico e a omitir a coda, particularmente nas fricativas. Os registros convencionais (i.e., conformes à ortografia) foram mais frequentes no núcleo, ao passo que as substituições foram mais frequentes no ataque e na coda. As substituições de cunho fônico ocorreram principalmente no ataque, e as de cunho ortográfico, principalmente na coda. Observaram-se mais semelhanças que diferenças entre os grupos com e sem queixas fonoaudiológicas. No segundo semestre letivo, alguns participantes passaram a privilegiar o ataque, representando a palavra por uma sequência de consoantes.

A autora interpreta as mudanças longitudinais das distribuições de frequência dos registros gráficos à luz da visão de sílaba da fonologia gestual. Assim, considera tais mudanças indícios da relativa estabilidade do núcleo e do ataque, e da concomitante instabilidade na coda. Conclui, então, que os padrões observados refletem o caráter dinâmico e multimodal da aquisição da escrita — durante a qual intuições calcadas na dinâmica fônica se mesclam a intuições calcadas a outras experiências, devidas, em grande parte, à inserção da criança nas práticas de letramento da comunidade.

De fato, a fonologia gestual explica os dados de Rodrigues melhor que outras teorias, mas de maneira ainda muito insatisfatória. O viés vocálico é particularmente difícil de explicar, pois a separação do ataque e do núcleo efetuada pela escrita alfabética pode, em princípio, favorecer o registro gráfico de uma ou outra posição, como evidencia o momento, documentado na tese, em que alguns participantes aderem ao viés consonantal. Além disso, a presença dos dois vieses ou a sua emergência numa dada ordem não parecem ser obrigatórias na aquisição do PB escrito. Por exemplo, há poucos indícios deles nos dados de Miranda (2010). Trata-se, provavelmente, de um efeito do ambiente de ensino.

Albano, Rodrigues e Hungria (2018) aduzem uma explicação situada e socializada para a prevalência inicial do viés vocálico. Os pré-escolares observados por Rodrigues tinham em comum com os bebês observados por

Hungria e Albano (op. cit.) o convívio com interlocutores solidários ao seu esforço de construção da nova competência. Os professores e pesquisadores apoiavam os pré-escolares com conversas e atividades apropriadas à sua faixa etária, assim como os pais apoiavam os bebês dando um tratamento dialógico às suas vocalizações. Em vista disso, as autoras propõem que, guardadas as diferenças entre as idades e as tarefas, as vogais têm destaque em ambas as situações porque veiculam a prosódia, componente essencial da interação adulto-criança.

Mesmo no início do balbucio, os bebês observados compartilhavam a ação e a entoação com o interlocutor, graças a algumas vogais favoritas, acompanhadas de poucas consoantes, geralmente laríngeas. Analogamente, os pré-escolares observados aventuravam-se na escrita com base na prosódia das narrativas conjuntas encenadas em sala de aula, a despeito dos seus exíguos repertórios gráficos. Assim como os bebês tinham as suas vocalizações reconhecidas pelos pais como fala, os pré-escolares tinham os seus textos reconhecidos pela professora como escrita. Portanto, é provável que a preferência inicial pelo viés vocálico se deva ao papel mnemônico dessa encenação, na qual as vogais se destacam naturalmente.

Na esteira de Panhoca-Levy e Rinaldi, o mestrado de Schliemann (2011) comparou a produção de oclusivas em crianças de seis a oito anos com e sem queixas quanto ao vozeamento de obstruintes. O grupo-alvo tinha severas dificuldades em vozear. Todos os participantes foram gravados em cabine insonorizada produzindo uma frase-veículo que continha dissílabos paroxítonos iniciados por [p], [b], [t], [d], [k] ou [g] e seguidos de [i], [a] ou [u].

O sinal acústico foi segmentado nas categorias closura, explosão, VOT, vogal-alvo e segunda sílaba. Os parâmetros analisados foram: duração absoluta do VOT, da closura e da explosão; duração absoluta da palavra e seus constituintes; e duração relativa da explosão da consoante-alvo. Observaram-se também aspectos qualitativos do VOT, da explosão, da barra de vozeamento e da cauda de voz da vogal precedente.

As crianças do grupo-alvo apresentaram VOT positivo tanto nas consoantes vozeadas como nas desvozeadas e também uma maior duração da explosão das primeiras. Ambos os fatos contrariam a expectativa de articulação lenis nas desvozeadas, indicando articulação fortis.

Os achados apontam para a existência de um novo tipo de contraste encoberto, que a autora denominou *deslocado*. Trata-se de uma realização gradiente da distinção fônica em sentido contrário ao esperado, com inversão das relações de força. Talvez essa inversão se deva à tensão emocional causada pela impotência ante as dificuldades motoras, já que os participantes do grupo-alvo apresentavam sintomas de dispraxia.

No doutorado em andamento, Schliemann persegue a hipótese de que crianças portadoras do quadro observado no mestrado têm outros comprometimentos motores, principalmente no que toca à coordenação motora fina, conforme apontado por Norberto Rodrigues no seu livro pioneiro (1989). Até o momento, os resultados sugerem que a prática de atividades que reduzam a gravidade do quadro motor geral tem implicações para o desempenho fônico, assim como, reciprocamente, a terapia fonoaudiológica tem implicações para o desempenho motor. Os resultados aguardam a finalização da análise quantitativa para uma interpretação mais conclusiva.

O conjunto dos contrastes encobertos estudados no LAFAPE desde o doutorado de Panhoca-Levy indica que falhas na acomodação fônica, de origem motora ou emocional, podem ter um efeito devastador sobre crianças e adolescentes cuja fala é considerada atípica.

Isso sublinha a necessidade de perseguirmos uma versão da fonologia gestual mais compatível com a natureza intrinsecamente social da aquisição da linguagem. O sucesso do o modelo em iluminar processos de aquisição fonológica tais como os acima descritos o qualifica para perseguir a relação entre os fatos em questão e o ambiente interpessoal em que se inserem.

Evidentemente, esse esforço não pode ser isolado. Entender as razões por que alguns aprendizes são capturados em dificuldades que a maioria vive como passageiras requer uma intensa interlocução entre campos complementares do saber. Esse horizonte está apenas assomando, graças à influência da virada pragmática sobre todas as disciplinas interessadas na mente e na linguagem, das humanas e sociais às exatas e naturais.

A integração de planos fônicos alternados ou simultâneos

Um dos maiores argumentos a favor da fonologia gestual é que bilíngues sem sotaque diferem de monolíngues quanto ao uso de certos parâmetros acústicos e articulatórios. Assim, por exemplo, canadenses bilíngues inglês--francês usam uma faixa de variação de VOT intermediária entre as duas línguas, o que lhes permite alternar facilmente entre elas soando nativos em ambas (MACLEOD; STOEL-GAMMON, 2005). Isso indica que o grau de abstração do planejamento fônico não paira acima da corporeidade dos padrões de produção das línguas envolvidas. A construção de uma interlíngua[7] articulatória que tenha efeitos acústicos aceitáveis em ambas as línguas otimiza o esforço do bilíngue e facilita o processo de alternância de códigos (*"code switching"*).

A presença constante de fonoaudiólogos no LAFAPE levou-nos a privilegiar a primeira língua nos estudos de aquisição de linguagem até agora realizados. De qualquer forma, além do artigo citado sobre os róticos de falantes do espanhol aprendendo português (JIQUILIN-RAMIREZ *et al.*, op. cit.), há atualmente entre nós dois estudos sobre aquisição de segunda língua, ambos em andamento.

No doutorado, Diego Jiquilin-Ramirez investiga a produção das fricativas posteriores — velar, uvular e glotal — em bilíngues guarani-espanhol, tendo em vista que elas desempenham papéis diferentes nos dois sistemas fonológicos. Até agora, os resultados corroboram a hipótese de que os bilíngues buscam compatibilizar os planos de produção das duas línguas aprofundando algumas das suas aproximações e preservando algumas das suas diferenças.

Paralelamente, o mestrado de Carla Diaz investiga a produção de oclusivas surdas em bilíngues quéchua-espanhol, tendo em vista que essas consoantes participam de séries distintas de contrastes nas duas línguas. No quéchua, o contraste pertinente é entre oclusivas surdas simples, aspiradas e

---

7. Termo introduzido por Selinker (1972) para designar o sistema linguístico híbrido construído por aprendizes de segunda língua para lidar com as semelhanças e diferenças em relação à língua materna.

ejetivas. No espanhol, o contraste pertinente é entre oclusivas surdas e sonoras. Nessa língua, a comparação do VOT de bilíngues e monolíngues apresenta claras diferenças intergrupais. Além disso, essa e outras medidas acústicas indicam que, embora produzam facilmente a oclusiva sonora, ausente no quéchua, os bilíngues apresentam ejetivas altamente variáveis e instáveis, o que sugere uma importante interferência do espanhol.

As tarefas do bilíngue que alterna entre duas línguas e do monolíngue que tenta coadunar a fala a outra tarefa fônica, de cunho estilístico e/ou artístico, são muito diferentes. Têm, todavia, um ponto comum: a necessidade de acomodar o trato vocal a demandas diferentes ou até conflitantes. No bilíngue, essas demandas se alternam, mobilizando gestos cujas semelhanças e diferenças devem se equilibrar a fim de alcançar a sonoridade nativa sem desperdício de esforço. No monolíngue, essas demandas são simultâneas, mobilizando gestos que não podem se confundir, na medida em que veiculam mensagens complementares, a saber: a mensagem linguística propriamente dita e a mensagem estilística superposta.

Os trabalhos realizados no LAFAPE sobre o desempenho vocal de locutores e cantores profissionais lançaram luzes, ainda que preliminares, sobre a integração de planos fônicos linguísticos e estilísticos simultâneos. Esses esforços ainda não puderam ir mais longe porque a literatura carece de descrições detalhadas da principal unidade de análise envolvida, a saber: a postura ou configuração articulatória (*"articulatory setting"*).

O termo corresponde a dois conceitos próximos, de origens históricas distintas. A acepção mais antiga, também chamada de base articulatória, foi proposta na década de 1960 (STRAKA, 1963; HONIKMAN, 1964) e desenvolvida recentemente por Gick *et al.* (2004) e Ramanarayanan *et al.* (2013), para explicar o fato de que as línguas diferem quanto à posição de repouso do trato vocal. A acepção mais recente foi proposta por Laver (op. cit.), para dar conta dos gestos articulatórios persistentes observados na produção das qualidades de voz associadas aos estilos orais — as quais, não raro, modificam toda a configuração do trato vocal.

A base articulatória é uma configuração neutra fixa do trato vocal, usada como ponto de partida e retorno pelos órgãos de fala numa dada língua. A postura articulatória é uma configuração variável do trato vocal, que se superpõe à configuração neutra em trechos de fala mais ou menos longos, emprestando-lhes qualidades de voz distintas, passíveis de uso estilístico. Embora tenham efeitos e escopos diferentes, as configurações articulatórias correspondentes a ambas as acepções têm em comum a necessidade de se coadunar com os gestos articulatórios mais pontuais da mensagem linguística.

No momento, a noção de base articulatória respalda um doutorado em andamento no LAFAPE, ainda em fase inicial de análise de dados (POZZANI, em preparo). Já a noção de postura articulatória vem respaldando trabalhos sobre gêneros e estilos do canto e da oratória há cerca de vinte anos.

O mestrado (1988) e o doutorado (1997) de Rocha Filho versaram sobre o estilo oral de profissionais brasileiros da narração de futebol através de uma análise do seu comportamento vocal durante emissões de rádio e TV. No mestrado, o texto oral da narração foi tratado como um diálogo entre três interlocutores que assumem vozes diferentes: o locutor, o comentarista e o repórter de campo. A voz mais trabalhada foi a do locutor, que apresenta escansões ditadas pelo fluxo dos acontecimentos no campo e transmite a tensão do jogo através de diferentes posturas articulatórias e efeitos prosódicos, rítmicos e/ou entoacionais.

O doutorado estendeu essa análise, caracterizando a locução de futebol como uma narrativa oral do gênero épico. Esse caráter épico revela-se a partir da sincronia entre a composição do texto narrativo em tempo real e o desenrolar das ações que compõem a cena do jogo. O autor atribuiu a esse gênero uma estrutura linguística e textual típica, apontando algumas das suas características lexicais, sintáticas e prosódicas próprias. Além disso, atribuiu os frequentes efeitos de sentido épicos e dramáticos a certas posturas articulatórias recorrentes (p. ex., a tensão laríngea e o abaixamento da mandíbula). Usou, ainda, as mesmas categorias linguísticas e fonéticas para distinguir entre o padrão narrativo geral e os estilos de narradores individuais.

O doutorado de Arnold (2005) analisou o estilo de locutores de rádio jornal na leitura de manchetes. Isso se fez através de um corpus de frases curtas, baseadas em materiais jornalísticos, que constituíram um experimento de leitura cujos participantes eram três locutores profissionais submetidos a duas condições. Na primeira, eles eram instruídos a ler as frases de acordo com os cânones da sua prática profissional. Na segunda, eles eram instruídos a ler, o mais naturalmente possível, textos mais longos nos quais as mesmas frases haviam sido contextualizadas de modo a não suscitar a leitura manchete.

A análise fonético-acústica comparou os quatro formantes das vogais, a duração e a frequência fundamental dos locutores em ambas as condições. Os parâmetros mais relevantes para a caracterização do estilo manchete foram a duração, a frequência fundamental e a frequência do primeiro formante do conjunto das vogais. A elevação sistemática do primeiro formante sugere que a postura articulatória característica da leitura de manchetes envolve um ligeiro abaixamento da mandíbula — que, como já vimos, parece ser um recurso recorrente na oratória.

Mesmo sem ter abordado diretamente a questão, os trabalhos de Rocha Filho e Arnold corroboram a hipótese da continuidade da aquisição fonológica em adultos, ao mostrar que ambos os gêneros têm marcas fônicas próprias capazes de distingui-los da fala cotidiana. Afinal, é bastante plausível que essas marcas tenham sido adquiridas num momento compatível com a escolha da profissão, ou seja, na adolescência ou na idade adulta.

A performance musical cantada faz demandas muito mais convencionais ao trato vocal do intérprete que qualquer gênero oratório, jornalístico ou outro. Nela a margem de liberdade é muito menor porque há uma partitura a seguir. De qualquer forma, há semelhanças significativas entre os dois casos. Por exemplo, a letra da canção constitui uma mensagem linguística que precisa ser coadunada com os aspectos melódicos e rítmicos da peça musical. Da mesma forma, é preciso respeitar os gêneros e estilos impostos pela tradição musical associada à canção.

No canto, o processo de compatibilização dos dois planos fônicos não começa, na verdade, na interpretação e, sim, na composição. As relações entre os padrões prosódicos da música e da letra têm sido estudadas em diversas línguas (p. ex., RUWET, 1961; WENK, 1987; NICHOLS *et al.*, 2009), revelando coincidências não aleatórias de acentos. Essas coincidências levaram Patel e Daniele (2003) a levantar a hipótese de que o padrão prosódico de uma língua influencia também a música, mesmo instrumental, da sua tradição musical.

Para tanto, os autores desenvolveram uma medida aplicável aos ritmos da fala e da música, a fim de comparar os atuais padrões rítmicos do inglês

O GESTO AUDÍVEL   183

e do francês com os da música erudita das respectivas tradições no último século. A medida diferencia os ritmos do inglês e francês falados, assim como as peças musicais compostas por compositores do século XX nativos dessas línguas.

Somente um dos dois[8] trabalhos realizados no LAFAPE sobre as semelhanças e diferenças entre a prosódia linguística e musical veio a público. Trata-se do mestrado de Ricci (2013), que investigou a relação entre os padrões prosódicos do samba e da bossa nova com base na hipótese de que são gêneros construídos com base na prosódia do PB.

Para tanto, analisou três canções representativas de cada um, interpretadas por dois dos seus grandes ícones: Noel Rosa e João Gilberto. A análise quantificou os seguintes parâmetros: as pausas dos intérpretes e a sua relação com os níveis da hierarquia prosódica do PB; o acúmulo de acentos musicais na partitura e/ou na interpretação e a sua relação com o acento lexical das letras; as alterações da acentuação da partitura pelos intérpretes; e a contribuição da rítmica do acompanhamento instrumental para a interpretação.

Os resultados levaram às seguintes conclusões: a incidência dos acentos musicais é maior nas sílabas tônicas que nas átonas; a acentuação musical da melodia é reforçada pelo acompanhamento instrumental; e, como esperado, a relação entre os acentos musicais e linguísticos é semelhante no samba e na bossa nova. Isso corrobora a hipótese de que a acentuação e a segmentação de ambos os gêneros se baseiam na fala do PB. Sugere também que as diferenças entre eles não residem propriamente nas propriedades do canto falado, mas em particularidades de cada gênero.

O mestrado de Pessotti (2007) adicionou uma nova variável — a escola de canto — à pesquisa sobre gêneros e estilos vocais realizada no LAFAPE. O trabalho versa sobre o estilo utilizado por cantoras líricas profissionais na interpretação falada e cantada de uma canção de câmara brasileira. O autor tentou depreender marcas fonético-acústicas dos estilos individuais e coletivos das participantes, i.e., da sua escola. A letra da canção foi segmentada quanto

---

8. O outro foi a iniciação científica de Ana Paula Roza, intitulada *Fala, canto e canto-falado: suas semelhanças e diferenças na bossa nova*, financiada pela Fapesp. Infelizmente, a autora não prosseguiu na vida acadêmica.

à hierarquia prosódica e analisada quanto a aspectos vários da duração, do ritmo, do timbre e da entoação. A análise estatística corroborou a hipótese de que as marcas de estilo incidem sobre diferentes níveis da hierarquia prosódica na fala e no canto. Corroborou, ainda, a hipótese de que essa incidência reflete, ao mesmo tempo, escolhas pessoais das intérpretes e cânones da sua formação em diferentes escolas de canto.

Pessotti e Ricci apoiaram-se no doutorado de Raposo de Medeiros (2002), o primeiro estudo sobre fala e canto realizado no LAFAPE. Trata-se de uma análise fonético-acústica da estrutura temporal, do padrão formântico e das pistas acústicas da coarticulação entre consoantes e vogais no canto lírico. Com base em Sundberg (1977), a autora elaborou um experimento modificando a letra da canção *Cantiga de Ninar*, de Francisco Mignone, a fim de observar o pareamento entre harmônicos e formantes em cinco sopranos brasileiras. Na palavra alterada para fins de controle experimental, as consoantes [p, t, k] ocorriam com todas as vogais do PB em posição tônica.

Além de corroborar os achados de Sundberg, a tese revelou outras estratégias articulatórias para preservar a afinação e o volume da melodia, assim como a inteligibilidade da letra. São três: as consoantes se encurtam; a coarticulação consoante-vogal é bastante reduzida; e um dos três primeiros formantes da vogal se pareia com um harmônico da nota. Esses achados levaram Raposo de Medeiros a concluir que o trato vocal dos cantores líricos é palco de uma negociação entre as demandas da interpretação da letra, sujeita a restrições da fala, e as demandas da interpretação da partitura, sujeita a restrições da música.

O doutorado de Pessotti (2012) comparou cantoras líricas e locutoras de rádio quanto aos efeitos do treinamento e da prática vocal profissional. A canção *Conselhos*, de Carlos Gomes, foi interpretada por três tipos de profissionais, divididos em grupos de cinco participantes: cantoras solistas, cantoras coralistas e locutoras de rádio. Nos dois primeiros grupos, a canção foi cantada e lida; no terceiro, apenas lida.

A análise quantitativa das pausas da partitura, comparadas às da letra, indicou considerável observância de restrições linguísticas, especialmente no que toca à hierarquia prosódica. A análise fonético-acústica indicou que o treinamento e a prática profissional diferenciam os três grupos na fala, assim como os grupos de cantoras no canto. Mostrou, ainda, que os efeitos observados no canto se estendem à fala, principalmente nas solistas.

Dentre os parâmetros afetados pela prática profissional estão a duração segmental, a posição dos formantes vocálicos, a área do espaço vocálico e o acordo entre a frequência fundamental e as notas da partitura. Comparadas às coralistas, as solistas não só alcançam frequências fundamentais muito próximas da frequência teórica da nota como também apresentam um espaço vocálico mais amplo, com vogais menos centralizadas e, portanto, mais inteligíveis — o que se transfere à sua dicção na fala. As locutoras se diferenciam por efeitos de duração e volume atribuíveis ao seu treinamento para dar inteligibilidade e expressividade ao texto.

Vinte anos de estudo de vozes profissionais no LAFAPE e no DINAFON, já espalhado por outras universidades, corroboram a tese de que a aquisição fonológica se estende muito além da infância e adolescência. Revelam também que, assim como o bilíngue, o profissional da voz, cantor ou locutor, precisa coadunar demandas de diferentes domínios cognitivos sobre o seu trato vocal. Os dados, ainda que preliminares, sugerem que, tal como o bilíngue cria uma interlíngua livre de sotaque, o locutor ou cantor profissional cria uma base articulatória híbrida, que serve tanto aos fins da fala cotidiana como aos da sua atividade profissional.

Para esclarecer melhor essa questão, a fonologia gestual precisa avançar no estudo das posturas articulatórias, pertençam elas à base linguística neutra ou aos estilos superpostos. Para tanto, o maior desafio de ordem metodológica é aprimorar a depreensão dessas posturas com técnicas minimamente invasivas, tais como o ultrassom.

Não obstante, o desafio mais instigante e urgente é, sem dúvida, de ordem teórico-conceitual, a saber: operacionalizar uma noção de gesto articulatório que seja, de fato, não só extensível e corporificada, mas também situada e socializada.

Esperemos que o crescente interesse da comunidade científica por temas como o bilinguismo, os estilos e as marcas fônicas de identidade estimulem esforços em ambas as direções.

6

Dilemas, desafios, horizontes

O lado invisível da pragmática

A nossa tentativa de pensar uma pragmática do significante fônico chega à etapa final com muitas questões pendentes. As mais importantes trazem à tona contradições e dilemas que nos desafiam a articular campos sem muitas afinidades teóricas e/ou metodológicas. Os horizontes que assim se descortinam são, em geral, quase virgens, já que, até agora, ninguém propôs algo que se possa chamar de fato de uma pragmática do significante — fônico ou outro.

Vale lembrar que os fundadores da fonologia gestual se debruçaram sobre o papel da ação na constituição do significante fônico na esteira do movimento aqui referido como a *virada pragmática* no estudo da linguagem e da mente (ver capítulo 5). É preciso admitir, no entanto, que esse movimento ainda não foi muito longe em revisar a visão tradicional da relação entre o significante e o significado. Basta lembrar que o mais veemente questionamento da visão dicotômica do signo partiu da psicanálise[9], disciplina que obviamente não se ocupa de sentidos amplamente compartilháveis.

---

9. A psicanálise lacaniana rejeita a correspondência biunívoca entre significante e significado e remete a significação a uma rede de relações, instáveis, entre cadeias de significantes.

Assim, tanto quanto eu saiba, a fonologia ainda não foi pensada como uma parte da pragmática, i.e., como parte dos recursos construídos pela espécie humana, ao longo da sua evolução, para produzir significações adaptáveis às diferentes demandas da vida social. O lugar do significante na pragmática é quase invisível porque reside na própria raiz do ato de significar. Não se pode participar de práticas que atribuem sentido sem, ao mesmo tempo, participar de práticas que dão forma à matéria que remete a esse sentido.

O único autor do meu conhecimento que concebeu o significante como nascido da prática é Moreno (no prelo). Ele afirma que não há condições necessárias, mas apenas suficientes, para a instauração da relação que denomina "reenvio simbólico" entre práticas de construção do significante e práticas de construção do significado. Uma vez estabelecida, essa relação se renova conforme as alterações sofridas por ambos os tipos de práticas. Note-se, porém, que se trata de uma discussão filosófica da gênese do signo e não de uma discussão científica da evidência empírica disponível sobre a matéria-prima dessa gênese.

Do lado científico, só conheço uma defesa da fala enquanto ação fônica coletiva voltada à negociação de significações: é o mencionado livro de Cummins (2018). Entretanto, o foco dessa obra é a construção síncrona e intersubjetiva de textos orais (como, p. ex., em rituais religiosos e torcidas esportivas) — e não o papel das unidades e processos fônicos nessa construção. Além disso, a visão de auto-organização adotada pelo autor é controversa (MATURANA; VARELA, 1980) e tem muitos pontos de desacordo com o pensamento físico abraçado pela fonologia gestual.

Essa lacuna do campo põe em relevo a tese mais importante deste livro, cuja defesa foi postergada até aqui em prol da tarefa de familiarizar o público com as ideias e fatos que a sustentam. *Trata-se da proposição de que todos os processos fônicos são potencialmente produtores de sentido, mesmo que essa potência jamais se realize.* Dito de outra forma, variações fônicas ocasionais podem ser aproveitadas em esforços pela construção do sentido, tendendo ou não a se consolidar mais tarde, a depender do seu histórico de uso.

Essa proposição nada mais é que uma explicitação da tese subjacente à análise de Albano (1988). Para defendê-la, será necessário retomar a discussão do signo iniciada no primeiro capítulo. Cabe alertar, de saída, que esse esforço levará a uma leitura da noção de significante em desacordo com a tradição linguístico-filosófica saussuriana e consistente com a revisão empreendida pela psicanálise lacaniana.

Isso posto, faz-se necessário observar que a leitura aqui defendida tem *duas implicações não consensuais*, das quais apenas uma foi suficientemente discutida nos capítulos precedentes — justamente por contar com adesão de boa parte da comunidade científica. A primeira é a *inexistência de uma fronteira nítida entre a fonética e a fonologia*. A segunda é a *inexistência de uma fronteira nítida entre a fonologia e a fonoestilística*. Ambas serão retomadas ao longo deste capítulo, com destaque para a segunda, dado o seu caráter minoritário.

A variabilidade inerente à gestualidade humana torna as unidades fônicas instáveis e, portanto, passíveis de serem percebidas como diferentes de si mesmas (i.e., da sua versão padrão ou prototípica[10]). Embora a percepção dessa diferença torne a unidade modificada indéxica — i.e., capaz de indicar ao menos alteridade —, a probabilidade de o índice emergente se estabilizar e se disseminar depende de uma série de fatores não determináveis a priori.

Se mais de um locutor percebe um som de fala como diferente do esperado, isso potencialmente semeia uma variação alofônica cujo sentido pode, com o tempo, vir a ser mais ou menos compartilhado. Como vem demonstrando a sociolinguística, as variáveis que regem a efetiva disseminação de uma nova pronúncia e do seu sentido indéxico são de ordem macro ou microssocial.

É oportuno admitir, a esta altura, que o contingente *majoritário* dos fonólogos, do qual faço parte, não está acostumado sequer a considerar, quanto mais a acompanhar, a evolução temporal desse tipo de variável. Com isso perdemos sistematicamente a chance de detectar e estudar a emergência de casos de fonologização.

Ora, a fonologização é o motor da fonologia. É fonológico todo e qualquer aspecto do significante que contribua para a construção da significação numa

---

10. Tanto a forma canônica ou padrão como o protótipo desempenham um papel nos processos de categorização (ver SMITH, 2014).

comunidade de fala ou de prática[11]. Desse processo participam, de um lado, quaisquer gestos ou conjuntos de gestos concebíveis como parte da fonologia — oral ou gestual — e, de outro, quaisquer condições para a interpretação[12] desses gestos significantes, das mais passageiras às mais consolidadas. Note-se, a esse respeito, que, apesar de focalizar as línguas orais, a discussão a seguir poderia, com pequenos ajustes, se aplicar também às línguas de sinais.

Para se fonologizar, uma propriedade fônica perceptível deve adquirir um papel que podemos chamar, à luz da classificação peirciana dos signos (PEIRCE, 1958 [1903]), de indéxico, icônico ou simbólico. Lembremos, a propósito, que o termo signo é, na obra de Peirce, aproximadamente equivalente ao termo significante na obra de Saussure. No tocante ao significante fônico, isso implica que a diferença percebida pode remeter a um aspecto do contexto, a uma semelhança com o objeto nomeado (no chamado simbolismo fonético) ou às relações que sustentam distinções lexicais e/ou gramaticais.

Nenhum desses sentidos potenciais é estático, já que as propriedades que os veiculam não o são, tanto quanto não o é a ação humana em geral. Como caso particular da lógica da ação, a lógica do significante — fônico, gestual, grafêmico, pictórico etc. — se revela e desdobra dentro de janelas de tempo maiores ou menores, mas nunca redutíveis a um instante. Trata-se de janelas múltiplas, em parte definidas pelo contexto linguístico e em parte definidas pelo contexto situacional.

Assim, para fazer face à tarefa de compreender a fonologização, é preciso coadunar o arsenal linguístico e instrumental da fonologia — indispensável à análise do contexto linguístico de interesse — ao arsenal multíplice das ciências sociais e cognitivas — indispensável à análise do contexto situacional de interesse.

Uma fonologia de fato coerente com as implicações da virada pragmática exige que aprendamos a lidar com janelas de tempo cada vez maiores e mais finamente caracterizadas — tanto linguística como situacionalmente.

---

11. Termo devido a Lave e Wenger (1991), e introduzido na linguística por Eckert e McConnell-Ginet (1992) para caracterizar pequenas comunidades de interlocutores com atividades em comum.

12. Sublinhe-se que o que está em jogo na fonologia é a interpretabilidade das diferenças fônicas, crucial para a emergência de interpretações.

Só a observação detalhada e prolongada da variação fônica pode nos revelar como uma mera instabilidade se torna parte da construção do sentido e ganha ímpeto numa comunidade de fala ou de prática.

Como já vimos, a filiação à teoria dos sistemas dinâmicos levou a fonologia gestual a axiomatizar o tempo e estudar os seus efeitos sobre os parâmetros fônicos em janelas relativamente curtas (p. ex., o comportamento desses parâmetros durante um experimento de leitura, repetição etc.). Ultimamente, porém, alguns dos seus representantes ilustres (p. ex., LEE *et al.*, 2018) vêm se aventurando a trabalhar com outras, mais longas e complexas (p. ex., o comportamento dos mesmos parâmetros durante uma conversa estruturada gravada em laboratório). Isso tem propiciado avanços na difícil arte de coadunar os métodos de observação do gesto articulatório a uma coleta de dados que inclua mais de um locutor.

Esses avanços não são atualmente o único estímulo à proposição de uma pragmática do significante fônico. Os conceitos e métodos introduzidos pela sociofonética e/ou a sociolinguística também estimulam a reflexão nessa direção. São igualmente estimulantes certas objeções à fonologia gestual levantadas por colegas dessas áreas. Trata-se de críticas cientificamente procedentes, mas filosoficamente insatisfatórias, que incitam à busca de uma base filosófica mais sólida. Ora, ao longo das últimas décadas, a virada pragmática teve desdobramentos que configuram uma alternativa viável ao associacionismo subjacente a essas críticas.

Este capítulo discute inicialmente a inviabilidade do associacionismo e, em seguida, aborda, sem a pretensão de esgotar, algumas questões úteis à discussão da pragmática do significante fônico — em especial, *a questão das relações entre a fonética, a fonologia e a fonoestilística*. O argumento se baseia na importância, hoje quase consensual, da ação internalizada para a comunicação e a cognição humanas. Eis as suas linhas gerais:

1. os nossos órgãos fônicos evoluíram para facilitar a aquisição e o ajuste de gestos audíveis que nos habilitam a construir significantes públicos em comum acordo com os nossos interlocutores;

2. durante essa construção, internalizamos unidades fônicas, maiores ou menores, que contribuem para nos tornar proficientes no uso de processos fonológicos e fonoestilísticos;

3. não se deve hipostasiar os termos 'fonológico' e 'fonoestilístico': trata-se apenas de rótulos convenientes para designar os dois extremos de um contínuo entre processos fônicos mais ou menos compartilhados ou consolidados (NB: tradicionalmente, são considerados fonológicos os processos mais compartilhados — que, em geral são, por isso mesmo, mais consolidados);

4. as nuances do som são negociadas concomitantemente às nuances do sentido e essa negociação casada está presente até em monólogos — os quais, em condições típicas[13], têm uma estrutura dialógica, com um ou mais interlocutores implícitos;

5. o esforço de "soar como", acomodar-se, "tocar de ouvido" é parte inalienável dessa negociação;

6. embora só se fonologizem a médio e longo prazo, os processos fônicos da fala corrente, dos polos fonológico e estilístico, alimentam a estabilidade "instável" dos sistemas *"où tout se tient"*;

7. essa mesma instabilidade é a matéria da poética que subjaz à fala cotidiana em qualquer língua natural.

Todo o exposto sugere que o lado invisível da pragmática só se visibilizará quando acumularmos mais conhecimento sobre a íntima relação entre a negociação do som e a negociação do sentido. Numa tentativa de deslanchar a limpeza de terreno necessária a essa empreita, o restante do capítulo aborda alguns indícios de que os campos concernidos já estão suficientemente maduros para fazer face aos desafios que necessariamente sobrevirão.

Politomia sem associacionismo

Uma objeção à fonologia gestual cuja justificativa não se pode ignorar é a de que o grau de abstração relativamente alto das suas representações

---

13. Monólogos que dificultam a atribuição de interlocutores implícitos podem se originar em quadros psiquiátricos ou em intervenções artísticas que tematizem os efeitos de absurdo deles decorrentes.

fônicas tende a se chocar com a evidência disponível sobre efeitos de exemplares na produção e percepção da fala. Para enfrentar esse argumento, é preciso revisitá-lo fora do contexto filosófico associacionista, reinterpretando os principais efeitos de exemplares da literatura fonológica à luz do quadro de referência da virada pragmática.

Não é preciso expor de novo a proposta de Benus e Gafos sobre a representação gestual de exemplares. Basta lembrar que se trata de um mecanismo para atualizar, a partir da experiência, gestos componentes de formas fônicas, faladas ou ouvidas, por meio de probabilidades de reuso proporcionais à recência. A existência mesma do fenômeno da acomodação favorece essa proposta. Os poucos fatos que aparentemente a desfavorecem frente a modelos fundados na noção empirista de traço mnêmico dizem respeito à discussão sobre o tipo de memória envolvida nos efeitos de exemplares: trata-se da memória episódica, da memória semântica ou de uma combinação de ambas[14]?

É oportuno lembrar que um desses fatos — o efeito da familiaridade da voz do locutor sobre o reconhecimento de palavras (GOLDINGER, 1996) — propulsionou a adesão da fonologia ao modelo de exemplares, antes restrito à psicologia da visão e da audição. Outro fato relevante é o efeito do ruído ambiente sobre a mesma tarefa (PUFHAL; SAMUEL, 2014). O interesse de ambos é que a reminiscência envolvida não é passível de representação gestual, exceto em casos absolutamente excepcionais. As exceções são os atores especializados em imitação vocal e os sonoplastas especializados em produção de efeitos sonoros com o trato vocal.

No entanto, os estudos de reconhecimento de palavras que evidenciaram esses dois tipos de efeitos utilizaram palavras isoladas, tornando as tarefas completamente descontextualizadas. No caso da voz, manipula-se a sua familiaridade. No caso do ruído de fundo, manipula-se a sua presença ou ausência. Criam-se, assim, situações artificiais, em contradição com demonstrações clássicas do papel do contexto em facilitar ou dificultar o reconhecimento de palavras (p. ex., LIEBERMAN, 1963; LINDBLOM, 1990).

---

14. A memória episódica costuma ser definida como a dos fatos e objetos vividos, experienciados; já a memória semântica costuma ser definida como a dos fatos e objetos classificados e inseridos numa rede de significações.

Em geral os argumentos da fonologia dos exemplares assentam-se sobre uma ilusão filosófica que atravessa a história do pensamento desde os gregos (ver DE BRIGARD, 2014, para uma resenha). Trata-se da suposição de que a memória é capaz de representar o vivido literalmente. Na linguagem da neuropsicologia: toda representação mnêmica é um engrama, ou seja, uma codificação neural de uma imagem do objeto percebido.

Encampar hoje essa posição, que a literatura filosófica chama de representacionalismo[15], é ignorar que, como todos os animais, nos movemos constantemente e, assim, atualizamos as nossas entradas sensoriais em tempo real. Qual dessas atualizações gera a imagem engramada é uma pergunta que tem ocupado filósofos e cientistas ao longo dos séculos. Em geral, a sua formulação tem o fim retórico de reduzir ao absurdo a noção empirista de representação enquanto cópia do mundo externo.

E assim chegamos de volta ao debate milenar sobre a origem do conhecimento: derivado dos sentidos ou da estrutura interna do sujeito? Retomá-lo aqui não faria sentido. O que cabe lembrar agora é que a virada pragmática admite uma versão mitigada, ativa e reconstrutiva do representacionalismo. Nela a formação da memória depende crucialmente da ação situada, corporificada e compartilhada. Essa memória está longe de ser passiva, literal ou exaustiva, tal como o repositório de impressões sensoriais preconizado pelo associacionismo. É, ao contrário, ativa e lacunar, devendo, pois, ser reconstruída com base em aspectos vários da experiência comunicativa do sujeito.

Como uma memória assim poderia acomodar não só detalhes fonéticos gestualmente representáveis, mas também atributos do falante ou do fundo, como nos exemplos em discussão? No momento, as respostas a essa pergunta são apenas especulativas. Não obstante, fazem perfeito sentido dentro do quadro de referência conceitual da virada pragmática.

Primeiro, lembremos o argumento do segundo capítulo sobre a vantagem do caráter ao mesmo tempo contínuo e discreto do gesto articulatório — viabilizado pela discrepância entre as suas trajetórias contínuas e as suas transições de fase abruptas. Ser ora um esquema de ação, ora um princípio

---

15. Na verdade, o representacionalismo tem muitos graus, que se diferenciam quanto à atividade atribuída ao sujeito para reter e processar a representação.

O GESTO AUDÍVEL

abstrato de classificação torna o gesto articulatório propício a cooperar com outros princípios de classificação que inevitavelmente adquirimos ao longo das nossas vidas. Vejamos, então, como isso poderia funcionar nos casos em questão.

Reconhecer uma voz como familiar é algo que a criança humana aprende desde o útero materno. Usar esse conhecimento para detectar uma palavra numa situação artificial é uma forma de contextualizá-la internamente. Não é, portanto, de admirar que tenha efeito facilitador. Da mesma forma, um sinal acústico que é capaz de se somar ao sinal vocal sem mascará-lo pode torná-lo figura[16], funcionando como fundo. Não é, portanto, de admirar que possa aguçar a atenção do ouvinte durante experimentos de reconhecimento de palavras.

Em ambos os casos, é plausível que a descontextualização dos estímulos leve a memória semântica a cooperar com a memória episódica, classificando o estímulo auditivo em categorias preexistentes, sonoras ou não. Assim, por exemplo, categorizações do fundo, tais como 'voz masculina grave' ou 'zumbido agudo', bem como categorizações da palavra em foco, tais como 'ave' ou 'utensílio', poderiam emergir inconscientemente durante a fase de preparação (*"priming"*) do experimento.

Interpretações como esta demandam cautela porque a interação entre a memória episódica e a memória semântica é difícil de estudar empiricamente. Levantar hipóteses sobre as possíveis categorias envolvidas num episódio, além de complicar a concepção do experimento, pode multiplicar exponencialmente o número de fatores a manipular.

No caso em questão, por exemplo, seria preciso usar mais de uma voz masculina grave e mais de um zumbido agudo para discernir o que de fato explica a facilitação. São os detalhes sonoros do estímulo ou a sua categorização durante a fase de preparação? Essas complicações tornam a literatura sobre a interação entre as duas memórias confusa e inconclusiva, levando-nos até a duvidar se vale a pena distingui-las.

---

16. A distinção figura/fundo é mais discutida na psicologia da visão, mas também se aplica à psicologia da audição.

Entretanto, essa distinção recebeu respaldo recente de uma promissora área emergente: a computação neural (FANG *et al.*, 2018). Os autores produziram evidência de que a interação em questão atua fortemente na formação e recuperação da memória episódica. Para tanto, realizaram um experimento de simulação computacional das duas memórias e um experimento comportamental com as mesmas variáveis independentes.

A simulação pressupôs que uma rede treinada com episódios pode ser paralelamente alimentada por padrões de ativação derivados da saída de uma rede formada pela compressão da entrada sensorial — cuja dimensionalidade é inerentemente muito alta. A rede comprimida, que simula a memória semântica, interage com a rede treinada com os episódios, que simula a memória episódica. Os resultados mostraram que a precisão da recuperação da informação pela segunda rede depende crucialmente da qualidade da representação da primeira.

Redes semânticas 'adequadas', i.e., derivadas de dados do mesmo tipo que os usados no treinamento da rede episódica, foram comparadas a redes semânticas 'inadequadas', i.e., derivadas de dados de tipos distintos dos usados no treinamento em questão. Como esperado, a recuperação de detalhes foi superior em redes episódicas alimentadas por redes semânticas 'adequadas', cujos dados, naturalmente, divergem menos do input que os das redes semânticas 'inadequadas'.

No experimento comportamental, participantes humanos tiveram contato, durante a fase de preparação, com oito objetos inteiramente novos, divididos em dois grupos. Para os do primeiro grupo, solicitou-se atenção a certos atributos e manipulação de moldes de papelão. Já os objetos do segundo grupo foram apenas visualizados. Na fase de teste, os mesmos participantes assistiram a vídeos de episódios nos quais os objetos de cada grupo participavam de eventos vários. Ao final de cada vídeo, aplicava-se um questionário abordando não só os objetos e eventos, mas também os seus contextos de ocorrência. Como esperado, a recuperação de detalhes dos contextos — apresentados apenas durante a fase de teste — foi maior e mais precisa nos episódios envolvendo os objetos do primeiro grupo, submetidos à familiarização.

Tudo isso sugere que a presença de objetos conhecidos durante a apresentação de um episódio facilita a retenção e recuperação de objetos e eventos novos. Esse raciocínio levou os autores a concluir que a convergência entre o comportamento das redes e dos sujeitos ratifica a distinção entre as duas memórias e evidencia a importância da memória semântica na retenção e recuperação da memória episódica.

Esse resultado é teoricamente importante porque torna plausível combinar entradas lexicais gestualmente representadas com descritores resgatados da memória semântica. Assim, cada entrada lexical pode consistir em vários exemplares etiquetados com atributos dos seus contextos de ocorrência e demais informações relevantes. Isso permite conceber o léxico como um subconjunto da rede enciclopédica de significantes[17] caracterizado por incorporar detalhes fônicos indexados conforme os respectivos contextos de uso.

Diferentemente das nuvens de exemplares da fonologia do uso (BYBEE, 1999), as ativações de gestos da fonologia gestual não são cumulativas nem exaustivas. Tampouco se baseiam no vago mecanismo da associação por semelhança, já suficientemente criticado na literatura filosófica e científica contrária ao empirismo (ver, p. ex., FEYERABEND, 1970). Assim, a percepção de uma palavra consiste na reativação subvocal dos gestos implicados na sua produção. Essa reativação pode levar à criação de um exemplar acomodado ou à atualização dos valores médios dos parâmetros usados na pronúncia habitual, modificando a forma canônica.

Com isso, o significante lexical pode ser, ao mesmo tempo, ativo, seletivo e politômico, i.e., comportar múltiplas divisões. Contudo, a politomia decorrente das atualizações da representação gestual não abarrota o léxico com exemplares. Ao contrário, permite selecionar, ainda que inconscientemente, apenas aqueles de maior interesse para a vida quotidiana. Estão neste caso: a acomodação a um novo interlocutor, a incorporação de uma palavra pouco familiar, o aprendizado de um novo modo de falar, a tentativa de aproximar a norma da comunidade etc.

---

17. A enciclopédia abarca os significantes que compõem o conhecimento de mundo e a memória semântica. Só contém detalhes fônicos nos registros diretamente ligados ao uso linguístico, i.e., no subconjunto correspondente ao léxico.

São muitas as vantagens dessa politomia mitigada, seletiva e reconstrutiva.

Primeiro, os exemplares desse léxico são atestáveis, i.e., podem ser estudados cientificamente, uma vez determinados os seus possíveis contextos de uso. Isso contrasta com a dificuldade de atestar a totalidade da experiência de uma pessoa com a audição da fala.

Segundo, as mesmas representações gestuais podem se prestar a tarefas que envolvem a memória imediata ou a memória de longo prazo, episódica ou semântica. Assim, um exemplar atualizado pode retornar imediatamente na conversa ou contribuir para modificar, total ou parcialmente, exemplares ou formas canônicas armazenadas. Neste caso, o nível de detalhe incorporado depende da atenção e da motivação subjacentes à seleção. Isso permite que muitos exemplares ouvidos sejam ignorados.

Terceiro, esta interpretação é compatível com uma visão também politômica, porém dinâmica, da significação. *Não há significados fixos. Há apenas redes de significantes que se formam para interpretar o significante corrente em função do seu uso. Isso não inviabiliza a formação de categorias. Enquanto redes de significantes, as categorias podem se organizar em semelhanças de família.* Vale notar que, embora se aplique à fonologia, área científica apenas fracamente vinculada à tradição humanística, esta proposta tem, admitidamente, fortes vínculos com a visão psicanalítica do papel da linguagem na organização do inconsciente.

Quarto, a mesma interpretação é também compatível com os fatos sobre privação de linguagem discutidos no primeiro capítulo. Se fôssemos, efetivamente, capazes de classificar objetos a partir de representações "literais" da entrada sensorial, não haveria prejuízo à formação de conceitos nos casos de ausência ou insuficiência de contato direto com uma língua natural.

Quinto, a interpretação em questão é, ainda, compatível com a visão da multimodalidade das línguas naturais defendida no primeiro capítulo. Para reforçar essa posição convém, finalmente, responder a um argumento frequentemente usado pelos que militam contra a centralidade da ação na organização cognitiva (p. ex., PIATTELLI-PALMARINI, 1994). Trata-se de erigir a paralisia cerebral em contraexemplo à ideia de representação neurocognitiva como ativação subliminar de circuitos da ação.

Três artigos recentes de neurocientistas italianos influenciados por um dos descobridores dos neurônios-espelho, Giacomo Rizzolatti, sugerem que a neuroplasticidade permite a construção de representações sensório-motoras mesmo na presença de espasticidade, sintoma comum à paralisia cerebral e vários outros quadros neurológicos graves.

O primeiro artigo (BIAGI *et al.*, 2016) mostra, com base em neuroimagens, que há semelhanças entre adultos e crianças no funcionamento do sistema dos neurônios-espelho, também chamado de rede de observação da ação. O segundo (SGANDURRA *et al.*, 2018) mostra que as ativações dessa rede em crianças portadoras de paralisia cerebral, embora distintas das de crianças típicas, respaldam a possibilidade de reabilitação da espasticidade por observação intensiva de ações dos outros, conforme praticado na chamada terapia de observação da ação. O terceiro (BUCCINO, 2014) resenha a evidência científica e os ensaios clínicos que falam em favor dessa terapia em vários quadros espásticos, inclusive a paralisia cerebral. Embora a questão, até agora, tenha sido abordada com estudos de caso e não com experimentos, os resultados obtidos são bastante animadores.

O exposto deve ter bastado para sustentar a concepção do léxico aqui defendida: uma rede de significantes politômicos representáveis pelas vias múltiplas e plásticas da ação fônica. Por fim, é oportuno lembrar que o respaldo neurofisiológico não é senão um aspecto da materialidade do significante. Outros, igualmente importantes, são o seu caráter compartilhável e a sua flexibilidade para participar de processos de negociação da significação.

Qualidades de voz

O fenômeno fônico mais apto a ilustrar o quanto o significante pode ser flexível na negociação da significação é a qualidade de voz. Ela exemplifica claramente a mobilidade entre os polos fonológico e estilístico do campo fônico.

Para entender a sua riqueza, é preciso voltar à nossa discussão sobre a emergência do movimento audível. Como vimos no segundo capítulo, o trato vocal humano evoluiu para se desdobrar em "um instrumento de sopro acoplado a duas caixas de ressonância, uma fixa, o trato nasal, e outra altamente maleável, o trato oral" (cap. 2, p. 61). Isso já bastaria para garantir "uma vasta gama de timbres às fontes sonoras da fala, sejam elas musicais ou ruidosas" (cap. 2, ibidem).

Resta, porém, mencionar que a posição atual do instrumento frente às duas caixas pode transformá-las em três. É que a laringe é ela mesma uma caixa, surgida para proteger a glote, entre outros fins. Ocorre que a sua forma atual lhe permite — com algum prejuízo da função protetora[18] — introduzir ressonâncias próprias, conforme esteja elevada ou abaixada, e mais ou menos acoplada às caixas superiores. Assim, nas línguas orais humanas, o jogo sutil entre os tratos oral, nasal e laríngeo sustenta uma imensa gama de timbres — matizáveis, ainda, pela morfologia fonatória do locutor.

Não vale a pena nos estendermos aqui sobre essa diversidade tímbrica. Os interessados devem consultar diretamente a fonte, a saber: o livro que respaldou o meu artigo de 1988 (LAVER, 1980). O que cabe focalizar agora são alguns exemplos significativos da variabilidade das formas e funções assumidas pela qualidade de voz em diferentes línguas e situações. Para tanto, será necessário resgatar a noção de postura ou configuração articulatória, introduzida no quinto capítulo junto com a noção correlata de base articulatória.

Recapitulemos as duas definições. "A base articulatória é uma configuração neutra fixa do trato vocal, usada como ponto de partida e retorno pelos órgãos de fala numa dada língua" (cap. 5, p. 180). Em contrapartida, "a postura articulatória é uma configuração variável do trato vocal, que se superpõe à configuração neutra em trechos de fala mais ou menos longos, emprestando-lhes qualidades de voz distintas passíveis de uso estilístico" (ibidem).

Cabe acrescentar que a base articulatória possui um *default* para cada uma das caixas, podendo, portanto, ser modificada pela superposição de posturas articulatórias múltiplas. A maioria dessas posturas comporta realizações de curto, médio e longo escopo, as quais podem, por sua vez, atender a fins fonológicos ou estilísticos. Embora os escopos mais curtos tendam

---

18. Devido à redução da epiglote e ao abaixamento do osso hioide e da própria laringe, surgidos no *Homo heidelbergensis*, a glote humana é menos protegida que a dos grandes símios.

a se associar a usos fonológicos e os mais longos a usos estilísticos, nem sempre isso é verdade.

Assim, por exemplo, no português e outras línguas, as vozes rangida (*"creaky"*)[19] e murmurada[20] se alternam com a voz modal para fins estilísticos de escopo geralmente longo. As mesmas distinções marcam contrastes segmentais nos inventários vocálicos de línguas como o mazateco Jalapa, falada no México (KIRK *et al.*, 1993).

Há também línguas que usam ambos os escopos de uma qualidade de voz para fins distintos. Esse é o caso da labialização no francês e no alemão, onde veicula não só oposições vocálicas, mas também efeitos estilísticos (FÓNAGY, 1983).

Finalmente, como vimos no quarto capítulo, o caingangue e outras línguas macro-jê parecem usar a abertura nasal como *default*, opondo-a ao fechamento ao nível da sílaba e não do segmento. Observe-se que, neste caso, a nasalidade tem escopo maior que nas línguas românicas, mas menor que em línguas com harmonia nasal como o guarani, nas quais se estende por várias sílabas.

Outra possibilidade digna de nota é a ocorrência de posturas articulatórias simultâneas em uma ou mais caixas, para fins tanto fonológicos como estilísticos. As oclusivas pré-nasalizadas e labiovelarizadas do ruandês, vistas no segundo capítulo, exemplificam essa multiplicidade de timbres a serviço do fim fonológico de distinguir segmentos. A voz alterna entre modal e murmurada; a nasalidade extraforte não impede a soltura oral; e as constrições supralaríngeas se alternam entre labial, alveolar e velar. Tudo isso, lembremos, ocorre num único segmento, cuja duração média é de 160 milissegundos.

Já os sotaques regionais costumam exemplificar a multiplicidade simultânea de timbres a serviço do fim estilístico de marcar identidades, com um alcance em geral longo. Por exemplo, o sotaque masculino da classe trabalhadora de Glasgow, segundo Stuart-Smith (1999), é produzido pela

---

19. A fonética de língua inglesa usa os termos *"breathy"* e *"murmured"* como sinônimos.

20. Modo de fonação no qual as cartilagens aritenóides se juntam, comprimindo as pregas vocais e tornando-as frouxas e compactas. Os sinônimos incluem laringalização — e, em inglês, *"vocal/glottal fry"*.

superposição de nasalização, voz rangida e sussurrada e uma mescla de posturas articulatórias orais, a saber: labialização, mandíbula baixa e ponta da língua anteriorizada.

Cabe notar, a propósito, que mesclas de posturas articulatórias são recorrentes nos sotaques em geral, evocando a teoria do *habitus*[21], do sociólogo francês Pierre Bourdieu (1996 [1982]). Num artigo visionário (1977), ele descreve o sotaque como parte da linguagem corporal de uma comunidade — cujas mensagens têm uma ligação direta com as relações de poder. Na passagem abaixo, destaca a contribuição da qualidade de voz na formação do sotaque, inerente àquilo que denomina "a economia das trocas linguísticas":

> A psicologia social chama atenção para todos os sinais que, funcionando como cetro[22], afetam o valor social do produto linguístico, o que, por sua vez, contribui para definir o valor social do falante: assim, sabemos que propriedades tais como a "postura" ("*setting*") da voz (nasalização, faringalização), sotaque ("accent") oferecem melhores pistas que a sintaxe para identificar a classe social dos falantes; aprendemos, ainda, que a eficácia de um discurso, o seu poder de convencer, depende da autoridade da pessoa que o enuncia ou, o que dá no mesmo, do "sotaque" funcionando como um índice de autoridade (BOURDIEU, 1977, tradução minha).

Bourdieu forneceu elementos para a proposição de uma pragmática do significante fônico ao notar que, em qualquer língua, a qualidade de voz tem usos estilísticos, de longo e curto escopo, diretamente ligados à hierarquia social e, portanto, altamente convencionais. À primeira vista, isso contrasta com os seus usos expressivos, que surgiram na evolução das espécies há muito tempo, tendo se consolidado na ordem primata.

No entanto, os humanos e talvez, também, à sua maneira, os grandes símios não raro teatralizam esse imemorável meio de expressão de atitudes

---

21. Não cabe aqui definir um conceito tão complexo como o de *habitus*. Diga-se apenas que engloba todas as disposições para a ação física e simbólica constitutivas dos estilos de vida dos grupos sociais.

22. Bourdieu utiliza a palavra grega *skeptron*, cetro, para se referir ao lugar de maior poder numa comunidade.

e emoções. Ora, isso dá à negociação da significação uma ambiguidade que funciona como poderosa ferramenta retórica para fins dos mais diversos, inclusive a disputa de poder.

A voz tomada de emoção e a sua dramatização dificilmente se distinguem. Basta lembrar a vasta e produtiva linha de pesquisa sobre os correlatos fonéticos das emoções. Com frequência, os seus critérios de organização e interpretação de dados assentam-se sobre gravações de fala espontânea comparadas a experimentos com participantes atores (p. ex., SCHERER, 1995; PATEL *et al.*, 2011).

À luz dessas considerações, retomemos agora o alerta do fim do quinto capítulo a respeito da urgência de avançarmos na unificação — ou, pelo menos, na aproximação explícita — das noções de gesto e postura articulatória. Aquilo que nesta seção denominamos escopo abarca todo o espectro de usos segmentais e prosódicos da gestualidade fônica.

Há pelo menos dois nós górdios a cortar para melhor compreender a relação entre eles. O primeiro é um problema eminentemente científico, concernente à natureza dos primitivos da fonologia gestual. O segundo é, além disso, um problema filosófico, concernente aos seus pressupostos.

O primeiro problema é a questão, levantada no terceiro capítulo, do impacto dos correlatos sensoriais do gesto articulatório sobre a sua própria definição, bem como sobre o seu monitoramento on-line. Para adquirir um sotaque, é necessário ajustar gestos ou posturas articulatórias a fim de produzir os efeitos sonoros desejados. É evidente que uma especificação puramente motora das unidades gestuais não daria conta de ajustes tão precisos, de óbvio cunho sensório-motor.

O segundo problema é uma questão fundadora, a saber: a da segmentação dessas mesmas unidades. A vagueza dos limites entre o gestual e o postural sugere que um bebê solipsista seria incapaz de recortar unidades combinatórias do fluxo de atividades vocais aparentemente espontâneas como o gorjeio e o balbucio. Urge, portanto, reconhecer que os recortes da matéria fônica indispensáveis à aquisição de qualquer língua requerem imersão cultural e participação coletiva e solidária em processos de negociação da significação.

Unidades agregadoras

Tudo que se disse acima reforça a ideia de que o problema das unidades agregadoras, que vimos discutindo desde o segundo capítulo, não tem solução determinística. Isso não é de admirar, pois já encontramos indícios suficientes de que as restrições que regem a segmentação e hierarquização dessas unidades são, de um lado, de ordem física, fisiológica e psicológica, e, de outro, de ordem simbólica, construídas historicamente pelas comunidades usuárias da língua.

Mesmo no caso da sílaba, não há critérios de demarcação estritamente universais, como vimos no segundo e terceiro capítulos. Há línguas, tais como o aranda, o georgiano e o berbere tashlhiyt, que têm estruturas silábicas bem distintas das consideradas típicas. Porém, até nas línguas mais afeitas ao padrão CV, a silabificação tem aspectos mal compreendidos, devido à assimetria entre o ataque e a coda. Daí decorre, como já vimos, que as unidades agregadoras acima da sílaba venham desafiando definição até hoje.

Por isso, reafirmemos que as bases psicobiológicas das unidades agregadoras são suficientemente flexíveis para permitir escolhas culturais e variações situacionais. E procedamos, então, por exemplificação, introduzindo formas de agregação ainda não discutidas aqui, através das suas manifestações em línguas conhecidas. Para não nos determos muito, limitemo-nos a dois casos: a qualidade de voz como índice de fronteira prosódica e um intrigante processo fônico não local, a saber: a influência de uma vogal sobre outra em sílabas adjacentes separadas por uma consoante intermediária.

Para começar, recapitulemos que as qualidades de voz laríngeas mais comuns, a rangida e a murmurada, formam um contínuo entre si, passando pela voz modal. Na extremidade rangida, os períodos são maiores e mais irregulares, devido à maior tensão e compactação das pregas vocais. Na extremidade murmurada, as fases de abertura e fechamento da glote são menos definidas, devido ao escape interaritenóideo e à menor tensão longitudinal das pregas vocais. Assim, a glote passa mais tempo fechada na voz rangida, e aberta na voz murmurada. Naturalmente, o quociente de abertura — i.e., a razão entre os tempos de abertura e fechamento — é mais próximo de 1 na voz modal.

Nem sempre o comportamento das pregas vocais na qualidade de voz é determinado por variações de tom[23]. No entanto, os mecanismos de produção de ambas as vozes extremas, por mais distintos que sejam, podem contribuir para esticar os períodos e, portanto, abaixar o tom. Ora, as quedas de tom marcam os finais de enunciados declarativos em muitas línguas. Se a glotalização e o murmúrio são igualmente capazes de implementá-las, essa fronteira está sujeita a uma ampla variação — linguística, dialetal e estilística.

Por exemplo, o contorno final descendente das declarativas tende a ser implementado por glotalização no inglês (REDI; SHATTUCK-HUFNAGEL, 2001). Já no sueco, ele tende a ser implementado por murmúrio (GOBL, 1988). Entretanto, tanto quanto se saiba, essas tendências são flexíveis. Elas convivem lado a lado em contextos tais como as quedas seguintes aos acentos tonais do inglês, que ocorrem tanto com glotalização como com murmúrio (PIERREHUMBERT; TALKIN, 1992).

Passemos, finalmente, às relações de vogal a vogal, cuja variabilidade é ainda maior. O fenômeno veio à luz num trabalho seminal de Öhman (1966) sobre as trajetórias formânticas de sequências VCV em sueco, russo e inglês, e desde então vem sendo atestado nas mais variadas línguas. Não cabe aqui resenhar a vasta literatura sobre o tema (para uma visão baseada na fonologia gestual, ver GAFOS, 1999). Comentemos apenas os seus principais achados e alguns fatos significativos surgidos mais recentemente.

A maioria das influências de uma vogal sobre outra no contexto VCV é assimilatória. Por isso, o fenômeno ficou conhecido como coarticulação de vogal a vogal. Em outras palavras, um ou mais formantes da vogal influenciada se alteram em direção aos formantes correspondentes da vogal influenciadora. Essa, como se pode esperar, costuma ser uma vogal acentuada. Não importa se o acento é intensivo, como nas línguas do estudo original, ou tonal, como no japonês.

Aliás, com base nessa língua, Kondo (2006) propôs considerar o pé binário como domínio da coarticulação de vogal a vogal. Entretanto, a proposta

---

23. Segundo Ladefoged (1973), as variações de tom dependem do grau de contração do músculo cricotireóideo. Já as variações de qualidade de voz dependem sobretudo da rotação das aritenoides.

esbarra no inglês, onde Magen (1997) encontrou efeitos coarticulatórios se estendendo por mais de duas sílabas.

Na literatura sobre V-V, as variáveis mais estudadas são os formantes afetados e o seu grau de alteração, bem como a direção da influência (antecipatória ou perseveratória) e o seu escopo em número de sílabas. Recentemente, porém, surgiu uma variável nova, a saber: se há ou não concordância entre as duas vogais — ou seja, se a vogal influenciada se assimila ou dissimila à vogal influenciadora.

O primeiro relato sobre a dissimilação V-V deve-se a Roces (2006), numa dissertação de mestrado realizada no LAFAPE. Trata-se de um estudo experimental da produção de sequências dissílabas oxítonas da forma /pV1'CV2/, com quatro participantes nativas do PB. Com base em trabalhos inéditos meus, corroborados pela iniciação científica do autor, esperávamos que as vogais médias fossem mais suscetíveis às influências da vogal adjacente. Por isso, o corpus de ambas as posições girou em torno delas.

A fim de levar em conta o efeito das consoantes, cujo papel não pode ser negligenciado (RECASENS, 1987), C1 foi mantida fixa e C2 variou entre /p/, /t/ e /k/. Para estudar o comportamento das vogais médias, foi necessário montar dois conjuntos de estímulos. No primeiro, V1 foi preenchida com /e, o/, e V2, com /i, a, u/. No segundo, V1 foi preenchida com /i, a, u/, e V2, com /e, ɛ, ɔ, o/.

Os resultados não só respaldaram a tendência das pretônicas médias a se assimilarem à tônica, mas também revelaram casos de dissimilação da tônica à pretônica — de novo, em vogais médias. Roces concluiu que a posição tônica não é isenta de coarticulação: é, antes, mais resistente a ela.

Dado que a assimilação perseveratória tem um lado inercial inegável, é razoável especular que a dissimilação seja uma estratégia para contrariá-la em contextos que exijam clareza — como na pronúncia de laboratório de uma tônica média precedida de pretônica alta. Foi essa ideia que deu origem ao doutorado do autor.

Paralelamente, Tilsen (2007) encontrou casos de dissimilação V-V num experimento de produção do inglês. O objetivo era avaliar se a coarticulação perseveratória V-V é um efeito mecânico da coprodução dos gestos

O GESTO AUDÍVEL

vocálicos ou envolve alguma forma de planejamento. O experimento tinha duas condições, a saber: uma em que toda a sequência V1CV2 era produzida, e outra em que a primeira sílaba era planejada, mas não produzida — i. e., os participantes liam-na em silêncio e pronunciavam apenas a segunda.

Contrariamente ao esperado, observaram-se efeitos dissimilatórios significativos nos formantes de V2 na condição em que V1 era apenas planejada, em oposição àquela em que era de fato produzida. O esperado era que o silêncio em V1 apenas inibisse a assimilação em V2. No entanto, por terem sido instados a planejar toda a sequência, os participantes não só inibiram, mas também contrariaram a tendência a assimilar.

Os resultados de Tilsen dão suporte independente à possibilidade de um mecanismo de planejamento que restrinja a ação da coarticulação perseveratória V-V. Com base em achados semelhantes no campo da coordenação visomotora, o autor propôs um modelo do planejamento que inclui mecanismos de inibição entre gestos planejados conjuntamente. Trata-se, na verdade, de um modelo da resistência planejada, i.e., não mecânica, à coarticulação.

Estimulado por essa convergência, Roces manteve o corpus, aumentou o número de sujeitos e afinou o controle de variáveis no design da sua tese de doutorado (2010). Para perseguir a hipótese de que a dissimilação é um mecanismo opcional ligado à fala clara (LINDBLOM, 1990), adicionou a variável independente 'foco' e introduziu um novo parâmetro: o delta F2-F1, i.e., a diferença entre F2 e F1. Essa diferença pode ser usada como diagnóstico da redução vocálica porque os seus valores se correlacionam à área do espaço vocálico[24].

Os resultados esclareceram a relação entre a redução vocálica e o caráter opcional da dissimilação: os participantes que reduzem menos as pretônicas dissimilam mais as tônicas, o que sugere que, de fato, estão contrariando tendências à coarticulação perseveratória. Foi confirmada também a relação da dissimilação com a fala clara: de fato, esses participantes apresentaram

---

24. A correlação é positiva nas vogais reduzidas anteriores e negativa nas vogais reduzidas posteriores. Assim, nas anteriores, quanto maior a diferença, maior a área; já nas posteriores, ao contrário, quanto maior a diferença, menor a área.

mais ocorrências de dissimilação na condição em que o contexto os levava a produzir foco. Além disso, a ausência de dissimilação na pretônica — onde seria antecipatória — reforça o seu possível vínculo com a coarticulação perseveratória.

Uma reflexão mais detida sobre os resultados acima destacados sugere que é inútil procurar uma fronteira fixa entre as facetas biomecânica e planejada da coarticulação. O mais prudente é considerá-la flexível, adaptável, dinâmica, na medida em que os processos de aprendizagem podem deslocá-la. Como acabamos de ver, o planejamento maduro, ao mesmo tempo que explora, contraria tendências biomecânicas, ainda que respeitando os seus limites.

Parece que o mesmo ocorre na aquisição do planejamento. É o que sugere um estudo ultrassonográfico recente da aquisição da coarticulação V-V (RUBERTUS; NOIRAY, 2018): os resultados são compatíveis com a interpretação de que a criança primeiro se vale de tendências coarticulatórias, para, depois, aprender a inibi-las.

É esperável que haja diferenças entre adultos e crianças na organização temporal dos gestos articulatórios da fala fluente. A fim de estudar essa questão, as autoras focalizaram a coarticulação antecipatória V-V, num estudo transversal que comparou 62 crianças alemãs, nas idades de 3,5 e 7 anos, a 13 adultos. O foco recaiu sobre os gestos da língua, rastreados e quantificados por tecnologia de ultrassom. Os objetivos eram: averiguar a existência de coarticulação V-V em crianças; esclarecer o papel da consoante intervocálica; e investigar o desenvolvimento dos padrões coarticulatórios linguais.

Os resultados revelaram que o fenômeno ocorre em todas as coortes etárias com uma intensidade bem maior que nos adultos. Em outras palavras, os dados das crianças seguem a previsão de Öhman (1967) de que vogais e consoantes têm sequências de planejamento distintas, com as segundas "pegando carona" nas trajetórias das primeiras. A exceção reside em casos cuja consoante intermediária é /d/, onde a extensão da coarticulação V-V se reduz em resposta à exigência de coordenação gestual mais fina entre o dorso e a ponta da língua — como, aliás, prevê o modelo DAC da coarticulação (RECASENS *et al.*, 1997).

O GESTO AUDÍVEL

Ora, isso sugere que a coarticulação V-V funciona para a criança como uma estratégia de agregação de componentes fônicos ao nível da palavra. Sugere também que processos inibitórios viabilizam, pouco a pouco, formas de agregação mais locais e maduras. Alguma inibição faz-se necessária a tarefas de coordenação muito complexas, tais como a produção de consoantes apicais — bem como de sílabas fechadas, de contornos acentuais, de encontros consonantais etc.

Tudo isso nos leva a retomar, à luz de toda a exposição deste livro, as metáforas sobre a gestualidade fônica introduzidas no primeiro e no segundo capítulos: dançar, tocar um instrumento, reger uma orquestra. Os órgãos de fala de fato dançam à medida que o falante toca instrumentos internos ao seu corpo, produzindo uma fina orquestração de gestos audíveis.

A destreza e a adaptabilidade dessas ações não deixam dúvida de que são tocadas de ouvido — não apenas com a audição, mas com a pluralidade integrada das modalidades sensoriais que subjazem à fala. E não poderia ser diferente, pois a "partitura" que internalizamos a partir da experiência coletiva de falar não visa a uma performance, um espetáculo, e, sim, a produzir, alterar, nuançar sentidos negociados em tempo real.

Tocar de ouvido

Os dilemas e desafios pertinentes à temática deste livro já foram suficientemente discutidos. Resta, pois, abordar alguns horizontes promissores emergidos do conjunto da exposição. O primeiro é, obviamente, o papel das relações entre o sensório e o motor, tematizado no terceiro capítulo como contraponto ao foco da fonologia gestual na motricidade. Àquela altura teria sido prematuro levantar a questão dos caminhos para o futuro. Podemos, finalmente, fazê-lo.

O primeiro tema a abordar é justamente a noção de "tocar de ouvido", introduzida em Albano (1990). É estimulante constatar que o tempo consolidou e ampliou os fundamentos da tese defendida no livro citado, a saber:

a de que se aprende a falar tentando soar como os outros. De um lado, há mais elementos para pensar possíveis descritores multimodais que ajudem a especificar gestos articulatórios. De outro, há mais elementos para pensar as condições pragmáticas da ocorrência de variantes fônicas, seja no polo fonológico, seja no polo estilístico.

A partir de agora, não daremos senão indicações breves sobre os temas de cada seção, visto que a transdisciplinaridade necessária a estudá-los ainda é incipiente. Como os horizontes a explorar exigem diálogo entre setores do conhecimento sem tradição de colaborar, será preciso, em cada caso, construir uma base conceitual comum, a fim de desenvolver metodologias híbridas eficazes — e, sobretudo, não reducionistas.

É encorajador conjeturar que a solução encontrada acima para indexar entradas lexicais que respaldem o resgate de exemplares significativos possa também se aplicar à indexação de gestos articulatórios com descritores derivados de dados perceptuais consolidados a partir de circuitos de *feedback*. Em princípio, o mecanismo de formação de classes na memória semântica seria exatamente o mesmo. A diferença é que, aqui, ele não se aplicaria a entradas lexicais com registro de detalhes e, sim, a formas canônicas.

Lembremos o descritor "com voz soante", sugerido para o caingangue a partir da análise de D'Angelis. Neste caso, o processo fônico em questão parece suficientemente estabelecido para justificar o uso genérico de um predicado de classe formado, presumivelmente, por compressão da entrada multimodal a partir da experiência de ouvir, produzir e monitorar a voz soante em contextos lexicais regulares. Encaixam-se na mesma lógica outros descritores propostos no quarto capítulo, tais como "com vibração autossustentada", aplicado às vibrantes.

A dificuldade, neste caso, é antes teórica que metodológica. A compressão da entrada multimodal é um processo passível de simulação computacional e, portanto, abordável por neurocomputação. Entretanto, o nível de representação simulado é neurofisiológico e não comportamental. Para acessar a memória semântica propriamente dita, seriam necessários experimentos comportamentais engenhosos que permitissem enxergar o vínculo entre a representação neural comprimida e as ações mentais envolvidas em produzir ou perceber uma entrada lexical. Oxalá os fonólogos do futuro consigam equacionar esse problema sem confundir ações internas e externas com os seus correlatos neurais.

Descrever a variação fonológica e estilística em termos pragmáticos é ainda mais difícil. O problema é que isso exige a consideração de certos atributos perceptíveis, porém elusivos, dos segmentos e da prosódia. Neste caso, a dificuldade é antes metodológica que teórica. É fácil entender que os mesmos mecanismos da memória semântica que se prestam à indexação de entradas lexicais mais ou menos generalizáveis poderiam indexar pragmaticamente vários tipos de macrounidades fonológicas. O difícil é conceber uma análise capaz de identificar essas unidades e extricar os parâmetros fônicos envolvidos, bem como o seu sentido indéxico.

Emblematicamente, essa tarefa beira os limites do factível na ciência. É que ela envolve muitos processos inconscientes que ocorrem simultaneamente em tempo real. Ora, o inconsciente é suficientemente volátil para não se deixar capturar senão em instantes fugazes. Acontece que essa captura é muito mais compatível com o trabalho clínico de pontuar um discurso que com o trabalho científico de etiquetar e analisar recortes indéxicos da fala.

Isso não é negar a possibilidade de analisar variantes fonológicas ou estilísticas com base em mais que estereótipos psicológicos e sociopolíticos. É apenas reiterar que a fugacidade do significante dificulta a extração de significações estáveis do fluxo da fala. É também admitir que a instabilidade das significações implica limites às pretensões de objetividade de quaisquer cientistas da linguagem que desejem trabalhar com a pragmática do significante fônico.

A mesma instabilidade implica também limites à capacidade desses profissionais de vender eficazmente o seu trabalho àqueles que desejem dissecar o discurso do outro para manipulá-lo. As técnicas de manipulação existentes, cuja elaboração contou com psicólogos, linguistas e outros estudiosos da linguagem, são o fruto de investimentos bilionários no obscurantismo por parte de poderosos grupos político-econômicos. Apesar disso, existem no mundo muitos estudiosos dispostos a investir o seu tempo e a sua competência na busca de esclarecimento. Não por coincidência, são esses também os que reconhecem a natureza livre e fugidia do significante.

Nexos sonoros

Não é preciso atentar para marcas atitudinais tais como as qualidades de voz para notar que o discurso oral contém importantes nexos sonoros. Palavras gramaticais com funções semelhantes frequentemente soam semelhantes. Entre elas estão os artigos, os pronomes pessoais e até algumas preposições, tais como 'sob' e 'sobre'.

Vale lembrar, a propósito, que todos os níveis da gramática recorrem à paronímia. Assim, p. ex., muitas flexões nominais e verbais da mesma classe têm formas fônicas semelhantes; e algumas alcançam importantes efeitos coesivos. É digno de nota que as flexões de gênero e número, mesmo em palavras onde pareçam supérfluas, não se prestem apenas a apontar nuances semânticas, mas também a facilitar o processo de referenciação. Tanto locutores como escritores costumam interligar anáforas múltiplas com esse recurso simples, disponível nas gramáticas de muitas línguas. Outras formas de promover coesão fônica — com consequências semântico-pragmáticas — são a repetição e o paralelismo.

De forma análoga, a escolha entre conectivos aparentemente sinônimos é muitas vezes acompanhada de recursos sonoros destinados a realçar as suas funções coesivas. Na fala, a duração, a intensidade, a entoação e a qualidade de voz costumam desempenhar esse papel. Na escrita, ele é mais obviamente desempenhado pela pontuação, que, por sua vez, dá pistas para a realização da coesão fônica na leitura em voz alta. Além disso, razões rítmicas, ligadas à isocronia, também atuam na preferência por formas monossílabas, dissílabas etc. — ou, ainda, por formas oxítonas, paroxítonas etc. Um ritmo regular tem, por si só, um efeito coesivo.

Os nexos sonoros não gramaticalizados, i.e., de cunho fortemente estilístico, são inerentemente difíceis de depreender e analisar. Uma primeira dificuldade, já abordada acima, é de ordem conceitual: a fugacidade e a variabilidade contextual do significante fônico não permitem interpretações fixas da sua significação, mesmo indéxica.

Outra dificuldade, também de ordem conceitual, afeta diretamente a metodologia: nem todos os aspectos da pragmática envolvida são exclusivos do campo fônico. Muitos, na verdade, dizem respeito a um campo comportamental maior, que integra expressões faciais, movimentos oculares, gestos braquiomanuais, expressões corporais etc. E, embora a relação da prosódia com alguns desses fenômenos venha sendo estudada (p. ex., DELIENS *et al.*, 2018), as metodologias de registro, anotação e análise de dados ainda estão longe de alcançar um consenso fidedigno.

Seria ingênuo supor que o tempo venha a resolver definitivamente essa questão. Haja vista o caso da acomodação, que é, sem dúvida, o fenômeno mais importante da pragmática da conversação, devido à sua capacidade de ampliar ou restringir a produção compartilhada de significação.

O problema é que o caráter velado e inconsciente da acomodação dificulta a sua detecção e interpretação. Prejudica também o seu acesso à observação: apesar da sua maior afinidade com situações não invasivas, nem sempre ela se revela numa simples gravação de áudio. Por exemplo, em Lee *et al.* (op. cit.), a detecção de ajustes de gestos articulatórios indicativos de convergência linguística e cognitiva deveu-se à monitoração dos participantes por meio de magnetômetros sincronizados. Ora, o caráter invasivo desse experimento, mesmo sem inviabilizar o estudo, deve ter afetado a sua naturalidade. Assim, o mesmo equipamento dificilmente seria aplicável a formas de acomodação mais sutis.

Para finalizar, é importante destacar que a existência de acomodação entre gestos articulatórios é uma indicação incontestável da capacidade humana de construir uma interação "tocando de ouvido" as informações multimodais disponíveis. Ora, esse fato tem consequências sérias para o processo de aquisição da linguagem, que há muito tempo se sabe dependente de imersão. O que não se sabia é que uma imersão interativa dispara mecanismos de ajuste on-line dos gestos articulatórios, modificando continuamente a proficiência fônica do aprendiz e, portanto, a sua capacidade de soar inteligível.

Talvez, então, esta seção devesse se intitular nexos multimodais. Mas aqui, como ao longo de todo o livro, a referência stetsoniana não é apenas uma homenagem. Embora não envolva apenas a audição, "soar como" assenta-se sobre capacidades ancestrais — dos tempos em que saber ouvir podia fazer a diferença entre a vida e a morte na selva. Talvez seja por isso que os nexos sonoros presidam a construção de outros nexos e só cedam esse lugar a outros modos sensoriais nos casos de perda de audição.

O sujeito nas brechas do estilo

Seria inoportuno adentrar o terreno da subjetividade num livro sobre fonologia. Por isso a intenção aqui é apenas mostrar que certas escolhas subjetivas constituem uma questão legítima e profícua para quem enxerga o contínuo formado entre os processos fonológicos e estilísticos.

A maioria das pessoas, inclusive os estudiosos da fala, não se dá conta de que cada um de nós tem uma dicção própria. Ela não deve ser confundida com a voz, que é em grande parte determinada pela morfologia individual da laringe e do trato vocal. É, antes, um conjunto de maneiras de falar características, que os bons imitadores são capazes de captar e caricaturar. Cada uma delas envolve escolhas subjetivas em vários níveis linguísticos, com destaque para o nível fônico.

Na verdade, é mais prudente chamar essas escolhas de perissubjetivas, i.e., pertencentes ao entorno da subjetividade. Clarifiquemos, então, por quê.

Primeiro, é preciso admitir que a dicção de uma pessoa não reflete as suas escolhas subjetivas mais profundas — aquelas que regem o curso da sua vida. Reflete apenas aquelas com as quais construiu a sua persona pública, i.e., a sua forma de se apresentar em sociedade. Podemos dizer que a dicção é a manifestação linguística de algo da ordem do ego freudiano. E que resulta de um trabalho para compor um estilo próprio a partir de influências estilísticas várias — por adesão, emulação ou contraposição.

Segundo, é preciso admitir que as escolhas subjetivas mais profundas são recalcitrantes à investigação científica. Elas em geral se manifestam apenas na intimidade, de preferência em ambientes clínicos como a psicanálise. Por outro lado, a dicção de alguns indivíduos notáveis oferece farta matéria para estudos fonético-fonológicos. Os resultados interessam não só à fonologia e à linguística em geral, mas também à maioria das ciências humanas.

O GESTO AUDÍVEL

Trabalhos como os de Rocha Filho, Arnold e Pessotti, discutidos no quinto capítulo, mostram que um novo estilo fônico se compõe pela seleção, modificação e recombinação de regras extraídas de modelos disponíveis. A opcionalidade das regras estilísticas deixa amplo espaço à inovação. Portanto, a exemplo dos radialistas das teses citadas, políticos e outras personalidades eminentes dão forma aos seus discursos explorando e transformando recursos já usados pelos seus predecessores.

Entretanto, análises abrangentes como as acima citadas estão se tornando cada vez mais raras na estilística fônica. É que a literatura da área está dividida, apesar da sua tradição centenária. Na virada do século, a linha de trabalho francesa (LÉON, 1971; FÓNAGY, 1977), tributária do estruturalismo praguiano, perdeu prestígio, embora não lhe faltem adeptos. Foi assim paulatinamente substituída por outra, que se popularizou, baseada na sociolinguística variacionista norte-americana (LABOV, 1963; ECKERT; LABOV, 2017) e na sociofonética britânica (FOULKES, 2002).

Para a nova perspectiva, a noção de estilo engloba um conjunto de variantes linguísticas com significados sociais específicos. Tais variantes indexam comunidades de fala ou de prática, tais como gênero, identidade social, atitude, crença, ideologia etc.

A mudança de perspectiva trouxe alguns progressos inegáveis, tais como a atenção à estratificação social da fala, o recurso frequente à fonética instrumental e o esforço para aprimorar as formas de registro do contexto. Mas trouxe também, inevitavelmente, algumas dificuldades. A mais grave é o foco estreito na variação segmental, o qual, ofuscando a prosódia e a qualidade de voz, desestimula análises mais profundas de "vozes" no sentido bourdieusiano — para mencionar apenas um pensador social pertinente ao debate.

Contraditoriamente, os dados de campo coletados pelos pesquisadores da área são suficientemente ricos para permitir estudos bem mais amplos e multidisciplinares que os correntes.

O reconhecimento da dicção como unidade fonológica de escopo discursivo pode propiciar avanços teóricos e metodológicos. Uma dicção formada a partir da identificação do falante com dicções familiares terá necessariamente uma semelhança de família com cada uma das suas fontes. Contudo, malgrado a sua adoção pela linguística e a ciência cognitiva, o conceito de semelhança de família ainda não está suficientemente operacionalizado para uso científico.

É, pois, de interesse para a fonologia, assim como para as ciências cognitivas, investigar a formação de semelhanças de família em corpora tais como os discursos orais que incarnam as dicções. Isso poderia levar à sistematização da extração de componentes de semelhanças de família fônicas, e originar um método aplicável a unidades menores. Lembremos, a propósito, que a solução de problemas fonológicos espinhosos, tais como o das classes fônicas ambíguas, discutido no quarto capítulo, aguarda avanços metodológicos nessa direção.

Outro problema que a noção de dicção pode iluminar é o dos sujeitos coletivos, introduzido por Cummins no seu recente livro (2018). Uma questão intrigante sobre a fala sincronizada é se os líderes de marchas, preces, torcidas, recitativos etc. exercem influência decisiva sobre as propriedades fônicas da dicção coletiva resultante. Sabemos que a convergência ou divergência de parâmetros como o tom e a qualidade de voz podem ser reveladoras de relações de poder entre os interlocutores. Seria instrutivo, portanto, investigar que aspectos da dicção do líder são adotados pelos praticantes da fala sincronizada.

Os exemplos acima devem ter bastado para sugerir que a estilística fônica precisa se articular melhor com as ciências sociais para ocupar o devido lugar na cena científica. Oxalá a nova geração de fonólogos abrace esta ideia e encontre parceiros interdisciplinares dispostos a explorar o instigante horizonte das formas de poder veiculadas pela voz.

O poético no quotidiano da língua

Assim como o estilo não constitui a subjetividade — apenas dá brechas para ela irromper —, a língua não constitui a poesia — apenas dá brechas para ela eclodir. Muito já se disse sobre a eclosão do poético nas brechas

O GESTO AUDÍVEL

da língua: jogos, reptos, licenças, transgressões, demolições, reconstruções, desconstruções etc. (ver as exposições magistrais de JAKOBSON, 1969 [1960]; e JAKOBSON; VAUGHAN, 1979). Por isso, não caberia aqui abordar os elos entre o linguístico e o poético. Numa reflexão sobre a pragmática do significante fônico, o mais cabível é perseguir uma ideia menos batida: a de que o poético habita o dia a dia da língua e aí se distingue por ser um uso sem finalidades práticas.

Dois notáveis pioneiros do estudo da poética da linguagem quotidiana foram Edward Sapir (1971 [1921]) e Benedetto Croce (1929). O primeiro deteve-se mais em aspectos estruturais e o segundo, em aspectos étnicos e políticos. Deve-se notar, entretanto, que o objetivo desta seção não é resenhar a literatura da área, mas estabelecer um vínculo entre a pragmática do significante e essa poética ainda pouco conhecida.

A poesia possui um alto grau de institucionalidade — como, aliás, todas as atividades humanas necessárias. A sua necessidade é evidenciada pela omnipresença nas culturas mais diversas e pela capacidade de balizar e renovar o uso da língua. A sua flagrante alteridade não só ajuda a diferenciar os demais usos, mas também os influencia sub-repticiamente. Por isso, é natural que as instituições procurem se apropriar dela a fim de controlar o alvoroço que pode causar.

Não obstante, a única alteridade radical da linguagem poética está na ausência de fins práticos. Todo o resto decorre daí. É a sua "inconsequência" que lhe permite brincar com o léxico, a fonologia, a morfologia, a sintaxe, a semântica, a pragmática — como se pairasse acima de qualquer instituição linguística. Tal desprendimento lhe assegura o exercício daquilo que Jakobson (1969[1960]) chamou de função poética — i.e., voltada para a mensagem —, a qual propicia que boa parte das escolhas linguísticas seja determinada pela busca de "soar bem".

Por outro lado, o mecanismo de produção do sentido poético é o mesmo da linguagem quotidiana: som e sentido são sempre negociados conjuntamente. Qualquer que seja o uso, os sentidos linguísticos dependem inexoravelmente da materialidade do significante — fônica, nas línguas orais; ótica, nas línguas de sinais; háptica, nas línguas táteis. Antes mesmo de sinalizar significados, o significante ampara a interpretação com a sua presença física, sugerindo ao intérprete caminhos possíveis em meio à sua polissemia.

Diante de tudo isso, certas perguntas emergem naturalmente: Por que não somos todos poetas? Ou por que não somos todos, ao menos, amantes de poesia? Ou, ainda, por que a poesia parece tão diferente da linguagem comum?

É que, apesar do acerto do provérbio que nos atribui a todos alguma aptidão para poetar[25], é praticamente impossível termos consciência de toda a experiência poética na qual estamos imersos. Dois fatos concorrem para isso. O primeiro é que há diferenças individuais inegáveis no talento para a literatura, escrita ou oral. O segundo, mais importante, é que pressões ideológicas constantemente amortecem a nossa capacidade de apreciar o quanto as falas quotidianas são atravessadas pelo intento de escapar à mesmice soando bem.

"Falar bonito" costuma ser visto como uma questão mais de conteúdo que de forma. Em alguns casos, a beleza é percebida apenas por referência a algo julgado sublime, grandioso. Contudo, em muitos outros, há uma harmonia perceptível entre o dito e a forma de dizê-lo — cuja detecção tende, contudo, a permanecer inconsciente. Isso se deve, em parte, ao fato de as trocas verbais de caráter prático relegarem naturalmente ao segundo plano tudo que é relativamente imprevisível. Porém, a razão precípua é que a "inconsequência" da poesia tende a ser reprimida, a não ser que seja, de alguma forma, sancionada.

Sancionar o "soar bem" é prerrogativa de certas instituições oficiais, a saber: a escola, a literatura, a oratória, a publicidade, o jornalismo, as demais artes verbais. Assim como se sabe que todas têm relações íntimas com o poder, sabe-se que qualquer forma de poder exige reverência.

Ocorre que tal exigência é não raro afrontada pela ousadia — irreverência! — de quem usa um recurso tão útil como a linguagem natural para "não fazer nada", ou seja, para brincar, se distrair, se soltar, sentir prazer, e compartilhar esse "ócio" com os outros. Ora, isso pode ser visto como uma

---

25. Aliás, vale a pena notar a incidência da função poética neste provérbio: "De médico, poeta e louco, cada um de nós tem um pouco".

O GESTO AUDÍVEL

subversão da ordem estabelecida, pois a linguagem natural é também veículo da lei, das relações de trabalho e das hierarquias socioeconômicas.

Assim, é comum que as formas mais opressivas de poder, notadamente as de índole fascista, reprimam a escuta dos pequenos gestos irreverentes que subjazem à linguagem quotidiana. O stress, o cansaço, a pressão, o temor, a angústia, a insegurança fazem a sonoridade, a cadência, a musicalidade das conversas do dia a dia passarem despercebidas.

Apesar disso, é comum que "dois dedos de prosa" se tornem um longo colóquio pelo simples prazer do convívio — e da escuta dos laivos de poesia entremeados aqui e ali. Não é de admirar, portanto, que o opressor se alarme ante o poder dessa gestualidade "afoita" e invista contra o corpo que a incarna, na tentativa de calá-lo e embrutecê-lo.

Talvez, por isso mesmo, alguns leitores ainda não tenham se dado conta da importância da irreverência na poesia, e, da mesma forma, na ciência.

Pois bem. Não se produz nada de criativo sem romper com os poderes instituídos, sobretudo em tempos de obscurantismo. Assim, a análise kuhniana da história da ciência (KUHN,1962) tem razão em ver na ruptura a condição *sine qua non* para a emergência do novo, embora a sua noção de revolução científica seja muito simplista, por deixar de lado a conjuntura social, política e econômica.

Parece, então, que um alerta como este pode ser um final oportuno para a defesa da tese de que o significante vivo, corpóreo, material constitui o lado invisível da pragmática.

Que a leitura deste livro tenha constituído uma instigante pista de decolagem para o leitor e a leitora, parceiros aos quais espero poder agora chamar de você[26], na esperança de divisá-los em breve desbravando novos terrenos do reino da fala.

---

26. Como ao protagonista de segunda pessoa em Albano (1985).

Índice Remissivo

A

ação 16, 17, 18, 19, 21, 22, 23, 37, 38, 43, 60, 63, 90, 154, 164, 177, 187, 188, 190, 191, 194, 198, 199, 202, 207
acomodação 140, 141, 143, 147, 150, 154, 155, 156, 160, 161, 162, 164, 165, 166, 171, 178, 193, 197, 213
– convergente 154, 161
– divergente 154
acoplamento 61, 101
– de cérebros 156, 157, 158, 160
– de gestos 83, 84
– de tratos 61, 62
– de osciladores 102, 171
– gráfico de 85, 86, 87, 88, 91, 92, 100, 115, 116, 117, 118, 119, 120, 130, 131, 133, 134, 144
acústico-articulatória(s)
– inversão 94
– relações 79
alofone 50, 51

associacionismo 191, 192, 194
autossegmento 55

B

balbucio 36, 67, 68, 177, 203
base articulatória 180, 181, 185, 200
biomecânica 144, 145, 147, 208
bordas 78, 79, 80, 97, 110, 113, 130

C

canto 60, 98, 110, 181, 182, 183, 184, 185
carreamento 67, 68, 158
categoria 44, 47, 51, 65, 81, 90, 111, 124, 128, 160, 177, 181, 195, 198
Centro-C 83, 85, 86, 89, 96, 122, 128, 145
coda 48, 50, 53, 56, 64, 66, 69, 70, 71, 82, 84, 96, 111, 114, 115, 116, 118, 119, 121, 122, 123, 124, 131, 133, 134, 146, 148, 150, 174, 176, 204

cognição 20, 154, 156, 191
- compartilhada 194
- corporificada 105, 154, 155, 166, 185
- situada 105, 155, 166, 171, 185, 194

constrição 59, 62, 84, 86, 90, 94, 95, 103, 111, 112, 113, 115, 117, 118, 122, 123, 125, 126, 127, 128, 129, 130, 132, 133, 134, 135, 136, 137, 144, 170

contínuo/discreto 25, 29, 42, 43, 63, 78, 80, 113, 170, 192, 194, 204, 214

contraste encoberto 169, 173, 178

controle motor 69, 71, 80, 82, 92, 95, 103, 122, 124, 153
- competitivo 96, 123
- coordenativo 96, 123

D

debucalização 136
determinismo 204
diacrônico 126, 130, 135
dicção 185, 214, 215, 216
duração 52, 63, 64, 80, 93, 101, 102, 103, 104, 118, 119, 129, 134, 147, 148, 149, 167, 174, 175, 177, 182, 184, 185, 201, 212

E

elisão 147, 148, 149
emoção 203
empirismo 197
enciclopédia 197
equivalência motora 94
estilo 9, 25, 44, 180, 181, 182, 183, 184, 185, 202, 214, 215, 216
exclusão 20, 28, 39, 172
exemplares 50, 52, 53, 54, 76, 138, 139, 147, 193, 194, 197, 198, 210

F

fase/antifase 36, 58, 59, 61, 68, 69, 80, 82, 83, 84, 85, 88, 91, 92, 100, 101, 112, 114, 115, 116, 118, 119, 120, 121, 123, 131, 132, 133, 134, 144, 145, 158, 165, 166, 181, 194, 195, 196

figura/fundo 195

fisicalismo 75, 76, 99, 104, 107, 108, 138, 140, 151, 167

fonema 39, 40, 41, 48, 49, 50, 51, 52, 54, 77, 158

fonética 43, 44, 45, 58, 65, 81, 94, 100, 121, 130, 132, 138, 139, 158, 161, 167, 181, 189, 191, 201, 215

fonoestilística 43, 45, 189, 191

fonologia 39, 43, 44, 45, 46, 47, 51, 53, 54, 56, 66, 67, 70, 75, 77, 79, 86, 90, 96, 103, 104, 107, 110, 111, 114, 119, 121, 133, 145, 148, 149, 154, 155, 160, 162, 163, 165, 166, 167, 171, 172, 188, 189, 190, 191, 198, 214, 216, 217
- articulatória 43, 44, 52, 73, 74
- autossegmental 56, 58, 79, 111
- de exemplares 193, 194, 197
- gestual 44, 52, 53, 68, 71, 75, 76, 77, 78, 79, 80, 81, 82, 83, 85, 86, 90, 94, 95, 96, 97, 99, 103, 104, 105, 107, 108, 109, 110, 111, 112, 114, 121, 122, 123, 124, 126, 127, 128, 129, 137, 139, 143, 149, 151, 154, 155, 163, 165, 167, 168, 169, 171, 175, 176, 178, 179, 185, 187, 188, 190, 191, 192, 197, 203, 205, 209
- métrica 99

fronteira 43, 45, 48, 49, 50, 51, 64, 65, 75, 82, 90, 99, 103, 104, 153, 167, 189, 205, 208
- do conhecimento 153, 154
- gramatical 64
- prosódica 97, 104, 125, 141, 150, 204

O GESTO AUDÍVEL

G

gênero 15, 20, 30, 32, 34, 36, 53, 65, 161, 168, 170, 175, 181, 182, 183, 212, 215
– biológico 15, 20, 30, 32, 34, 36
– discursivo/musical 181, 182, 183
– gramatical 53, 212, 215
– sociológico 65, 161, 168, 170, 175

gesto
– articulatório 42, 63, 65, 75, 78, 79, 83, 87, 90, 91, 96, 97, 108, 145, 151, 166, 185, 191, 194, 195, 203
– audível 60, 70
– branquiomanual 16, 44, 213
– facial 38, 74
– fônico 163

gradiente 44, 51, 65, 79, 81, 91, 104, 111, 118, 122, 123, 142, 143, 150, 168, 169, 170, 174, 178

H

háptico (tátil) 39, 40, 92
– estímulo 42
– sinal 40

hipóstase 104

Hominídeos
– chimpanzés 30, 31, 32
– gorilas 30
– humanos 15, 17, 19, 23, 26, 30, 36, 43, 76, 82, 154, 156, 166, 172, 196, 202
– orangotangos 30, 33

Homininae 30, 32

Homo
– denisovanos 36
– neandertalenses 33
– sapiens 30, 32, 33, 35, 37

I

idealismo 75, 76, 99, 107, 138, 140, 151

L

letra/música 17, 78, 79, 99, 182, 183, 184

língua
– alemão 126, 132, 135, 137, 157, 201
– árabe 81, 128
– aranda 70, 71, 204
– berbere 72, 73, 87, 204
– caingangue 57, 111, 112, 113, 114, 116, 118, 119, 120, 121, 122, 123, 201, 210
– de sinais 15, 16, 22, 24, 25, 26, 27, 28, 29, 30, 33, 38, 39, 40, 41, 43, 44, 156, 166, 172, 190, 217
– espanhol 24, 135, 136, 147, 179, 180
– francês 48, 50, 51, 52, 65, 90, 122, 123, 126, 135, 157, 179, 183, 201, 202, 215
– georgiano 72, 73, 87, 88, 89, 204
– holandês 137
– inglês 27, 29, 31, 42, 48, 50, 54, 68, 78, 83, 85, 86, 87, 95, 96, 100, 101, 113, 121, 123, 125, 127, 128, 135, 144, 158, 161, 169, 179, 182, 183, 201, 205, 206
– iorubá 56
– libras 26, 40, 41
– occitano 131
– polonês 29, 89
– português 15, 23, 26, 41, 47, 48, 49, 50, 53, 60, 66, 110, 120, 121, 122, 123, 144, 170, 179, 201
– quéchua 179, 180
– ruandês 57, 59, 61, 62, 71, 73, 91, 93, 114, 123, 136, 201
– russo 128, 205

M

materialidade 21, 199, 217

memória 35, 51, 52, 76, 139, 165, 193, 194, 195, 196, 197
- de curto prazo 165, 198
- de longo prazo 198
- episódica 193, 195, 196, 197, 198
- semântica 193, 195, 196, 197, 198, 210, 211

mentalismo 149

metáfora 25, 26, 78, 110, 209

metonímia 25, 26

mimese 22, 25, 34

motricidade 44, 77, 93, 94, 96, 98, 129, 132, 139, 166, 173, 209

mudança fônica 107, 127, 140, 150, 151

multimodalidade 20, 41, 96, 98, 198

N

negociação 18, 19, 23, 25, 36, 74, 108, 165, 184, 188, 192, 199, 203

neurônios-espelho 22, 199

neuroplasticidade 29, 30, 41, 199

O

otimidade 70, 71

P

paradigma 77, 79, 92

paronímia 212

pauta gestual 78, 81, 83, 105, 111, 112, 126, 127

planejamento 66, 74, 83, 141, 179, 207, 208

poder 21, 65, 80, 89, 109, 146, 154, 172, 202, 203, 216, 218, 219

poética 99, 192, 217, 218

politomia 197, 198

postura articulatória 80, 163, 164, 165, 173, 180, 181, 182, 185, 200, 201, 202, 203

pragmática 18, 19, 25, 37, 43, 45, 63, 64, 65, 72, 73, 154, 163, 164, 165, 166, 178, 187, 188, 190, 191, 192, 193, 194, 202, 210, 211, 212, 213, 217, 219

privação 20, 24, 25, 26, 27, 30, 38, 198
- linguística 20, 24, 25, 27, 30, 198
- sensorial 38

proeminência 97, 98, 99, 101

propriocepção 90, 92, 129, 146

prosódia 99, 103, 157, 158, 169, 171, 177, 183, 211, 213, 215

psicanálise 187, 189, 214

Q

qualidade de voz 199, 200, 201, 202, 204, 205, 212, 215, 216

R

redução 36, 49, 104, 105, 124, 132, 133, 135, 136, 137, 138, 139, 142, 146, 147, 148, 149, 150, 167, 170, 200, 207

referências teóricas
- Albano, E. 37, 44, 51, 52, 55, 78, 126, 127, 142, 144, 146, 147, 148, 150, 154, 159, 163, 167, 173, 176, 177, 188, 209, 219, 227, 228, 238, 244
- Arbib, M. 23, 33, 34, 228, 250
- Bourdieu, P. 202, 230
- Browman, C. 52, 78, 83, 88, 162, 163, 171, 230, 231
- Bybee, J. 197, 231
- Câmara Jr., J. 109, 110, 231
- Carnap, R. 76, 231
- Chomsky, N. 26, 54, 110, 232

O GESTO AUDÍVEL — 225

- Condillac, E. 22, 33, 36, 232
- Corballis, M. 33, 232
- Croce, B. 217, 232
- Cummins, F. 19, 68, 105, 139, 188, 216, 232, 233, 253
- Demolin, D. 7, 57, 58, 59, 62, 91, 92, 93, 130, 131, 234, 241, 254
- Fant, G. 54, 94, 117, 235, 237, 239
- Feyerabend, P. 197, 235
- Fónagy, I. 201, 215, 235
- Foucault, M. 172, 235
- Fujimura, O. 66, 83, 86, 125, 127, 236, 253
- Gafos, A. 81, 88, 139, 147, 193, 205, 236, 240
- Giles. H. 140, 160, 236
- Goldstein, L. 17, 44, 52, 60, 68, 69, 78, 83, 84, 85, 86, 87, 88, 90, 100, 102, 115, 117, 121, 162, 163, 171, 230, 231, 233, 237, 249
- Haken, H. 82, 153, 237
- Halle, M. 54, 232, 239
- Hasson, U. 155, 237
- Iskarous, K. 94, 95, 144, 232, 238
- Jakobson, R. 54, 110, 217, 239
- Jespersen, O. 72, 239
- Kelso, S. 16, 90, 153, 237, 239, 240
- Labov, W. 65, 215, 234, 241
- Ladefoged, P. 44, 129, 131, 132, 205, 234, 240, 241, 253
- Laver, J. 163, 180, 200, 235, 242
- Liberman, M. 32, 99, 193, 242
- Moreno, A. 7, 19, 188, 245
- Pattee, H. 107, 247
- Peirce, C. 190, 247
- Piaget, J. 37, 110, 160, 248
- Piattelli-Palmarini, M. 110, 198, 248
- Pierrehumbert, J. 52, 205, 248, 252
- Prince, A. 70, 99, 242, 248
- Recasens, D. 89, 125, 127, 128, 129, 131, 135, 142, 144, 206, 208, 249

- Rizzolatti, G. 23, 199, 250
- Saltzman, E. 44, 95, 103, 231, 251
- Sapir, E. 110, 217, 251
- Saussure, F. 16, 18, 20, 47, 53, 64, 77, 190, 251
- Sicard, R. 28, 252
- Smolensky, P. 70, 248
- Stetson, R. 9, 16, 20, 60, 66, 67, 69, 254
- Stokoe, W. 27, 254
- Tilsen, S. 44, 69, 71, 80, 96, 103, 122, 123, 206, 207, 254, 255
- Trubetzkoy, N. 16, 47, 50, 110, 255
- Vygotsky, L. 9, 37, 39, 255
- Wittgenstein, L. 9, 136, 138, 154, 255

representação 17, 41, 43, 50, 51, 52, 55, 56, 58, 60, 63, 79, 80, 84, 85, 90, 92, 97, 100, 113, 114, 130, 137, 138, 139, 144, 146, 192, 193, 194, 196, 197, 198, 199, 210

repressão 218, 219

resistência à coarticulação 89, 122, 128, 131, 144, 145, 147, 149

róticos 117, 124, 125, 126, 127, 130, 132, 133, 134, 135, 136, 137, 138, 169, 174, 179

S

segmento fônico 50, 54

semelhança de família 136, 138, 142, 215, 216

semiose 22, 33, 36, 98

sensório 37, 44, 45, 71, 77, 79, 90, 91, 92, 93, 95, 96, 97, 98, 108, 117, 123, 124, 129, 132, 146, 199, 203, 209

sensório-motricidade 44, 93, 129

sentido

- fisiológico (modo/modalidade) 20, 34, 38, 69, 209
- linguístico 17, 18, 19, 23, 26, 45, 50, 57, 64, 65, 74, 80, 81, 82, 90, 92, 98, 103, 123, 130, 139, 141, 145, 147, 160, 163, 164, 165, 181, 188, 189, 191, 192, 194, 211, 215, 217

significante 18, 19, 20, 25, 35, 38, 43, 64, 65, 72, 73, 108, 137, 141, 142, 147, 163, 187, 188, 189, 190, 191, 197, 198, 199, 202, 211, 212, 217, 218, 219

sílaba 35, 36, 42, 49, 55, 64, 65, 66, 67, 68, 69, 70, 72, 74, 75, 79, 80, 81, 83, 87, 91, 99, 100, 101, 102, 111, 115, 119, 122, 132, 145, 146, 148, 158, 176, 177, 201, 204, 207
 – ataque 7, 56, 57, 64, 66, 68, 69, 70, 71, 72, 82, 83, 84, 85, 86, 87, 96, 111, 114, 115, 116, 118, 119, 121, 122, 123, 124, 131, 133, 144, 146, 148, 167, 170, 176, 204
 – coda 48, 50, 53, 56, 64, 66, 69, 70, 71, 82, 84, 96, 111, 114, 115, 116, 118, 119, 121, 122, 123, 124, 131, 133, 134, 146, 148, 150, 174, 176, 204
 – núcleo 64, 68, 72, 73, 83, 87, 102, 113, 176

simulação 68, 95, 96, 102, 103, 104, 105, 106, 167, 196, 210

sincrônico 124, 130

sincronização 33, 34, 66, 68, 69, 74, 86, 106, 139, 155, 157
 – de cérebros 155, 157
 – de gestos 34, 66, 69, 74, 86
 – de interlocutores 106
 – de modalidades 38, 209
 – de oscilações 68

sintagma 64, 74, 77, 79

sociofonética 65, 169, 171, 191, 215

sociolinguística 65, 140, 143, 189, 191, 215

solipsismo 149

solo comum (common groud) 141, 142, 147, 149

som 16, 17, 18, 23, 34, 35, 43, 45, 49, 50, 60, 61, 67, 81, 164, 174, 189, 192, 217

sotaque 29, 64, 65, 74, 171, 179, 185, 201, 202, 203

subjetividade 20, 75, 214, 216

surdez 20, 28, 98

surdocegueira 20, 38, 40, 98

T

Tadoma 40, 41

teoria acústica da produção da fala 94

teoria dos sistemas dinâmicos 20, 68, 81, 104, 106, 110, 122, 153, 191

terapia de observação da ação 199

tocar de ouvido 192, 209

tom 34, 35, 36, 55, 56, 97, 98, 104, 156, 162, 205, 216

traço distintivo 54, 55, 56, 76, 77

transdisciplinaridade 44, 210

trato vocal 34, 43, 55, 56, 61, 65, 81, 94, 95, 98, 136, 149, 159, 180, 182, 184, 185, 193, 200, 214
 – laríngeo 200
 – nasal 61, 62, 200
 – oral 58, 61, 62, 200

V

variação 19, 45, 63, 64, 65, 67, 79, 98, 102, 103, 106, 110, 124, 129, 130, 131, 137, 140, 143, 161, 169, 179, 188, 189, 191, 204, 205, 211, 215

virada pragmática 37, 154, 166, 178, 187, 190, 191, 193, 194

vogal a vogal (V-V) 205, 206, 207, 208, 209
 – assimilação 206, 207
 – dissimilação 206

voz
 – modal 201, 204
 – murmurada 59, 61, 62, 92, 93, 204
 – rangida 202, 204
 – soante 117, 123, 130, 131, 133, 134, 210

Referências

ABAURRE, M. B.; PAGOTTO, E. G. A palatalização das oclusivas dentais no português do Brasil. *In*: ABAURRE, M. B.; RODRIGUES, Â. (orgs.) *Gramática do português falado VII*: novos estudos descritivos. Campinas: Editora da Unicamp, 2002. p. 557-602.

ABU-RABIA, S.; KEHAT, S. The critical period for second language pronunciation: is there such a thing? *Educational Psychology*, v. 24, n. 1, p. 77-97, 2004.

AGUILAR, L. *et al*. A dyadic perspective on speech accommodation and social connection: both partners' rejection sensitivity matter. *Journal of Personality*, v. 84, n. 2, p. 165-177, 2016.

ALBANO, E. C. *No reino da fala*: a linguagem e seus sons. São Paulo: Ática, 1985.

ALBANO, E. C. Fazendo sentido do som. *Ilha do Desterro*, v. 19, p. 11-26, 1988.

ALBANO, E. C. *Da fala à linguagem tocando de ouvido*. São Paulo: Martins Fontes, 1990.

ALBANO, E. C. A gestural solution for some glide epenthesis problems. *Proceedings of ICPhS 14th*. San Francisco, p. 1785-1788, 1999.

ALBANO, E. C. *O gesto e suas bordas*: esboço de fonologia acústico-articulatória do português brasileiro. Campinas: Mercado das Letras, 2001.

ALBANO, E. C. A pulsação sob a letra: pela quebra de um silêncio histórico no estudo do som de fala. *Cadernos de Estudos Linguísticos*, v. 42, p. 7-20, 2002.

ALBANO, E. C. O tear encantado: tecnologia, complexidade e imaginário interdisciplinar sobre a linguagem. *Remate de Males, Tecnologia das Letras*, v. 29, n. 1, p. 41-57, 2009.

ALBANO, E. C. Fontes fônicas e não fônicas de variabilidade na aquisição da sílaba CV. *Revista da ABRALIN,* v. eletrônico, n. especial, p. 179-207, 2ª parte, 2011.

ALBANO, E. C. Conditions favoring biomechanically driven CV co-occurrence in lexicons. *Journal of Phonetics,* v. 55, p. 78-95, 2016.

ALBANO, E. C. Fonologia de laboratório. *In*: DA HORA, D.; MATZENAUER, C. L. *Fonologia, fonologias*: uma introdução. São Paulo: Contexto, 2017. p. 169-181.

ALBANO, E. C. *et al.* A interface fonética-fonologia e a interação prosódia-segmentos. Relatório de grupo de trabalho. *In*: *Estudos Linguísticos XXVII*: Anais do XLV Seminário do Grupo de Estudos Linguísticos do Estado de São Paulo. São José do Rio Preto: UNESP-IBILCE, 1998. p. 135-143.

ALBANO, E. C.; HUNGRIA, M.; RODRIGUES, L. L. O papel da sílaba na aquisição da linguagem oral e escrita. *Revista Linguagem & Ensino*, v. 21, p. 147-185, 2018.

ALMEIDA, M.; DORTA, J. Datos acústicos de las líquidas españolas. *In*: *Homenaje a José Pérez Vidal. Edición al cuidado de Carmen Díaz Alayón.* La Laguna: Tenerife, 1993. p. 214-217.

ANDERSON, M. L. Embodied cognition: a field guide. *Artificial Intelligence*, v. 149, n. 1, p. 91-130, 2003.

AQUINO, P. A. *O papel das vogais reduzidas pós-tônicas na construção de um sistema de síntese concatenativa para o português do Brasil.* Dissertação (Mestrado em Linguística) — LAFAPE-IEL, Universidade Estadual de Campinas, Campinas, 1997.

ARBIB, M. A. From monkey-like action recognition to human language: an evolutionary framework for neurolinguistics. *Behavioral and Brain Sciences*, v. 28, p. 105-167, 2005.

ARNOLD, M. R. *Implicações do estilo de fala da manchete noticiosa radiofônica sobre parâmetros acústicos vocálicos e prosódicos no português brasileiro.* Tese (Doutorado em Linguística) — LAFAPE-IEL, Universidade Estadual de Campinas, Campinas, 2005.

ATAL, B. Speech analysis and synthesis by linear prediction of the speech wave. *Journal of the Acoustical Society of America*, v. 47, p. 65, 1970.

ATAL, B.; HANAUER, S. Speech analysis and synthesis by linear prediction of the speech wave. *Journal of the Acoustical Society of America*, v. 50, p. 637-655, 1971.

AUER, P.; BARDEN, B.; GROSSKOPF, B. Subjective and objective parameters determining 'salience' in long-term accommodation. *Journal of Sociolinguistics*, v. 2, n. 2, p. 163-187, 1998.

AUSTIN, J. *How to do things with words*. 2. ed. Cambridge: Harvard University Press, 1975 [1968].

BABEL, M.; MCGUIRE, G.; KING, J. Towards a more nuanced view of vocal attractiveness. *PLOS ONE*, v. 9, n. 2, e88616, 2014.

BARBOSA, J. Les voyelles nasales portugaises: Interprétation phonologique. *In*: *Proceedings of the Fourth International Conference of Phonetic Sciences*, Helsinki. Haia: Mouton, p. 691-709, 1962.

BARBOSA, P. Generating duration from a cognitively plausible model of rhythm production. *In*: *Proceedings of the Seventh European Conference on Speech Communication and Technology (EuroSpeech 2001)*. Aalborg, Denmark, September 3-7, v. 2, p. 967-970, 2001.

BARBOSA, A.; DÉCHAINE, R-M.; VATIKIOTIS-BATESON, E.; YEHIA, H. Quantifying time-varying coordination of multimodal speech signals using correlation map analysis. *Journal of the Acoustical Society of America*, v. 131, n. 3, p. 2162-2172, 2012.

BAUMEISTER, R. F.; TWENGE, J. M.; NUSS, C. K. Effects of social exclusion on cognitive processes: anticipated aloneness reduces intelligent thought. *Journal of Personality and Social Psychology*, v. 83, n. 4, p. 817-827, 2002.

BECKMAN, M.; HIRSCHBERG, J.; SHATTUCK-HUFNAGEL, S. The original ToBI system and the evolution of the ToBI framework. *In*: JUN, S.-A. (org.) *Prosodic typology*: *the phonology of intonation and phrasing*. Oxford: Oxford University Press, 2005. p. 9-54.

BECKNER, C. *et al*. Language is a complex adaptive system: position paper. *Language Learning*, v. 59, supplement 1, p. 1-26., 2009.

BEEK, P. J.; PEPER, C. E.; STEGEMAN, D. F. Dynamical models of movement coordination. *Human Movement Science*, v. 14, p. 573-608, 1995.

BERTI, L. C. *Aquisição incompleta do contraste entre /s/ e /ʃ/ em crianças falantes do português brasileiro*. Tese (Doutorado em Linguística) — LAFAPE-IEL, Universidade Estadual de Campinas, Campinas, 2006.

BERTI, L. C. Contrast and covert contrast in the speech production of children. *Pró-Fono Revista de Atualização Científica*, v. 22, n. 4, p. 531-6, 2010.

BERTI, L. C.; BOER, G.; BRESSMAN, T. Tongue displacement and durational characteristics of normal and disordered Brazilian Portuguese liquids. *Clinical Linguistics and Phonetics*, v. 30, n. 2, p. 131-149, 2016.

BEST, C.; McROBERTS, G. Accommodation in mean f0 during mother-infant and father-infant vocal interactions: a longitudinal case study. *Journal of Child Language*, v. 24, p. 719-736, 1997.

BIAGI, L. *et al.* Action observation network in childhood: a comparative fMRI study with adults. *Developmental Science*, v. 1, n. 6, p. 1075-1086, 2016.

BISOL, L. A palatalização e sua restrição variável. *Estudos Linguísticos e Literários,* Salvador, UFBA, n. 5, p. 163-177, 1986.

BLAYLOCK, R.; GOLDSTEIN, L.; NARAYANAN, S. Velum control for oral sounds. *Proceedings INTERSPEECH 2016*, San Francisco, p. 1084-88, 2016.

BONGAERTS, T.; PLANKEN, B.; SCHILS, E. Can late starters attain a native accent in a foreign language: a test of the Critical Period Hypothesis. *In*: SINGLETON, D.; LENGYEL, Z. (orgs.) *The age factor in second language acquisition*. Clevedon: Multilingual Matters, 1995. p. 30-50.

BOTMA, B. Sonorants. *In*: OOSTENDORP, M. *et al.* (orgs.) *The Blackwell companion to phonology.* Malden, MA: Wiley-Blackwell, 2011. p. 171-193.

BOURDIEU, P. L'économie des échanges linguistiques. *Langue Française*, v. 34, p. 17-34, 1977.

BOURDIEU, P. *A economia das trocas linguísticas*. São Paulo: Edusp, 1996 [1982].

BOYCE, S. E.; HAMILTON, S. M.; RIVERA-CAMPOS, A. Acquiring rhoticity across languages: an ultrasound study of differentiating tongue movements. *Clinical Linguistics & Phonetics*, v. 30, n. 3-5, p. 174-201, 2016.

BRANCAZIO, L.; MILLER, J. L.; PARÉ, M. A. Visual influences on the internal structure of phonetic categories. *Perception & Psychophysics*, v. 65, p. 591-601, 2003.

BREEN, G.; PENSALFINI, R. Arrernte: a language with no syllable onsets. *Linguistic Inquiry*, v. 30, n. 1, p. 1-26, 1999.

BROWMAN, C. P. Lip aperture and consonant releases. *In*: KEATING, P. (org.) *Papers in laboratory phonology III*: *phonological structure and phonetic form*. Cambridge: Cambridge University Press, 1994. p. 331-353.

BROWMAN, C. P.; GOLDSTEIN, L. Some notes on syllable structure in Articulatory Phonology. *Phonetica*, v. 45, p. 140-155, 1988.

BROWMAN, C. P.; GOLDSTEIN, L. Articulatory gestures as phonological units. *Phonology*, v. 6, n. 2, p. 201-251, 1989.

O GESTO AUDÍVEL

BROWMAN, C. P.; GOLDSTEIN, L. Tiers in articulatory phonology, with some implications for casual speech. *In*: KINGSTON, J.; BECKMAN, M. (orgs.) *Papers in laboratory phonology I: between the grammar and the physics of speech.* Cambridge, U. K.: Cambridge University Press, 1990. p.341-376.

BROWMAN, C. P.; GOLDSTEIN, L. Articulatory phonology: an overview. *Phonetica*, v. 49, n. 3-4, p.155-80, 1992.

BROWMAN, C. P.; GOLDSTEIN, L. Competing constraints on intergestural coordination and self-organization of phonological structures. *Bulletin de la Communication Parlée*, v. 5, p. 25-34, 2000.

BUCCINO, G. Action observation treatment: a novel tool in neurorehabilitation. *Philosophical Transactions of the Royal Society*, v. B 369, 20130185, 2014.

BUCHWEITZ, A. *et al.* Brain activation for reading and listening comprehension: an fMRI study of modality effects and individual differences in language comprehension. *Psychology & Neuroscience*, v. 2, n. 2, p. 111-123, 2009.

BUTSKHRIKIDZE, M. *The consonant phonotactics of Georgian.* Tese (Doutorado) — Netherlands Graduate School in Linguistics, 2002.

BYBEE, J. Usage-based phonology. *In*: DARNELL, M. *et al.* (orgs.) *Functionalism and formalism in linguistics.* Amsterdam: John Benjamins, 1999. p. 211-242.

BYRD, D. Articulatory characteristics of single and blended lingual gestures. *ICPhS 13th*, Stockholm, 1995.

BYRD, D.; SALTZMAN, E. The elastic phrase: modeling the dynamics of boundary-adjacent lengthening. *Journal of Phonetics*, v. 31, p. 149-180, 2003.

CALL, J.; TOMASELLO, M. (orgs.) *The gestural communication of apes and monkeys.* Mahwah; London: Lawrence Erlbaum, 2007.

CÂMARA JR., J. M. *Princípios de linguística geral.* 4. ed. Rio de Janeiro: Acadêmica, 1969 [1942].

CARNAP, R. Psychology in physical language. *In*: AYER, A. J. (org.) *Logical positivism.* Trad. Schlick, G. New York: Free Press, 1959 [1932-1933]. p. 165-198.

CARRAL, V. *et al.* A kind of auditory 'primitive intelligence' already present at birth. *European Journal of Neuroscience*, v. 21, p. 3201-3204, 2005.

CATFORD, J. C. *Fundamental problems in phonetics.* Edinburgh: Edinburgh University Press, 1977.

CHEN, W. R.; CHANG, Y. C.; ISKAROUS, K. Vowel coarticulation: landmark statistics measure vowel aggression. *Journal of the Acoustical Society of America*, v. 138, n. 2, p.1221-32, 2015.

CHIBA, T.; KAJIYAMA, M. *The vowel, its nature and structure*. Tokyo: Tokyo-Kaiseikan Publishing Company. Ltd, 1941.

CHITORAN, I. Accounting for sonority violations: the case of Georgian consonant sequencing. *Proceedings of ICPhS-14*. San Francisco, p. 101-104, 1999.

CHOMSKY, N. *Topics in the theory of generative grammar*. The Hague: Mouton, 1966.

CHOMSKY, N.; HALLE, M. *The sound pattern of English*. New York: Harper & Row, 1968.

CLARK, A. *Being there: putting mind, body, and world together again*. Cambridge, MA: MIT Press, 1997.

CLEMENTS, G. The geometry of phonological features. *Phonology Yearbook*, v. 2, p. 225-252, 1985.

COLEMAN, J. S. Declarative syllabification in Tashlhit Berber. *In*: DURAND, J.; LAKS, B. (orgs.) *Current Trends in Phonology: Models and Methods*. Salford: European Studies Research Institute, University of Salford, v. 1, p. 177-218, 1996.

CONDILLAC, E. B. *Cours d'étude: Grammaire*, v. 1. Parme: Imprimerie Royale, 1775.

CORBALLIS, M. C. *From hand to mouth: the origins of language*. Princeton: Princeton University Press, 2002.

COULSTON, R.; OVIATT, S.; DARVES, C. Amplitude convergence in children's conversational speech with animated personas. *Proceedings of the 7th International Conference on Spoken Language Processing*, p. 2689-2692, 2002.

CRISTÓFARO-SILVA, T.; BARBOZA, C.; GUIMARÃES, D.; NASCIMENTO, K. Revisitando a palatalização no português brasileiro. *Revista de Estudos Linguísticos*, Belo Horizonte, v. 20, n. 2, p. 59-89, 2012.

CROCE, B. Poesia "popolare" e poesia "d'arte". *Rivista di Letteratura, storia e filosofia diretta da B. Croce*, n. 27, p. 322-337, 1929.

CUMMINS, F. Oscillators and syllables: a cautionary note. *Frontiers in Psychology*, v. 3, art. 364, 2012.

CUMMINS, F. Voice, (inter-)subjectivity, and real time recurrent interaction. *Frontiers in Psychology*. Disponível em: https://doi.org/10.3389/fpsyg.2014.00760. Acesso em: July 18, 2014.

CUMMINS, F. *The ground from which we speak: joint speech and the collective subject.* Newcastle: Cambridge Scholars, 2018.

CURTISS, S. *et al.* The linguistic development of Genie. *Language*, v. 50, n. 3, p. 528-54, 1974.

D'ANGELIS, W. *Traços de modo e modos de traçar geometrias*: línguas Macro-Jê & teoria fonológica. Tese (Doutorado em Linguística) — LAFAPE-IEL, Universidade Estadual de Campinas, Campinas, 1998.

DAMMEYER, J.; LARSEN, F. A. Communication and language profiles of children with congenital deafblindness. *British Journal of Visual Impairment*, v. 34, n. 3, p. 214-224, 2016.

DANNER, S. G.; BARBOSA, A. V.; GOLDSTEIN, L. Quantitative analysis of multimodal speech data. *Journal of Phonetics*, v. 71, p. 268-283, 2018.

DAVIDSON, R.; Mc EWEN, B. Social influences on neuroplasticity: stress and interventions to promote well-being. *Nature Neuroscience*, v. 15, n. 5, p. 689-694, 2012.

DAVIS, B. L.; MACNEILAGE, P. F. The articulatory basis of babbling. *Journal of Speech and Hearing Research*, v. 38, p. 1199-1211, 1995.

DAVIS, B.; MACNEILAGE, P. F. The internal structure of the syllable: an ontogenetic perspective on origins. *In*: GIVON, T.; MALLE, B. (orgs.) *The rise of language out of pre-language*. Amsterdam: John Benjamins, 2002.

DE BRIGARD, F. The nature of memory traces. *Philosophy Compass*, v. 9, n. 6, p. 402-414, 2014.

DECASPER, A.; FIFER, W. Of human bonding: newborns prefer their mothers' voices. *Science 06*, v. 208, p. 1174-1176, 1980.

DECASPER, A.; SPENCE, M. Prenatal maternal speech influences newborns' perception of speech sounds. *Infant Behavior and Development*, v. 9, p. 133-150, 1986.

DEDIU, D.; LEVINSON, S. C. On the antiquity of language: the reinterpretation of Neandertal linguistic capacities and its consequences. *Frontiers in Psychology*, v. 4, article 397, 2013.

DELATTRE, P. A contribution to the history of "R Grasseyé". *Modern Language Notes*, v. 59, n. 8, p. 562-564, 1944.

DELATTRE, P.; FREEMAN. D. C. A dialect study of American r's by x-ray motion picture. *Linguistics*, v. 44, p. 29-68, 1968.

DELIENS, G. *et al.* Context, facial expression and prosody in irony processing. *Journal of Memory and Language*, v. 99, p. 35-48, 2018.

DELL, F.; ELMEDLAOUI, M. *Syllables in Tashlhiyt Berber and in Moroccan Arabic.* Dordrecht: Kluwer, 2002.

DEMOLIN, D. The experimental method in phonology. *Revista da Abralin*, v. 11, n. 1, p. 31-88, 2012.

DEMOLIN, D; DELVAUX, V. Whispery voiced nasal stops in Rwanda. *Proceedings Eurospeech*. Aalborg, p. 51-654, 2001.

DEMOLIN, D; VAN DE VELDE, H. The quantal change of alveolar /r/ to uvular /ʀ/. Poster presented. *The 5th Workshop on Sound Change*. Davis, California, 21st-23th June, 2019.

DRAPER, M. H.; LADEFOGED, P.; WHITTERIDGE, D. Respiratory muscles in speech. *Journal of and Speech Hearing Research*, v. 2.1, p. 16-27, 1959.

ECKERT, P. Three waves of variation study: The emergence of meaning in the study of sociolinguistic variation. *Annual Review of Anthropology*, v. 41, p. 87-100, 2012.

ECKERT, P.; LABOV, W. Phonetics, phonology and social meaning. *Journal of Sociolinguistics*, v. 21, n. 4, p. 467-496, 2017.

ECKERT, P.; MCCONNELL-GINET, S. Communities of practice: where language, gender, and power all live. *In*: HALL, K.; BUCHOLTZ, M.; MOONWOMON, B. (orgs.) *Proceedings of the 1992 Berkeley Women and Language Conference*. Berkeley: Berkeley Women and Language Group, p. 89-99, 1992.

ERNESTUS, M. Acoustic reduction and the roles of abstractions and exemplars in speech processing. *Lingua*, v. 142, p. 27-41, 2014.

ESLING, J. The articulatory function of the larynx and the origins of speech. Plenary paper. *38th Annual Meeting of the Berkeley Linguistics Society*, 2012.

FAIS, L. *et al.* Here's looking at you, baby: what gaze and movement reveal about minimal pair word-object association at 14 months. *Laboratory Phonology*, v. 3, n. 1, p. 91-124, 2012.

FANG, J. *et al.* The interaction between semantic representation and episodic memory. *Neural Computation*, v. 30, n. 2, p. 293-332, 2018.

FANT, G. *Acoustic theory of speech production.* The Hague: Mouton, 1960.

FANT, G. Distinctive features and phonetic dimensions. *In*: FANT, G. *Speech sounds and features.* Cambridge: MIT Press, 1973. p. 171-91.

FENG, G.; CASTELLI, E. Some acoustic features of nasal and nasalized vowels: a target for vowel nasalization. *The Journal of the Acoustical Society of America*, v. 99, 1996.

FEYERABEND, P. Problems of empiricism: II. *In*: COLODNY, R. G. (org.) *The nature and function of scientific theories.* Pittsburg: University of Pittsburg Press, 1970. p. 275-354.

FÓNAGY, I. Le statut de la phonostylistique. *Phonetica*, v. 34, p. 1-18, 1977.

FÓNAGY, I. *La vive voix: essais de psycho-phonétique.* Paris: Payot, 1983.

FOUCAULT, M. *História da loucura na idade clássica.* São Paulo: Perspectiva, 1978 [1961].

FOUGERON, C.; RIDOUANE, R. On the nature of schwa-like vocalic elements within some Berber clusters. *Proceedings 8th International Seminar on Speech Production, ISSP*, p. 441-444, 2008.

FOULKES, P. Current trends in British sociophonetics. *University of Pennsylvania Working Papers in Linguistics*, v. 8, n. 3, p. 75-85, 2002.

FOULKES, P., SCOBBIE, J. M.; WATT, D. J. L. Sociophonetics. *In*: HARDCASTLE, W.; LAVER, J.; GIBBON, F. (orgs.) *Handbook of phonetic sciences.* 2. ed. Oxford: Blackwell, 2010. p. 703-754.

FOWLER, C. A. An event approach to a theory of speech perception from a direct-realist perspective. *Journal of Phonetics*, v. 14, p. 3-28, 1986.

FOWLER, C. A.; DEKLE, D. J. Listening with eye and hand: cross-modal contributions to speech perception *Journal of Experimental Psychology*: *Human Perception and Performance*, v. 17, n. 3, p. 816-828, 1991.

FREITAS, M. C. *Aquisição de contrastes entre obstruintes coronais em crianças com padrões fônicos não esperados para sua faixa etária.* Dissertação (Mestrado em Linguística) — LAFAPE-IEL, Universidade Estadual de Campinas, Campinas, 2007.

FREITAS, M. C. *O gesto fônico na aquisição "desviante"*: movimentos entre a produção e a percepção. Tese (Doutorado em Linguística) — LAFAPE-IEL, Universidade Estadual de Campinas, Campinas, 2012.

FROMKIN, V. *et al*. The development of language in Genie: a case of language acquisition beyond the critical period. *Brain and Language*, v. 1, n. 1, p. 81-107, 1974.

FUJIMURA, O. The C/D model and prosodic control of articulatory behavior, *Phonetica*, v. 57, p. 128-38, 2000.

GAFOS, A. *The articulatory basis of locality in phonology*. London: Routledge Publishers, 1999.

GAFOS, A. A grammar of gestural coordination. *Natural Language & Linguistic Theory*, v. 20, n. 2, p. 269-337, 2002.

GAMA, A. J. *Fala e ação no cuidado materno ao bebê*. Dissertação (Mestrado em Linguística) — LAFAPE-IEL, Universidade Estadual de Campinas, Campinas, 1988.

GAMA-ROSSI, A. J. *Relações entre desenvolvimento linguístico e neuromotor*: a aquisição da duração no português brasileiro. Tese (Doutorado em Linguística) — LAFAPE-IEL, Universidade Estadual de Campinas, Campinas, 1999.

GARDNER, A. R.; GARDNER, B. T. Teaching sign language to a chimpanzee. *Science*, New Series, v. 165, n. 3894, p. 664-672, 1969.

GHAZANFAR, A. A.; TAKAHASHI, D. Y. Facial expressions and the evolution of the speech rhythm. *Journal of Cognitive Neuroscience*, v. 26, n. 6, p. 1196-1207, 2014.

GICK, B. Articulatory correlates of ambisyllabicity in English glides and liquids. *In*: LOCAL, J.; OGDEN, R.; TEMPLE, R. (orgs.) *Papers in Laboratory Phonology VI*: *constraints on phonetic interpretation*. Cambridge: Cambridge University Press, 2003. pp. 222-236.

GICK, B.; WILSON, I.; KOCH, K.; COOK, C. Language-specific articulatory settings: evidence from inter-utterance rest position. *Phonetica*, v. 61, p. 220-233, 2004.

GICK, B.; DERRICK, D. Aero-tactile integration in speech perception. *Nature*, v. 26, n. 462, p. 502-504, 2009.

GILES, H. Accent mobility: a model and some data. *Anthropological Linguistics*, v. 15, p. 87-105, 1973.

GIULIVI, S. *et al*. An Articulatory Phonology account of preferred consonant-vowel combinations. *Language Learning and Development*, v. 7, p. 202-225, 2011.

GOBL, C. Voice source dynamics in connected speech. *Speech Transmission Laboratory. Quarterly Progress and Status Reports*, n. 1, p. 123-159, 1988.

GOLDINGER, S. D. Words and voices: implicit and explicit memory for spoken words. *Journal of Experimental Psychology: Learning, Memory & Cognition*, v. 22, p. 1166-1183, 1996.

GOLDSMITH, J. An overview of autosegmental phonology. *Linguistic Analysis*, v. 2, p. 23-68, 1976.

GOLDSTEIN, L. *Foot structure and rhythm*. Slides baixados do site do autor. Disponível em: https://sail.usc.edu/~lgoldste/General_Phonetics/Prosody/Rhythm.pdf. Acesso em: 26 out. 2017.

GOLDSTEIN, L.; CHITORAN, I.; SELKIRK, E. Syllable structure as coupled oscillator modes: evidence from Georgian vs. Tashlhiyt Berber. *Proceedings of the XVI International Congress of Phonetic Sciences*, p. 241-244, 2007.

GOLDSTEIN, L.; RUBIN, P. Speech: dances of the vocal tract. *Odyssey Magazine*, v. 16, n. 1, p. 14-15, 2007.

GOLDSTEIN, L. *et al*. Coupled oscillator planning model of speech timing and syllable structure. *In*: FANT, G.; FUJISAKI, H.; SHEN, J. (orgs.) *Festschrift for Wu Zongji*. Beijing: Commercial Press, 2009. p. 239-250.

GONÇALVES, M. J. *A construção da fala por uma criança*. Dissertação (Mestrado em Linguística) — LAFAPE-IEL, Universidade Estadual de Campinas, Campinas, 1988.

GRANIER-DEFERRE, C. *et al*. A melodic contour repeatedly experienced by human near-term fetuses elicits a profound cardiac reaction one month after birth. *PLoS One* 6, v. 2, e17304, 2011.

GREEN K. P.; NORRIX, L. W. Acoustic cues to place of articulation and the McGurk effect: the role of release bursts, aspiration, and formant transitions. *Journal of Speech Language and Hearing Research*, v. 40, p. 646-665, 1997.

GROSS, J. *et al*. Speech rhythms and multiplexed oscillatory sensory coding in the human brain. *PLOS Biology*, v. 11, n. 12, e1001752, 2013.

HAKEN, H.; KELSO, J. A. S.; BUNZ, H. A theoretical model of phase transitions in human hand movements. *Biological Cybernetics*, v. 51, p. 347-356, 1985.

HAROLD, M.; BARLOW, S. Effects of environmental stimulation on infant vocalizations and orofacial dynamics at the onset of canonical babbling. *Infant Behavior and Development*, v. 36, n. 1, p. 84-93, 2013.

HASSON, U. *et al*. Brain-to-brain coupling: a mechanism for creating and sharing a social world. *Trends in Cognitive Science*, v. 16, n. 2, p. 114-121, 2012.

HAUK, O.; JOHNSRUDE, I.; PULVERMÜLLER, F. Somatotopic representation of action words in human motor and premotor cortex. *Neuron*, v. 41, p. 301-307, 2004.

HAUSER, M. *et al*. The mystery of language evolution. *Frontiers in Psychology*, v. 5, p. 1-12, 2014.

HAVY, M. *et al*. The role of auditory and visual speech in word-learning at 18 months and in adulthood. *Child Development*, v. 88, n. 6, p. 2043-2059, 2017.

HEWES, G. *et al*. Primate communication and the gestural origin of language. *Current Anthropology*, v. 14, n. 1/2, p. 5-24, 1973.

HOLLAND, J. H. *Hidden order: how adaptation builds complexity*. New York: Perseus Books, 1995.

HONIKMAN, B. Articulatory settings. *In* : ABERCROMBIE, D. *et al*. (orgs.) *In honour of Daniel Jones*. London: Longman, 1964. p. 73-84.

HORONOFF, D.; WEIHING, J.; FOWLER, C. Articulatory events are imitated under rapid shadowing. *Journal of Phonetics*, v. 39.1, p. 18-38, 2011.

HOUDE, J. F.; NAGARAJAN, S. S. Speech production as state feedback control. *Frontiers in Human Neuroscience*, v. 5, p. 82, 2011.

HOYT, D.; TAYLOR, R. Gait and the energetics of locomotion in horses. *Nature*, v. 292, p. 239-240, 1981.

HULST, H. G. van der (org.) *Word stress: theoretical and typological issues*. Cambridge: Cambridge University Press, 2014. p. 325-365.

HUNGRIA, M.; ALBANO, E. CV co-occurrence and articulatory control in three Brazilian children from 0:06 to 1:07. *Gradus: Revista Brasileira de Fonologia de Laboratório*, v. 1, n. 1, p. 67-95, 2016.

ISKAROUS, K. Vowel constrictions are recoverable from formants. *Journal of Phonetics*, v. 38, n. 3, p. 375-387, 2010.

ISKAROUS, K.; NAM, H.; WHALEN, D. Perception of articulatory dynamics from acoustic signatures. *Journal of the Acoustical Society of America*, v. 127, n. 6, p. 3717-28, 2010.

JACOBS, C. L. *et al*. Why are repeated words produced with reduced durations? Evidence from inner speech and homophone production. *Journal of Memory and Language*, v. 84, p. 37-48, 2015.

O GESTO AUDÍVEL

239

JAKOBSON, R. On the identification of phonemic entities. *Travaux du Cercle Linguistique de Copenhague*, v. 5, p. 205-213, 1949.

JAKOBSON, R. Linguística e poética. *In*: JAKOBSON, R. *Linguística e comunicação*. São Paulo: Cultrix, 1969 [1960]. p. 118-162.

JAKOBSON, R.; FANT, G.; HALLE, M. *Preliminaries to speech analysis*: the distinctive features and their correlates. Cambridge, Mass.: MIT Press, 1952.

JAKOBSON, R.; VAUGHAN, L. *The sound shape of language*. Bloomington: Indiana University Press, 1979.

JERDE, T. E.; SOECHTING, J. F.; FLANDERS, M. Coarticulation in fluent fingerspelling. *The Journal of Neuroscience*, v. 23, n. 6, p. 2383-2393, 2003.

JESPERSEN, O. *Lehrbuch der Phonetik*. Tradução autorizada de Hermann Davidsen. Leipzig & Berlin: B. G. Teubner, 1904.

JESUS, L. M. T. *Acoustic phonetics of European Portuguese fricative consonants*. Tese (Doutorado) — University of Southampton, Southampton, 2001.

JIQUILIN-RAMIREZ, D. *et al*. Três casos de deriva fonética intralinguística na aquisição fonológica de adultos. *In*: FERREIRA-GONÇALVES, G.; BRUM-DE-PAULA, M. (orgs.) *Dinâmica dos movimentos articulatórios*: sons, gestos, imagens. Pelotas: Editora UFPel, 2013. p. 11-35.

JOHNSON, K. Resonance in an exemplar-based lexicon: the emergence of social identity and phonology. *Journal of Phonetics*, v. 34, p. 485-99, 2006.

KAHN, J. M.; ARNOLD, J. E. A processing-centered look at the contribution of givenness to durational reduction. *Journal of Memory and Language*, v. 67, p. 311-325, 2012.

KATSIKA, A. *et al*. The coordination of boundary tones and their interaction with prominence. *Journal of Phonetics*, v. 44, p. 62-82, 2014.

KEATING, P. *et al*. Domain-initial strengthening in four languages. *In*: LOCAL, J.; OGDEN, R.; TEMPLE, R. (orgs.) *Laboratory phonology VI*: phonetic interpretation. Cambridge: Cambridge University Press, 2003. p. 145-163.

KEHOE, M. The development of rhotics: a comparison of monolingual and bilingual children. *Bilingualism*: Language and Cognition, v. 21, n. 4, p. 710-731, 2018.

KELSO, S. *Dynamic patterns*: the self-organization of brain and behavior. Cambridge, Mass.: The MIT Press, 1995.

KELSO, S. Instabilities and phase transitions in human brain and behavior. *Frontiers in Human Neuroscience*, v. 4, art. 23, 2010.

KELSO, S.; MUNHALL, K. *R.H. Stetson's motor phonetics*: a retrospective edition. Boston: College Hill, 1988.

KENTOWICZ, M.; KISSEBERTH, C. *Topics in phonological theory*. New York: Academic Press, 1977.

KINGSTON, J.; DIEHL, R. Phonetic knowledge. *Language*, v. 70, p. 419-454, 1994.

KIRK, P. L.; LADEFOGED, J.; LADEFOGED, P. Quantifying acoustic properties of modal, breathy and creaky vowels in Jalapa Mazatec. *In*: MATTINA, A.; MONTLER, T. (orgs.) *American Indian linguistics and ethnography in honor of Laurence C. Thompson*. Missoula, MT: University of Montana Press, 1993.

KIROV, C.; GAFOS, A. Dynamic phonetic detail in lexical representations. *ICPhS XVI*. Saarbrücken, p. 637-640, 2007.

KLATT, D. H. Linguistic uses of segmental duration in English: acoustic and perceptual evidence. *Journal of the Acoustical Society of America*, v. 59, n. 5, p. 1208-1220, 1976.

KNUDSEN, E. I. Sensitive periods in the development of the brain and behavior. *Journal of Cognitive Neuroscience*, v. 16, n. 8, p. 1412-1425, 2004.

KOERNER, E. F. K. *Linguistica Atlantica*, v. 18/19, p. 1-20, 1996/1997.

KONDO, Y. Within-word prosodic constraint on coarticulation in Japanese. *Language and Speech*, v. 49, n. 3, p. 393-416, 2006.

KORNFELD, J.; GOEHL, H. A new twist to an old observation: kids know more than they say. *In*: BRUCK, A.; FOX, R.; LA GALY, M. (orgs.) *Papers from the Parasession on Natural Phonology*. Chicago: Chicago Linguistics Society, 1974. p. 210-219.

KOSTAKIS, A. More on the origin of uvular [r]: phonetic and sociolinguistic motivations. *IULC Working Papers*, v. 7.1, p. 1-20, 2007.

KRIVOKAPIC, J. Gestural coordination at prosodic boundaries and its role for prosodic structure and speech planning processes. *Philosophical Transactions Royal Society Biological Sciences*, v. 369(1658), art. 20130397, 2014.

KUHL, P.; MELTZOFF, A. Infant vocalizations in response to speech: vocal imitation and developmental change. *Journal Acoustical Society of America*, v. 100.4, p. 2425-2438, 1996.

KUHN, T. *The structure of scientific revolutions*. Chicago: University of Chicago Press, 1962.

KÜHNERT, B.; HOOLE, P.; MOOSHAMMER, C. Gestural overlap and C-center in selected French consonant clusters. *In*: YEHIA, H.; DEMOLIN, D.; LABOISSIÈRE, R. (orgs.) *Proceedings 7th International Seminar on Speech Production*. Belo Horizonte: UFMG, p. 327-334, 2006.

LABOV, W. The social motivation of a sound change. *Word*, v. 18, p. 1-42, 1963.

LABOV, W. *The social stratification of English in New York City*. Washington, DC: Center for Applied Linguistics, 1966.

LABOV, W.; YAEGER, M., STEINER, R. *A quantitative study of sound change in progress*. Philadelphia: US Regional Survey, 1972.

LADEFOGED, P. *Preliminaries to linguistic phonetics*. Chicago: University of Chicago Press, 1971.

LADEFOGED, P. The features of the larynx. *Journal of Phonetics*, v. 1, n. 1, p. 73-83, 1973.

LADEFOGED, P.; COCHRAN, A.; DISNER, S. F. Laterals and trills. *Journal of the International Phonetic Association*, v. 7, p. 46-54, 1977.

LADEFOGED, P.; MADDIESON, I. *The sounds of the world's languages*. Oxford: Blackwell, 1996.

LAGERSTEE, M. Infants use multimodal information to imitate speech sounds. *Infant Behavior and Development*, v. 13, p. 343-354, 1990.

LAKOFF, G.; JOHNSON, M. *Metaphors we live by*. Chicago: University of Chicago Press, 2003.

LAMEIRA, A. R.; HARDUS, M. E.; WICH S. A. Orangutan instrumental gesture-calls: reconciling acoustic and gestural speech evolution models. *Evolutionary Biology*, v. 39, p. 415-418, 2012.

LANCASTER, J. B. Primate social behavior and ostracism. *Ethology and Sociobiology*, v. 7, p. 215-225, 1986.

LAROUCHI, M.; KERN, S. From babbling to first words in Tashlhiyt language acquisition: longitudinal two-case studies. *Canadian Journal of Linguistics/Revue Canadienne De Linguistique*, v. 63, n. 4, p. 493-526, 2018.

LAVE, J.; WENGER, E. *Situated learning: legitimate peripheral participation*. Cambridge, England: Cambridge University Press, 1991.

LAVER, J. *The phonetic description of voice quality*. London: Cambridge University Press, 1980.

LAWSON, E.; SCOBBIE, J. M.; STUART-SMITH, J. A socio-articulatory study of Scottish rhoticity. *In*: LAWSON, R. (org.) *Sociolinguistics in Scotland*. London: Palgrave Macmillan, 2014. p. 72-86.

LEBEN, W. *Suprasegmental phonology*. PhD dissertation-MIT. Distributed by Indiana University Linguistics Club, 1973.

LEE, Y. *et al*. Articulatory, acoustic, and prosodic accommodation in a cooperative maze navigation task. *PLoS ONE*, v. 13, n. 8, art. 0201444, 2018.

LENNEBERG, E. *Biological foundations of language*. London: Wiley, 1967.

LÉON, P. *Essais de phonostylistique*. Montréal: Didier, 1971.

LEONG, V. *et al*. Speaker gaze increases information coupling between infant and adult brains. *PNAS*, v. 114, n. 50, p. 13290-13295, 2017a.

LEONG, V. *et al*. Infants' neural oscillatory processing of theta-rate speech patterns exceeds adults'. *Biorxiv*. Disponível em: https://doi.org/10.1101/108852. 2017b.

LIBERMAN, M.; PRINCE, A. On stress and linguistic rhythm. *Linguistic Inquiry*, v. 8, p. 249-336, 1977.

LIEBERMAN, P. Some effects of semantic and grammatical context on the production and perception of speech. *Language and Speech*, v. 6, n. 3, p. 172-187, 1963.

LIEBERMAN, P; KLATT, D. H.; WILSON, W. H. Vocal tract limitations on the vowel repertoires of rhesus monkey and other nonhuman primates. *Science*, v. 164, p. 1185-1187, 1969.

LINDAU, M. The story of /r/. *UCLA Working Papers in Phonetics*, v. 51, p. 114-119, 1980.

LINDBLOM, B. Final lengthening in speech and music. *In*: GARDING, E.; BRUCE, G.; BANNERT, R. (orgs.) *Nordic prosody*. Lund: Lund University, 1978. p. 85-101.

LINDBLOM, B. Explaining phonetic variation: a sketch of the H&H theory. *In*: HARDCASTLE, W.; MARCHAL, A. (orgs.) *Speech production and speech modeling*. Dordrecht: Kluwer, 1990. p. 403-439.

LISKER, L.; ABRAMSON, A. A cross-language study of voicing in initial stops: acoustical measurements. *Word*. v.20, p. 384-422, 1964.

LIU, Y. *et al*. Measuring speaker — listener neural coupling with functional near infrared spectroscopy. *Nature Scientific Reports*, v. 7, n. 43293, 2017.

LÖFQVIST A. Speech as audible gestures. *In*: HARDCASTLE, W. J.; MARCHAL A. (orgs.) *Speech Production and Speech Modelling*. Dordrecht: Springer, 1990. p. 289-322.

MACKEN, M. A.; BARTON, D. The acquisition of the voicing contrast in English: a study of voice onset time in word-initial stop consonants. *Journal of Child Language*, v. 7, p. 41-74, 1980.

MACLEOD, A.; STOEL-GAMMON, C. Are bilinguals different? What VOT tells us about simultaneous bilinguals. *Journal of Multilingual Communication Disorders*, v. 3, n. 2, p. 118-127, 2005.

MACNEILAGE, P. F. *The origin of speech*. Oxford: Oxford University Press, 2008.

MACNEILAGE, P. F.; DAVIS, B. L. On the origin of internal structure of word forms. *Science*, v. 288, p. 527-531, 2000.

MACNEILAGE P.; DAVIS, B. L. Motor mechanisms in speech ontogeny: phylogenetic, neurobiological and linguistic implications. *Current Opinion in Neurobiology*, v. 11, n. 6, p. 696-700, 2001.

MADDIESON, I. *Patterns of sounds*. Cambridge: Cambridge University Press, 1984.

MAGEN, H. The extent of vowel-to-vowel coarticulation in English. *Journal of Phonetics*, v. 25, p. 187-205, 1997.

MAMPE, B. *et al*. Newborns' cry melody is shaped by their native language. *Current Biology*, v. 19, n. 23, p. 1994-1997, 2009.

MARTINET, A. *Éléments de linguistique général*. Paris: Colin, 1961.

MARTÍNEZ, I. *et al*. Auditory capacities of human fossils: a new approach to the origin of speech. *Journal of the Acoustical Society of America*, v. 123, p. 3606-3606, 2008.

MATURANA, H.; VARELA, F. *Autopoiesis and cognition*: *the realization of the living*. Boston: Reidel, 1980.

MAYBERRY, R. I. First-language acquisition after childhood differs from second-language acquisition: the case of American sign language. *Journal of Speech and Hearing Research*, v. 36, n. 6, p. 1258-1270, 1993.

MCGURK. H.; MACDONALD, J. Hearing lips and seeing voices. *Nature*, v. 264, p. 746-748, 1976.

MEHLER, J. *et al.* A precursor of language acquisition in young infants. *Cognition*, v. 29, p. 143-178, 1988.

MEILLET, A. *Introduction à l'étude comparative des langues indo-européennes*. Paris: Hachette, 1903.

MEILLET, A. *Linguistique historique et linguistique générale*. Paris: H. Champion, 1921. Tome I.

MEISTER, I. G. *et al.* The essential role of premotor cortex in speech perception. *Current Biology*, v. 17, n. 19, p. 1692-1696, 2007.

MELTZOFF, A. N.; MOORE, M. K. Imitation of facial and manual gestures by human neonates. *Science*, v. 198, p. 75-78, 1977.

MELTZOFF, A. N.; MOORE, M. K. Imitation in newborn infants: exploring the range of gestures imitated and the underlying mechanisms. *Developmental Psychology*, v. 25, n. 6, p. 954-962, 1989.

MENESES, F. O. *As vogais desvozeadas no português brasileiro*: investigação acústico-articulatória. Dissertação (Mestrado em Linguística) — LAFAPE-IEL, Universidade Estadual de Campinas, Campinas, 2012.

MENESES, F. O. *Uma visão dinâmica dos processos de apagamento de vogais no português brasileiro*. Tese (Doutorado em Linguística) — LAFAPE-IEL, Universidade Estadual de Campinas, Campinas, 2016.

MENESES, F. O.; ALBANO, E. C. From reduction to apocope: final poststressed vowel devoicing in Brazilian Portuguese. *Phonetica*, v. 72, n. 2-3, p. 121-37, 2015.

MENESES, F. O.; JOHNSON, S.; ALBANO, E. C.; SHOSTED, R. K. Is the vowel really disappearing in Brazilian Portuguese sandhi? An ultrasound study of vowel reduction. Phonetics and Phonology in Europe-PaPE 2017, Colônia. *Abstract Book PaPE*, p. 130-131, 2017.

MENESES, F. O.; JOHNSON, S.; ALBANO, E. C.; SHOSTED, R. K. What articulatory data tell us about vowel devoicing in Brazilian Portuguese. *In*: 16th Conference on Laboratory Phonology, 2018, Lisbon. *LabPhon16 Conference Booklet*. Lisboa: Faculdade de Letras da Universidade de Lisboa, 2018.

MENZERATH, P.; LACERDA, A. *Koartikulation, Steuerung und Lautabgrenzung*: eine *experimentelle Untersuchung*. Berlin: Dümmler, 1933.

MEYER, D. et. al. Optimality in human motor performance: ideal control of rapid aimed movements. *Psychological Review*, v. 95, n. 3, p. 340-370, 1988.

MIRANDA, A. R. A interação entre acento e sílaba na aquisição da linguagem: um exemplo de marcação posicional. *Letras de Hoje*, v. 45, p. 27-34, 2010.

MOOSHAMMER, C.; SCHILLER, N. O. Coarticulatory effects on kinematic parameters of rhotics in German. *Proceedings of the 1st ESCA Tutorial and Research Workshop on Speech Production Modeling: From Control Strategies to Acoustics & 4th Speech Production Seminar: Models and Data*. Grenoble: European Speech Communication Association, p. 25-28, 1996.

MORENO, A. R. *Introduction à une épistémologie de l'usage*. Paris: Harmattan, 2011.

MORENO, A. R. Do gesto ao signo. *In*: TERRA, C. *Arley Morenum Liber Amicorum*: escritos em homenagem a Arley Ramos Moreno. São Paulo: Editora FiloCzar, no prelo.

MÖTTÖNEN, R.; VAN DE VEN, G. M.; WATKINS, K. E. Attention fine-tunes auditory-motor processing of speech sounds. *Journal of Neuroscience*, v. 34, n. 11, p. 4064-4069, 2014.

MUNHALL, K.; LÖFQVIST, A. Gestural aggregation in speech: laryngeal gestures. *Journal of Phonetics*, v. 20, p. 11-126, 1992.

MUNYI, C. W. Past and present perceptions towards disability: a historical perspective. *Disability Studies Quarterly*, v. 32, n. 2, HTML paper n. 3197, 2012.

NAKAMURA, M. Two kinds of palatalisation in Japanese: an electropalatographic study. *Proceedings ICPhS 14th*. San Francisco, p. 57-60, 1999.

NAM, H. Syllable-level intergestural timing model: split-gesture dynamics focusing on positional asymmetry and moraic structure. *In*: COLE, J.; HUALDE, J. (orgs.) *Laboratory Phonology*, v. 9. Berlin: Mouton De Gruyter, p. 483-506, 2007a.

NAM, H. *Gestural coupling model of syllable structure*. Tese (Doutorado) — Yale University, 2007b.

NAM, H. *et al.* Computational simulation of CV combination preferences in babbling. *Journal of Phonetics*, v. 41, n. 2, p. 63-77, 2013.

NICHOLS, E. *et al.* Relationships between lyrics and melody in popular music. *ISMIR 2009 — Proceedings of the 11th International Society for Music Information Retrieval Conference*, October 2009. Disponível em: www.microsoft.com/en-us/research/publication/relationships-lyrics-melody-popular-music/. Acesso em: 7 abril 2018.

NIEBUHR, O.; CLAYARDS, M.; MEUNIER, C.; LANCIA, L. On place assimilation in sibilant sequences: comparing French and English. *Journal of Phonetics*, v. 39, n. 3, p. 429-451, 2011.

NIELSEN, K. Phonetic imitation by young children and its developmental changes. *Journal of Speech, Language, and Hearing Research*, v. 57, p. 2065-2075, 2014.

OBRETENOVA, S. *et al.* Neuroplasticity associated with tactile language communication in a deaf-blind subject. *Frontiers in Human Neuroscience*, v. 3, article 60, p. 1-14, 2010.

OHALA, J. J. The origin of sound patterns in vocal tract constraints. *In*: MACNEILAGE, P. F. (org.) *The production of speech*. New York: Springer-Verlag, 1983. p. 189-216.

OHALA, J. J. The segment: primitive or derived? *In*: DOCHERTY, G.; LADD, R. (orgs.) *Papers in Laboratory Phonology II*: *Gesture, segment, prosody*. Cambridge: Cambridge University Press, 1992. p. 166-183.

OHALA, J. J. Speech perception is hearing sounds, not tongues. *Journal of the Acoustical Society of America*, v. 99, p. 1718-1725, 1996.

ÖHMAN, S. Coarticulation in CVC utterances: spectrographic measurements. *Journal of the Acoustical Society of America*, v. 39, p. 151-168, 1966.

ÖHMAN, S. Numerical model of coarticulation. *Journal of the Acoustical Society of America*, v. 41, p. 310-320, 1967.

OLLER, D. K. *et al.* Infant babbling and speech. *Journal of Child Language*, v. 3, n. 1, p. 1-11, 1976.

OLLER, D. K. *et al.* Precursors to speech in infancy: the prediction of speech and language disorders. *Journal of Communication Disorders*, v. 32, n. 4, p. 223-245, 1999.

ÖZÇELIK, Ö. The foot is not an obligatory constituent of the prosodic hierarchy: "stress" in Turkish, French and child English. *The Linguistic Review*, v. 34, n. 1, p. 157-213, 2017.

PANHOCA-LEVY, I. *Para além da nau dos insensatos*: considerações a partir de um caso de síndrome de Down. Dissertação (Mestrado em Linguística) — LAFAPE-IEL, Universidade Estadual de Campinas, Campinas, 1988.

PANHOCA-LEVY, I. *Uma nova face da nau dos insensatos*: a dificuldade de vozear obstruintes em crianças de idade escolar. Tese (Doutorado em Linguística) — LAFAPE-IEL, Universidade Estadual de Campinas, Campinas, 1993.

O GESTO AUDÍVEL

PARDO, J. S.; JAY, I. C., HOSHINO, R.; HASBUN, S. M.; SOWEMIMO-COKER, C.; KRAUSS, R. M. Influence of role-switching on phonetic convergence in conversation. *Discourse Process*, v. 50, p. 276-300, 2013.

PARRELL, B. *et al.* The FACTS model of speech motor control: Fusing state estimation and task-based control. *PLoS computational biology*, v. 15, n. 9, e1007321. 3 Sep. 2019.

PASTÄTTER, M.; POUPLIER, M. Articulatory mechanisms underlying onset-vowel organization. *Journal of Phonetics*, v. 65, p. 1-14, 2017.

PATEL, A.; DANIELE, J. R. An empirical comparison of rhythm in language and music. *Cognition*, v. 87, p. B35—B45, 2003.

PATEL, S. *et al.* Mapping emotions into acoustic space: the role of voice production. *Biological Psychology,* v. 87, p. 93-98, 2011.

PATTEE, H. The physics of symbols: bridging the epistemic cut. *Biosystems*, v. 60, n. 1-3, p. 5-21, 2001.

PEELLE, J.; DAVIS, M. Neural oscillations carry speech rhythm through to comprehension. *Frontiers in Psychology*, v. 3, art. 320, 2012.

PEIRCE, C. S. *Collected papers* Book II. Cambridge: Harvard University Press. 1958 [1903].

PELLEGRINO, F. *et al. Approaches to phonological complexity.* Berlin: De Gruyter Mouton, 2009.

PENFIELD, W.; ROBERTS, L. *Speech and brain mechanisms.* Princeton: Princeton University Press, 1959.

PERKELL, J. S. *Physiology of speech production: results and implications of a quantitative cineradiographic study.* M.I.T. research monograph. Cambridge: MIT Press, n. 53, 1969.

PERKELL, J. S. *et al.* Trading relations between tongue-body raising and lip rounding in production of the vowel /u/: a pilot "motor equivalence" study. *The Journal of the Acoustical Society of America.*, v. 93, p. 2948-61, 1993.

PESSOTTI, A. C. *O estilo na interpretação cantada e falada de uma canção de câmara brasileira*: dados de cinco cantoras líricas brasileiras. Dissertação (Mestrado em Linguística) — LAFAPE-IEL, Universidade Estadual de Campinas, Campinas, 2007.

PESSOTTI, A. C. *Efeitos do treinamento e da prática vocal profissional sobre o canto e a fala.* Tese (Doutorado em Linguística) — LAFAPE-IEL, Universidade Estadual de Campinas, Campinas, 2012.

PETERSON, J. S. Myth 17: gifted and talented individuals do not have unique social and emotional needs. *Gifted Child Quarterly*, v. 53, n. 4, p. 280-282, 2009.

PIAGET, J. *La naissance de l'intelligence chez l'enfant*. Paris: Delachaux & Niestlé, 1936.

PIAGET, J. *Logique et connaissance scientifique*. Dijon: Gallimard, 1967.

PIATTELLI-PALMARINI, M. (org.) *Language and learning: the debate between Piaget and Chomsky*. Cambridge: Harvard University Press, 1980.

PIATTELLI-PALMARINI, M. Ever since language and learning: afterthoughts on the Piaget-Chomsky debate. *Cognition*, v. 50, n. 1-3, p. 315-346, 1994.

PIERREHUMBERT, J.; TALKIN, D. Lenition of /h/ and glottal stop. *In*: DOCHERTY, D.; LADD, D. R. *Papers in laboratory phonology II*. Cambridge: Cambridge University Press, 1992. p. 90-117.

PIERREHUMBERT, J. B. Word-specific phonetics. *In*: GUSSENHOVEN, C.; WARNER, N. (orgs.) *Laboratory Phonology VII*. Berlin: de Gruyter, 2002, p. 101-139.

PORT, R. How are words stored in memory? Beyond phones and phonemes. *New Ideas in Psychology*, v. 25, p. 143-170, 2007.

POZZANI, D. *Gradientes alofônicos de oclusivas alveolares do português brasileiro em uma situação de contato dialetal*. Dissertação (Mestrado em Linguística) — LAFAPE-IEL, Universidade Estadual de Campinas, Campinas, 2011.

PREMACK, A. J.; PREMACK, D. Teaching language to an ape. *Scientific American*, v. 227, n. 4, p. 92-99, 1972.

PRINCE, A.; SMOLENSKY, P. Optimality theory: constraint interaction in generative grammar. *Technical Report 2, Rutgers University Center for Cognitive Science*, 1993.

PROCTOR, M. *Gestural characterization of a phonological class: the liquids*. Tese (Doutorado) — Yale University, 2009.

PUFHAL, A.; SAMUEL, A. G. How lexical is the lexicon? Evidence for integrated auditory memory representation. *Cognitive Psychology*, v. 70, p. 1-30, 2014.

RAMANARAYANAN, V. *et al*. An investigation of articulatory setting using real-time magnetic resonance imaging. *Journal of the Acoustical Society of America*, v. 134, n. 1, p. 510-519, 2013.

RAMANARAYANAN, V. *et al*. A new model of speech motor control based on task dynamics and state feedback. *Proceedings of Interspeech 2016*. San Francisco, p. 3564-3568, 2016.

RAMUS *et al.* Language discrimination by human newborns and by cotton-top tamarin monkeys. *Science* 14 v. 288, n. 5464, p. 349-351, 2000.

RAPOSO DE MEDEIROS, B. *Descrição comparativa de aspectos fonético-acústicos selecionados da fala e do canto em português brasileiro.* Tese (Doutorado em Linguística) — LAFAPE-IEL, Universidade Estadual de Campinas, Campinas, 2002.

RECASENS, D. An acoustic analysis of V-to-C and V-to-V coarticulatory effects in Catalan and Spanish VCV sequences. *Journal of Phonetics*, v. 15, p. 299-312, 1987.

RECASENS, D. On the production characteristics of apicoalveolar taps and trills. *Journal of Phonetics*, v. 19, p. 267-280, 1991.

RECASENS, D. Integrating coarticulation, assimilation and blending into a model of articulatory constraints. *In*: GOLDSTEIN, L.; WHALEN, D.; BEST, C. (orgs.) *Laboratory Phonology 8*. Berlin-New York: de Gruyter, 2006. p. 611-634.

RECASENS, D. On the articulatory classification of (alveolo)palatal consonants. *Journal of the International Phonetic Association*, v. 43, p. 1-23, 2013.

RECASENS, D. What is and what is not an articulatory gesture in speech production: the case of lateral, rhotic and (alveolo)palatal consonants. *Gradus*, v. 1, n. 1, p.23-42, 2016.

RECASENS, D.; ESPINOSA, A. An articulatory investigation of lingual coarticulatory resistance and aggressiveness for consonants and vowels in Catalan. *Journal of the Acoustical Society of America*, v. 125, n. 4, p. 2288-98, 2009.

RECASENS, D.; PALLARÈS, M. D.; FONTDEVILA, J. A model of lingual coarticulation based on articulatory constraints. *The Journal of the Acoustical Society of America*, v. 102, p. 544-561, 1997.

RECASENS, D.; RODRIGUEZ, C. A study of coarticulatory resistance and aggressiveness for front lingual consonants and vowels using ultrasound. *Journal of Phonetics*, v. 59, p. 58-75, 2016.

RECASENS, D.; ROMERO, J. An EMMA study of segmental complexity in alveolopalatals and palatalized alveolars. *Phonetica*, v. 54, p. 43-58, 1997.

REDI, L.; SHATTUCK-HUFNAGEL, S. Variation in the realization of glottalization in normal speakers. *Journal of Phonetics*, v. 29, p. 407-29, 2001.

RICCI, G. *Samba e bossa nova*: um estudo de aspectos da relação texto-música. Dissertação (Mestrado em Linguística) — LAFAPE-IEL, Universidade Estadual de Campinas, Campinas, 2013.

RICE, K. A reexamination of the feature [sonorant]: the status of 'sonorant obstruents'. *Language*, v. 69, n. 2, p. 308-344, 1993.

RIDOUANE, R. Syllables without vowels: phonetic and phonological evidence from Tashlhiyt Berber. *Phonology*, v. 25, n. 2, p. 321-359, 2008.

RINALDI, L. M. *Procedimentos para a análise de vogais e obstruintes na fala infantil do português brasileiro.* Dissertação (Mestrado em Linguística) — LAFAPE-IEL, Universidade Estadual de Campinas, Campinas, 2010.

RIZZOLATTI, G.; ARBIB, M. A. Language within our grasp. *Trends in Neuroscience*, v. 21, n. 5, p.188-194, 1998.

ROCES, L. *Relações gradientes V-V em sequências VCV no português brasileiro.* Dissertação (Mestrado em Linguística) — LAFAPE-IEL, Universidade Estadual de Campinas, Campinas, 2006.

ROCES, L. *Estudo dos efeitos de coprodução V-V em sequências VCV nas vogais médias do português brasileiro.* Tese (Doutorado em Linguística) — LAFAPE-IEL, Universidade Estadual de Campinas, Campinas, 2010.

ROCHA FILHO, Z. *A narração de futebol no brasil*: um estudo fonoestilístico. Dissertação (Mestrado em Linguística) — LAFAPE-IEL, Universidade Estadual de Campinas, Campinas, 1988.

ROCHA FILHO, Z. *Som e ação na narração de futebol do Brasil.* Tese (Doutorado em Linguística) — LAFAPE-IEL, Universidade Estadual de Campinas, Campinas, 1997.

RODRIGUES, L. L. *Aquisição dos róticos em crianças com queixa fonoaudiológica.* Dissertação (Mestrado em Linguística) — LAFAPE-IEL, Universidade Estadual de Campinas, Campinas, 2007.

RODRIGUES, L. L. *A complexidade das relações ortográfico-fônicas na aquisição da escrita*: um estudo com crianças da educação infantil. Tese (Doutorado em Linguística) — LAFAPE-IEL, Universidade Estadual de Campinas, Campinas, 2012.

RODRIGUES, L. L. *et al.* Acertos gradientes nos chamados erros de pronúncia. *Revista de Letras* (PPGL/UFSM), v. 36, p. 85-112, 2008.

RODRIGUES, N. *Neurolinguística dos distúrbios da fala.* São Paulo: Cortez, 1989.

ROMERO, J. Articulatory blending of lingual consonants. *Journal of Phonetics*, v. 24, n. 1, p. 99-111, 1996.

ROSCH, E.; MERVIS, C. Family resemblances: studies in the internal structure of categories. *Cognitive Psychology*, v. 7, p. 573-605, 1975.

RUBERTUS, E.; NOIRAY, A. On the development of gestural organization: a cross-sectional study of vowel-to-vowel anticipatory coarticulation. *PLoS ONE*, v. 13, n. 9, e0203562, 2018.

RUMBAUGH, D. (org.) *Language learning by a chimpanzee*: the Lana Project. New York: Academic Press, 1977.

RUMBAUGH, D. Primate language and cognition: common ground. *Social Research,* v. 62, n. 3, p. 711-730, 1995.

RUWET, N. Fonction de la parole dans la musique vocale. *Revue Belge de Musicologie*, v. 15, n. 1-4, p. 8-28, 1961.

SACKS, O. *Vendo vozes*: uma viagem ao mundo dos surdos. São Paulo: Cia das Letras, 1998 [original inglês 1989].

SALTZMAN, E. *et al*. A task-dynamic toolkit for modeling the effects of prosodic structure on articulation. *ISCA Archive*: Speech Prosody, p. 175-184, 2008.

SALTZMAN, E.; MUNHALL, K. G. A dynamical approach to gestural patterning in speech production. *Ecological Psychology*, v.1, n. 4, p. 333-382, 1989.

SANDLER, W. *et al*. The emergence of grammar: systematic structure in a new language. *PNAS*, 102(7), 2661-2665., 2005.

SAPIR, E. *Language*: an introduction to the study of speech. New York: Harcourt, Brace and Co., 1971 [1921].

SAUSSURE, F. *Curso de linguística geral.* São Paulo: Cultrix/Universidade de São Paulo, 1969 [1916].

SAVAGE-RUMBAUGH, E. S. *et al*. Language comprehension in ape and child. *Monographs of the Society for Research in Child Development*, v. 58, n. 3/4, p. 1-252, 1993.

SCHEERER, N. E.; JACOBSON, D. S.; JONES, J. A. Sensorimotor learning in children and adults: exposure to frequency-altered auditory feedback during speech production. *Neuroscience*, v. 314, p. 106-115, 2016.

SCHERER, K. R. Expression of emotion in voice and music. *Journal of Voice*, v. 9, n. 3, p. 235-248, 1995.

SCHILLER, O. The phonetic variation of German /r/. *In*: BUTT, M.; FUHRHOP, N. (orgs.) *Variation und Stabilität in der Wortstruktur.* Hildesheim: Olms, p. 261-87, 1998.

SCHLIEMANN, L. R. *Contraste de vozeamento por crianças entre 6 e 8 anos*: uma abordagem dinâmica. Dissertação (Mestrado em Linguística) — LAFAPE-IEL, Universidade Estadual de Campinas, Campinas, 2011.

SCOBBIE J. M. *et al.* Covert contrast as a stage in the acquisition of phonetics and phonology. *In*: BROE, M.; PIERREHUMBERT, J. (orgs.) *Papers in laboratory phonology V: language acquisition and the lexicon.* Berlin: de Gruyter, 2000. p. 194-207.

SCOVEL, T. Foreign accents, language acquisition, and cerebral dominance. *Language Learning*, v. 19, p. 245-253, 1969.

SEBREGTS, K. *The sociophonetics and phonology of Dutch r.* Tese (Doutorado) — University of Utrecht, 2014.

SELINKER, L. Interlanguage. *International Review of Applied Linguistics in Language Teaching*, v. 10, p. 209-31, 1972.

SENGHAS, A. The emergence of two functions for spatial devices in Nicaraguan sign language. *Human Development*, v. 53, p. 287-302, 2010.

SGANDURRA, G. *et al.* Reorganization of the action observation network and sensory-motor system in children with unilateral cerebral palsy: an fMRI study. *Neural Plasticity*, v. 2018, art. ID6950547, 2018.

SHADLE, C. H. The acoustics of fricative consonants. M.I.T. PhD thesis, *R.L.E. Tech. Rpt.* 506, 1985.

SHOSTED, R. K. An aerodynamic explanation for the uvularization of trills? *8th Internacional Seminar on Speech Production.* Strasbourg, p. 421-424, 2008.

SICARD, R.-A. *Catéchisme, ou instruction chrétienne à l'usage des sourds-muets.* Paris: Institution Nationale des Sourds-Muets, versão eletrônica, 1995 [1792].

SILVA, A. H. *Para a descrição fonético-acústica das líquidas no português brasileiro*: dados de um informante paulistano. Dissertação (Mestrado em Linguística) — LAFAPE-IEL, Universidade Estadual de Campinas, Campinas, 1996.

SILVA, A. H. *As fronteiras entre fonética e fonologia e a alofonia dos róticos iniciais em PB*: dados de dois informantes do sul do país. Tese (Doutorado em Linguística) — LAFAPE-IEL, Universidade Estadual de Campinas, Campinas, 2002.

SIMKO, J.; CUMMINS, F. Embodied task dynamics. *Psychological Review*, v. 117, n. 4, p. 1229-1246, 2010.

SIMKO, J.; CUMMINS, F. Sequencing and optimization within an embodied task dynamic model. *Cognitive Science*, v, 35, n. 3, p. 527-562, 2011.

SKIPPER, J. I. *et al.* Hearing lips and seeing voices: how cortical areas supporting speech production mediate audiovisual speech perception. *Cerebral Cortex*, v. 17, p. 2387-2399, 2007.

SMITH, B. L. A phonetic analysis of consonantal devoicing in children's speech. *Journal of Child Language*, v. 6, p. 19-28, 1979.

SMITH, J. D. Prototypes, exemplars, and the natural history of categorization. *Psychonomic Bulletin & Review*, v. 21, n. 2, p. 312-331, 2014.

SOARES, M. F. *Estratégias de produção de vogais e fricativas*: análise acústica da fala de sujeitos portadores de doença de Parkinson. Tese (Doutorado em Linguística) — LAFAPE-IEL, Universidade Estadual de Campinas, Campinas, 2009.

SOLÉ, M-J. Aerodynamic characteristics of trills and phonological patterning. *Journal of Phonetics*, v. 30, p. 655-688, 2002.

SONDEREGGER, M.; BANE, M.; GRAFF, P. The medium-term dynamics of accents on reality television. *Language*, v. 93.3, p. 598-640, 2017.

SOUSA, E. *Para a caracterização fonético-acústica da nasalidade no Português do Brasil.* Dissertação (Mestrado em Linguística) — LAFAPE-IEL, Universidade Estadual de Campinas, Campinas, 1994.

SPAJIC, S.; LADEFOGED, P.; BHASKARARAO, P. The trills of Toda. *Journal of the International Phonetic Association*, v. 26, p. 1-21, 1996.

SPROAT, R.; FUJIMURA, O. Allophonic variation in English /l/ and its implications for phonetic implementation. *Journal of Phonetics*, v. 21, p. 291-311, 1993.

STEELS, L. The synthetic modeling of language origins. *Evolution of Communication Journal*, v. 1, p.1-3, 1997.

STERIADE, D. Closure, release, and nasal contours. *In*: HUFFMAN, M.; KRAKOW, R. A. (orgs.) Nasals, nasalization, and the velum. *The phonetics of nasal phonology*: *theorems and data.* (Phonetics and Phonology Series 5). San Diego, California: Academic Press, p. 401-470, 1993.

STETSON, R. *Motor phonetics*: *a study of speech movements in action*. 2. ed. Amsterdam: North Holland Publishing Co., 1951.

STEVENS, K. The quantal nature of speech: evidence from articulatory-acoustic data. *In*: DAVID, E.; DENES, P. B. (orgs.) *Human communication*: *a unified view*. New York: McGraw-Hill, 1972. p. 51-66. (Inter-University Electronic Series, v. 15).

STEVENS, K. *Acoustic phonetics*. Cambridge, Mass: MIT Press, 1998.

STOKOE, W. *Sign and culture*: *a reader for students of American sign language*. Silver Spring, MD: Listok Press, 1960.

STORTO, L.; DEMOLIN, D. The phonetics and phonology of South American Languages. *In*: CAMPBELL, L.; GRONDONA, G. (orgs.) *The indigenous languages of South America*: *a comprehensive guide*. Berlin: Mouton de Gruyter, 2012. p. 331-390.

STRAKA, G. La division des sons du langage en voyelles et consonnes peut-elle être justifiée? *Travaux de Linguistique et de Littérature*, v. I, p. 17-99, 1963.

STREET, R. L.; CAPPELLA, J. N. *Journal of Psycholinguistic Research*, v. 18, n. 5, p. 497-516, 1989.

STUART-SMITH, J. Glasgow: accent and voice quality. *In*: FOULKES, P.; DOCHERTY, G. J. (orgs.) *Urban voices*: *accent studies in the British Isles*. Leeds, UK: Arnold, 1999. p. 201-222.

SUMBY, W. H.; POPPLACK, I. Visual contribution to speech intelligibility in noise. *The Journal of the Acoustical Society of America*, v. 26, n. 212, p. 212-215, 1954.

SUNDBERG, J. The acoustics of the singing voice. *Scientific American*, v. 236, n. 3, p. 82-91, 1977.

TEIXEIRA, A.; VAZ, F.; PRÍNCIPE, J. Influence of dynamics in the perceived naturalness of Portuguese nasal vowels. *Proceedings of the 14th International Congress of Phonetic Sciences* (*ICPhS* 99), San Francisco, Berkeley: University of California, p. 2457-60, 1999.

TIEDE, M.; MOOSHAMMER, C.; GOLDENBERG, C.; HONOROF, D. Adaptation of trajectory shapes during conversation. *10th ISSP*. Cologne, p. 421-424, 2014.

TILSEN, S. Vowel-to-vowel coarticulation and dissimilation in phonemic-response priming. *UC Berkeley Phonology Laboratory Annual Report*, 2007. p. 416-458.

TILSEN, S. A dynamical model of hierarchical selection and coordination in speech planning. *PLoS ONE*, v. 8, n. 4, 0062800, 2013.

TILSEN, S. Selection and coordination: the articulatory basis for the emergence of phonological structure. *Journal of Phonetics*, v. 55, p. 53-77, 2016.

TODOROV, E. Optimality principles in sensorimotor control (review). *Nature Neuroscience,* v. 7, n. 9, p. 907-915, 2004.

TOPINTZI, N.; NEVINS, A. Moraic onsets in Arrernte. *Phonology*, v. 34, n. 3, p. 615-650, 2017.

TRUBETZKOY, N. S. *Principes de phonologie.* Paris: Klincksieck, 1957 [1939].

VATIKIOTIS-BATESON, E.; BARBOSA, A. V.; BEST, C. T. Articulatory coordination of two vocal tracts. *Journal of Phonetics*, v. 44, p. 167-181, 2014.

VYGOTSKY, L. *Mind in society.* Cambridge: Harvard University Press, 1978.

WAKITA, H. Direct estimation of the vocal tract shape by inverse filtering of acoustic speech waveforms. *IEEE Transactions on Audio and Electroacoustics*, v. 21, p. 417-427, 1973.

WENK, B. J. Just in time: on speech rhythms in music. *Linguistics*, v. 25, p. 969-98, 1987.

WESTBURY, J. R.; KEATING, P. A. On the naturalness of stop consonant voicing. *Journal of Linguistics*, v. 22, p. 145-166, 1986.

WHALEN, D. H. *et al.* Biomechanically preferred consonant-vowel combinations occur in adult lexicons but not in spoken language. *Language and Speech*, v. 55, p. 503-515, 2012.

WHITE, E. J. *et al.* Learning, neural plasticity and sensitive periods: implications for language acquisition, music training and transfer across the lifespan. *Frontiers in Systems Neuroscience*, v. 7, art. 90, p. 1-18, 2013.

WITTGENSTEIN, L. *Philosophical Investigations.* New York: Macmillan, 1953.

ZARKHOVA, N.; GIBBON, F.; LEE, A. Using ultrasound tongue imaging to identify covert contrasts in children's speech. *Clinical Linguistics and Phonetics*, v. 31, n. 1, p. 21-34, 2017.

ZHANG, Y.; WANG, Y. Neural plasticity in speech acquisition and learning. *Bilingualism*: *Language and Cognition*, v. 10, n. 2, p. 147-160, 2007.